Und wenn sie ~~nicht~~ DOCH gestorben sind?

Alexandra Eyrich

Und wenn sie ~~nicht~~ DOCH gestorben sind?

Handbuch der Märchenpädagogik in der (Familien-)Trauerbegleitung

Der Erzählverlag

In diesem Werk wird eine geschlechtssensible Sprache angewandt, die auch Doppelungen und Neutralisierungen beinhaltet. Soweit es sich aus ästhetischen Gründen oder aus Gründen der besseren Lesbarkeit nicht vermeiden lässt, wird das generische Maskulinum verwendet, das Frauen und Männer einschließt.

Die Deutsche Nationalbibliothek verzeichnet diese Publikation in der Deutschen Nationalbibliografie; detaillierte bibliografische Daten sind im Internet über http://dnb.d-nb.de abrufbar.

1. Auflage Mai 2021

Reiherbeize 26, D-14169 Berlin-Zehlendorf

Umschlaggestaltung unter Verwendung des Bildes
»Larme d'Or« mit freundlicher Genehmigung
der Künstlerin Anne Marie Zylberman
Korrektorat: Mirjam Steglich
Lektorat: Peter Amsler
Druck und Bindung: Print Group, Stettin

ISBN 978-3-947831-50-0

www.erzaehlverlag.de

meinem großen bruder mit der großen s e e l e

»Was immer deine Erinnerungen dir erzählen: sie sind die Geschenke der Vergangenheit an dich, große Kostbarkeiten, die ganz alleine dir gehören. Ich wünsche dir den Mut, sie in dein Herz zu rufen, wenn du dich nach ihnen sehnst. Aber auch die Kraft, sie wieder in dein Innerstes zurückzulegen, wenn das Leben deine ganze Aufmerksamkeit braucht.«

Irmgard Erath

Inhalt

Bild-Impressionen aus der (Familien-) Trauerbegleitung befinden sich auf den Seiten 48-49, 148-149 *und* 179

»Märchen sind nicht dazu da,
ein Kind zum Einschlafen zu bringen,
sondern um den Erwachsenen zu wecken.«

Vorwort

Wer trauert, ist in einem Ausnahmezustand, der sich wie ein hundertjähriger Schlaf anfühlen kann: Bewegungslos, ohnmächtig, von einem Stich getroffen und bislang unbekannten Mächten ausgeliefert, wandert der Trauernde zwischen Diesseits und Jenseits.

Auch Märchenhelden sind Wanderer zwischen den Welten, kennen Diesseits und Jenseits – und bauen gerade deswegen für die menschliche Seele Brücken von einem zum anderen. Denn Märchen klären Fragen nach dem Woher und Wohin und können gerade deshalb in der Arbeit mit Trauernden zu symbolischen Wegweisern auf dem Weg der Trauerbewältigung werden.

Märchen arbeiten mit Bildmetaphern, die tiefgründige Botschaften beinhalten. Der Sprung in den Brunnen, das Dunkel im Bauch des Wolfes, die Dornenhecke, die Tauben am Grab der Mutter, eine Höhle voller Lebenslichter oder die geisterhafte Königin, die sagt: »Was macht mein Kind, was macht mein Reh? – Jetzt komm ich noch einmal – Und dann nimmermehr!«: All das sind Bilder für Krankheit, Sterben, Tod, Trauer … und vielleicht sogar auch Trost.

Märchen befassen sich mit dem Ursprünglichen, den urbildhaften Archetypen, und diese sind neben anderen eben auch das Werden und

Vergehen, Leben und Tod. Dabei zeigen uns Märchen gleichzeitig Mittel und Wege auf, wie wir auf heilsame Art und Weise dem ewigen Kreislauf unseres Daseins mit seinen Herausforderungen begegnen können. Die Märchenheldinnen und -helden wissen, wie sie das Schmerzhafte überleben, das Seltene hüten, Gefahren zähmen, das Fremde probieren und Auswegloses wagen können. Sie stellen sich der Gefahr, der Herausforderung, der Intrige – und sind dadurch in der Lage, nach bestandener Prüfung ihren Lebensweg neu und gestärkt zu beschreiten.

Die Überwindung von Lebensproblematiken und Krisen anhand verschiedener Lösungsstrategien, wie wir sie in den Märchen wahrnehmen können, ist auch für die Trauerbegleitung bedeutsam. Es geht nicht darum, *Ab*stand zu gewinnen, sondern Stand!

Auch die Märchenpädagogik nutzt innerhalb der Trauerbegleitung mit Familien und Angehörigen die Erkenntnis der symbolischen Tiefenwirkung. Infolge der Vielzahl sämtlicher Gefühle, Konflikte und Erlebnisse, die in den Überlieferungen verarbeitet sind, kann auch hier das Märchen als Begleiter für Angehörige und als Hilfestellung in Zeiten der Trauer fungieren.

Natürlich ist nicht jeder Geschichtenstoff zwangsläufig für eine sinn- und wirkungsvolle Trauerarbeit und in sämtlichen Familiensituationen und -konstellationen gleichermaßen geeignet. Unbenommen sprechen sie jedoch eine universelle Sprache, die über spezifische Kulturen und Religionen hinausreicht. Sie formulieren bildhaft Begebenheiten, wofür uns allen nicht selten die Worte fehlen.

Dieses Buch bezieht sich auf sieben ausgewählte Volksmärchen aus der Sammlung der Brüder Grimm – dies nicht, weil man mit anderen Geschichten, Mythen, Fabeln oder Fantasiegeschichten nicht ebenfalls arbeiten könnte. Doch zu den Grimm'schen Kinder- und Hausmärchen haben wir erfahrungsgemäß den unkompliziertesten und schnellsten Bezug, so dass auch hinsichtlich ihrer praktischen Anwendbarkeit ein ebenso schneller und leichter Zugang zustande kommt. Damit erklärt sich auch der in diesem Buch durchgehende Begriff der *Märchen*pädagogik, da hier ausschließlich das Genre des klassisch definierten Märchens gemeint ist, während die allgemeine Erzählkunst beziehungsweise Erzählpädagogik auch andere Geschichtenstoffe einbezieht.

Die spezifischen Umstände in Zeiten des Abschiednehmens und der Trauer sind gekennzeichnet durch eine unbestimmte Komplexität an Gefühlen, Gedanken, Handlungsnotwendigkeiten und Unvorhersehbarkeiten. Das Ausmaß wird deutlich, wenn man die Vielzahl an beeinflussenden Faktoren und individuellen Entwicklungsverläufen der Betroffenen betrachtet. Hinzu kommen die stetigen Veränderungen und Anforderungen einer Gesundheitspolitik, die ebenso zu berücksichtigen sind.

Es sind diese Unwägbarkeiten in der Arbeit mit Trauernden, die eine professionelle Haltung innerhalb der (Familien-)Trauerbegleitung notwendig machen. Das Märchen zeigt: Es ist die Haltung der Märchenheldinnen und -helden gegenüber Herausforderungen – ihre Standhaftigkeit und Treue, ihre Geduld und Beharrlichkeit –, die sie zur Krone, zum Königreich, letztlich zur Erlösung führt. In Kombination von Praxis und Theorie weisen Märchenpädagogik und Familientrauerbegleitung den Betroffenden das Ziel einer sinnhaften Bewältigung der Krisensituation. Um diese Aufgaben erfüllen zu können, ist es entscheidend, dass auch Trauerbegleitende achtsam mit sich selbst umgehen und das eigene Handeln und Menschsein regelmäßig reflektieren, die bereitgestellten Ressourcen nutzen und eigene Grenzen erkennen. Somit macht sich Professionalität in der (Familien-)Trauerbegleitung nicht ausschließlich an einem Studium oder einer bestimmten Berufsausbildung fest. Das sei an dieser Stelle ausdrücklich erwähnt. Die sieben Märchen-Kapitel dieses Buches sind jeweils in vier Bereiche gegliedert:

- Das Märchen
  Das jeweilige Märchen des Kapitels ist im Originaltext abgedruckt und stammt aus der Sammlung der Grimm´schen Kinder- und Hausmärchen.

- Die thematischen Brücken
  Hier finden sich Gedanken zu ausgewählten Szenen aus dem Märchen, die in interpretatorischen Zügen in Verbindung mit Menschen in Trauersituationen gebracht werden.
- Aus der Praxis
  Ich gebe Einblicke in meine seit 2005 ausgeübte Praxis mit trauernden Kindern, Jugendlichen und Familien. Jede Geschichte beruht auf einer realen Begleitung, obgleich aus Datenschutzgründen prägnante Elemente hinsichtlich einer möglichen Wiedererkennung geändert wurden. Eine konkrete familiäre Zuordnung ist nicht möglich. Die Praxisbeispiele sind so ausgewählt, dass sie das jeweils reale Pendant zu den szenischen Märchenmotiven darstellen. Sie zeigen, wie aktuell die Metaphern in der Familientrauerbegleitung vorkommen können.
- Kreative Impulse
  Die Impulse orientieren sich an den Inhalten des jeweiligen Märchens und greifen kreative und praxiserprobte Möglichkeiten auf, konkret mit Bildern, Symbolen und Szenen zu arbeiten. Die vorgestellten Ideen können auf jede Alters- und Zielgruppe jederzeit mit Hilfe der eigenen Fantasie erweitert und variiert werden.

Somit kann das Buch als multifunktional verstanden werden und ist je nach Interesse und persönlicher Ausrichtung brauchbar und nützlich zum:

- erkennen von interpretatorischen Ansätzen in einem Märchen,
- einlassen auf persönliche Geschichten vom Trauern und Leben und zum
- ausprobieren von kreativen Impulsen als Hilfe zur Trauerbewältigung

Ich hoffe, Sie mit diesem Buch zu inspirieren, Ihnen ein kreatives Mit- und Weiterdenken zu ermöglichen und Freude an dieser wunderbar märchenhaften Möglichkeit zu wecken, mit Trauernden in Kontakt zu kommen. Die angewandte Märchenpädagogik innerhalb der Trauerbegleitung mit Familien baut Brücken, welche uns zwar nicht vom Diesseits ins Jenseits führen, aber weiter!

Bamberg, im Mai 2021
Alexandra Eyrich

Trauerbegleitung

Im allgemeinen Sprachgebrauch werden die Begriffe *Trauerbegleitung* und *Familientrauerbegleitung* als gleichbedeutend empfunden und daher oft synonym verwendet. Aber es gibt ihn, den Unterschied:

TRAUERBEGLEITUNG = Begleitung von Erwachsenen

FAMILIENTRAUERBEGLEITUNG = Begleitung von Kindern, Teenagern, Jugendlichen und ihren Familien

Mit einer Trauerbegleitung wird der Versuch unternommen, dem menschlichen Bedürfnis nach Trost und Unterstützung gezielt zu begegnen. Dabei geht es nicht darum, Trauernde von ihrer Trauer zu befreien. Ziel ist, sie dabei zu unterstützen, den erlebten Verlust sowie die damit verbundene Trauer als einen Bestandteil ihres Lebens anzunehmen und darin zu integrieren. Nach dem vollzogenen Trauerprozess können Trauernde im idealen Fall wieder gestärkt und lebensbejahend in die Zukunft leben.

Modelle im Überblick

Es sei grundlegend angemerkt, dass zwischen normaler und pathologischer, also krankhafter, Trauer unterschieden wird. Die im Folgenden aufgeführten Modelle und ihre Entwicklerinnen und Entwickler sind ausgerichtet am Normalverlauf eines Trauerprozesses und umfassen längst nicht alle Modelle, welche innerhalb von Trauerreaktionen und -verläufen entwickelt wurden. Die nachfolgenden Modelle sind jedoch solche, welche entweder zum Grundwissen gezählt werden dürfen oder die in der Arbeit mit Kindern, Jugendlichen und ihren Familien besonders praktisch und anschaulich umgesetzt werden können. Die Reihenfolge der Modelle bezieht sich nicht auf ein Wertungssystem hinsichtlich der Bedeutsamkeit, sondern zeigt lediglich einen zeitlich historischen Verlauf ihrer Entstehung.

Sigmund Freud

entwickelt um etwa 1915

Der Begriff Trauerarbeit wurde zum ersten Mal von Sigmund Freud (*1856, †1939) verwendet. Der Begründer der Psychoanalyse meinte damit einen aktiven Prozess, der zur Aufgabe hat, den Trauernden von seiner Aufmerksamkeit auf die verloren gegangene, geliebte Person zu lösen. Da die Trennung berechtigterweise als schmerzhaft gilt, sind Widerstand und Rückzug die logische Folge; seinerzeit wurden sie zum ersten Mal gesellschaftlich »salonfähig« gemacht. Laut Freud bedeutet ein gelungener Trauerprozess, sich von einer innigen Beziehung zu verabschieden und die Ausrichtung der Aufmerksamkeit auf die Gegenwart und Zukunft zu richten, um so neue Bindungen eingehen zu können.

Heute weiß man um den Wert der *ausgiebigen* Beachtung eines Trauerprozesses, womit auch sämtliche Entwicklungen und Veränderungen hinsichtlich der Trauerbegleitung im Laufe der Zeit erklärt werden können.

John Bowlby

entwickelt zwischen 1950 und 1970

Der britische Psychiater und Psychoanalytiker John Bowlby (*1907, †1990)entwickelte die sogenannte Bindungstheorie, wonach der Mensch per se zu starken, innigen Beziehungen neigt. Beziehungen dieser Art sind nicht allein für die Aufrechterhaltung von Nähe und den damit verbundenen positiven emotionalen Kontakt, sondern auch für die Ausbildung des Erkundungs- und Lernverhaltens sowie des Selbstwertgefühls wichtig. Dies zieht naturgemäß im Falle einer möglichen Gefährdung der Bindung eine starke gefühlsmäßige Reaktion nach sich. Emotional logisch verstärkt der Tod eines geliebten Menschen diese Reaktion ins Vielfache. Bowlby beschreibt das Bindungsverhalten des Menschen als lebensnotwendig, zeigt und belegt die Funktionen und Notwendigkeiten seiner Bindungstheorie und klärt über die Auswirkungen im Falle von bestehender oder überwundener Gefährdung auf.

Verena Kast
entwickelt 1982

Die schweizerische Psychologin und Psychotherapeutin Verena Kast (*1943) entwickelte eine der heute wichtigsten Grundlagen für das Verständnis der Trauerprozesse anhand ihres Vier-Phasen-Modells. Dieses ist in Anlehnung an die Sterbephasen nach Elisabeth Kübler-Ross (*1926, †2004) definiert. Wie lange das Trauergeschehen dauert, verhält sich unterschiedlich, auch die Dauer der einzelnen Phasen kann variieren. Art und Dauer des Trauerprozesses werden von der Persönlichkeit des Trauernden, von den Umständen des Todes und der Beziehung zum Verstorbenen bestimmt.

1. Trauerphase: Nicht-Wahrhaben-Wollen
2. Trauerphase: Aufbrechende Emotionen
3. Trauerphase: Suchen und Sich-Trennen
4. Trauerphase: Neuer Selbst- und Weltbezug

William J. Worden
entwickelt zwischen 1982-1996

In den Arbeiten des US-amerikanischen Klinischen Psychologen und Trauerforschers William J. Wordan (*1932) geht die Trauerbewältigung mit verschiedenen Aufgaben einher. Trauernde unterliegen bewusst keinen Phasen, welche im Wortursprung eher abgeschlossene Zeitkomponenten beinhalten. Das Konzept der Aufgabe beschreibt hingegen den zeitlichen Ablauf des

Trauerprozesses viel freier und variabler. So können und sollen sich die Traueraufgaben nach Worden miteinander vermischen. Das Modell ist griffig und methodisch sehr vielfältig in der Praxis anwendbar. Die vier Traueraufgaben nach J. William Worden sind:

1. Die Realität des Verlustes akzeptieren und begreifen
2. Die Vielfalt der Gefühle erleben
3. Den Verlust in den (neuen) Alltag integrieren
4. Den Verstorbenen einen Ort geben, was ein Weiterleben zulässt.

Ruthmarijke Smeding
Erstveröffentlichung 2005

Dr. Ruthmarijke Smeding, interdisziplinär arbeitende Erziehungswissenschaftlerin und ausgebildete Hospizbegleiterin, hat ihr Gezeiten-Modell »Trauer erschließen« genannt. Sie versteht dieses Modell als »Ergänzung zu den eigenen Fähigkeiten des Trauernden«. Diese Auffassung beinhaltet den Umstand, dass nach Bewältigung der Trauer die neu geschaffene Lebensordnung dennoch immer wieder von Trauergezeiten »unterbrochen« wird.

- Schleusenzeit
  Die Schleusenzeit ist die kurze, niemals wiederkehrende Zeit zwischen dem eingetretenen Tod und dem Begräbnis. Ein Tor schließt sich, das andere ist noch nicht geöffnet. Nach der Schleuse fährt ein Schiff auf anderer Ebene weiter, so wie in der Regel die Trauernden auch.
- Januszeit
  Die Januszeit ist eine Zeit des Gefühlschaos. Es ist nichts, wie es war. Der Blick geht immer wieder zurück in die »intakte« Vergangenheit mit dem verstorbenen Menschen, durch die Notwendigkeiten des Alltags ist er aber zugleich auf Gegenwart und Zukunft gerichtet.

- LABYRINTHZEIT
  Im Labyrinth geht es kreuz und quer, doch – anders als in einem Irrgarten – immer vorwärts. Durch den Weg im Labyrinth sortieren wir unsere inneren Fragen, Gedanken und Wünsche – in einem eigenen Tempo. Während der Trauerarbeit gehen wir stets Schritte nach vorne, nie zurück – auch, wenn es sich so anfühlt.

- KÖRBE DER TRAUER
  Die Körbe der Trauer sind Sinnbilder für die konstruktiven Fähigkeiten zur Trauerbewältigung in uns. Sie werden bewusst mit zwei Henkeln dargestellt, um begreiflich zu machen, dass uns auch in Zeiten der Trauer ein anderer Mensch helfen könnte.

- REGENBOGENZEIT
  Die Regenbogenzeit wird bestimmt durch die Integration des Erinnerns an den Verstorbenen und seinen Verlust im eigenen Weiterleben. Der Verstorbene erhält einen Platz im Leben des Trauernden.

Familientrauerbegleitung

Der Begriff *Familientrauerbegleitung* wurde um das Jahr 2000 von der Familientrauerbegleiterin Mechthild Schroeter-Rupieper entwickelt. Mittlerweile ist dieser Begriff in der fachlichen Diskussion integriert und als solcher anerkannt.

Ich möchte hiermit den Versuch unternehmen, dem Begriff der *Familientrauerbegleitung* einen erweiterten Inhalt zu geben, der Ergebnis meiner eigenen jahrelangen Arbeit ist:

In der Familientrauerbegleitung gibt es durch die Erweiterung der Zielgruppe *Kinder, Teenager* und *Jugendliche* über die Trauerbegleitung mit Erwachsenen hinaus altersspezifische Herausforderungen, die sich auf ein *dynamisches Todesverständnis* gründen und sich daher auf den gesamten Trauerprozess auswirken. Daran wird verständlich, warum es sein kann, dass Kinder und Jugendliche über einen längeren und sogar langen Zeitraum Trauerbegleitung in Anspruch nehmen, dies in individuell angelegten Zeitabständen; warum ihr Todesverständnis mit ihrer Trauer mit wächst und warum sie nach und nach andere Fragen stellen, Geschehnisse immer mehr begreifen und verknüpfen können und schließlich auch in Worte fassen, was sie als Kind eventuell nur fühlen, aber nicht verbal ausdrücken konnten. Wir wissen heute, dass

- ein Kind bis drei Jahren noch nicht zwischen Tod und vorübergehender Trennung unterscheiden kann,
- ein Kind zwischen drei Jahren und dem Schuleintritt das Bedürfnis hat, den Tod durch das Spiel zu erforschen, indem

es beispielsweise tot sein, erschossen werden und wieder aufstehen spielt. Es orientiert sich dabei am sogenannten »magischen Denken«.

- Grundschulkinder das Konzept von Endgültigkeit nicht vollständig begreifen können, obwohl sie bereits wissen, dass jeder Mensch einmal sterben muss. Sie suchen vermehrt nach Gründen und Erklärungen, was ein wachsendes Interesse rund um das Thema Tod verdeutlicht – wie Beerdigungen und Verwesung – und dadurch Angst machende Geschichten oder Träume samt der Frage nach dem Sinn des Lebens und dem Fortbestehen der Seele nach dem Tod zustande kommen.
- innerhalb der Vorpubertät und dem Dasein als Teenager bis zum vierzehnten Lebensjahr der Tod vor allem biologisch verstanden wird, aber auch Desinteresse, Gleichgültigkeit und Mangel an Gefühlen beobachtet werden können; Sinnfragen für das eigene Leben ähneln denen der Erwachsenen.

Es liegt infolgedessen auf der Hand, dass eine Familientrauerbegleitung die Dimensionen *Sprache, Familienstruktur, Methode* und *Zeit* in der Arbeit mit Kindern, Teenagern und Jugendlichen altersspezifisch anpassen muss. Innerhalb dieses Buches wird die Auswahl der vier Dimensionen *Sprache, Familienstruktur, Methode* und *Zeit* anhand des Kapitels »Das Sternbild-Modell der Familientrauerbegleitung nach Alexandra Eyrich©«, aber auch anhand von Praxisbeispielen und der dazugehörigen Methodenauswahl belegt.

Und was ist Familientrauerbegleitung nicht?

HOSPIZARBEIT | Wenn ich von meiner Arbeit berichte, werde ich immer wieder gefragt: »Ach, Sie arbeiten also in einem Hospiz?« Das ist, auch für Sponsoren, die gängigste Rubrik, die Prozesse am Ende eines Lebens zu verorten. Ja, es kann sein, dass Hospize auch innerhalb ihrer Häuser Trauergruppen und -angebote schaffen, doch geht es dort konzeptionell in erster Linie um eine palliativ-medizinische und psychosoziale Sterbebegleitung eines Patienten. In der Regel endet Hospizarbeit mit dem Tod desjenigen. Trauerbegleitung und Familientrauerbegleitung bedeuten jedoch, die Trauernden in der Zeit *nach* dem Tod eines Angehörigen zurück ins Leben zu begleiten!

PSYCHOTHERAPIE | Mit jeder Therapie muss eine Diagnose eines behandelnden Arztes einhergehen. Das hat mit finanziellen Gewährleistungen und Unterstützungsleistungen der Krankenkassen zu tun. Es passiert schnell, dass Kinder und Jugendliche nach dem Verlust eines nahen Angehörigen zu einem Therapeuten oder Psychologen überwiesen werden. Sofern es tatsächlich ein festgestelltes Krankheitsbild nach ICD-11 gibt, der elften Version der *Internationalen statistische Klassifikation der Krankheiten und verwandter Gesundheitsprobleme*, ist dies sogar zu begrüßen.

Vor dem Hintergrund meiner täglichen Praxis in der Familientrauerbegleitung erlaube ich mir jedoch zu sagen, dass Trauer zunächst *kein* Krankheitsbild ist, sondern eine Krise, die absolut dazu berechtigt, traurig, überfordert, verwirrt, verängstigt oder auch wütend zu sein – all das selbst in der jeweils extremsten Form. Trauer ist, soweit lässt sich sagen, das Gesündeste, was einem Kind, Teenager und Jugendlichen in der Extremsituation des Verlustes eines nahen Angehörigen passieren kann und sollte daher nicht pathologisiert werden. Eindruck braucht Ausdruck, so ist das nun einmal!

TRAUMATHERAPIE | Trauer und Trauma können manchmal einhergehen, keineswegs jedoch zwangsläufig. »Denn ein Trauma bedeutet, dass ein Geschehen sich für die betroffene Person zu viel, zu schnell und zu plötzlich abgespielt hat«, meint die Bonner Trauerbegleiterin, Autorin und Dozentin Chris Paul. Ist ein Mensch mit einer Schädigung aufgrund seelischer Belastungen überfordert, sodass sich körperliche, psychosomatische, psychische oder gar spirituelle Reaktionen zeigen, dann benötigt diese Person keine Familientrauerbegleitung, sondern eine *Traumatherapie*. Menschen, die in der Trauerarbeit tätig sind, sollten in der Lage sein, den Unterschied zwischen Trauer und Trauma zu erkennen.

SEELSORGE | Das Konzept der Seelsorge umfasst die Unterstützung und Begleitung des Einzelnen in Fragen des Glaubens und der Lebensführung bis hin zur Hilfe im psychosozialen Bereich im Sinne von Diakonie und Caritas. In der Familientrauerbegleitung kann die religiöse und spirituelle Weltanschauung durchaus mit einfließen und auch methodisch vielfältig eingesetzt werden, jedoch ist es kein grundlegender und fest verankerter Bestandteil des Begleitungskonzepts. Das wird daran deutlich, dass Seelsorge von Geistlichen oder durch dafür ausgebildete und beauftragte Mitarbeiter wie Gemeinde- und Pastoralreferenten vorgenommen wird, die zuvor theologisch ausgebildet wurden.

KRISENINTERVENTION | Das Konzept der Krisenintervention umfasst psychologische, ärztliche oder sozialpädagogische Akuthilfen in einer seelischen Krise. Aufgabe der Krisenintervention als kurzfristige Einflussnahme ist, schwer belastete Menschen so weit zu stabilisieren, dass sie nichts Unüberlegtes tun, vor allem keine Gewalt gegen sich oder andere richten. Damit ist das Angebot der Krisenintervention zeitlich analog zur »Ersten Hilfe« limitiert und beinhaltet in der Regel keine Begleitung eines Trauerprozesses.

Das Sternbild-Modell der Familientrauerbegleitung nach Alexandra Eyrich©

Trauer*modelle* gibt es viele, doch in Bezug auf (Familien-)Trauer*begleitung* gab es bisher nichts, was zur Orientierung hätte dienen können. Und genau darum geht es: Orientierung! Sinnbildlich steht der Stern als Modell-Metapher für einen hellen Fixpunkt am Nachthimmel, der den Menschen seit jeher als Wegweiser gebräuchlich ist und ihnen auf ihrem Weg durch das Dunkel Sicherheit gibt. In seinen Grundzügen ist das Sternbild-Modell bereits im Jahr 2018 entstanden, bedurfte allerdings dank der vielen Praxiserfahrungen im Laufe der Zeit immer wieder Überprüfungen und Anpassungen. Heute, drei Jahre später, hat sich das Sternbild-Modell soweit in der Praxis bewährt, dass es sich nun in diesem Buch manifestiert. Das Sternbild-Modell soll

- ein Verständnis für die Komplexität entwickeln, welche die Arbeit mit Kindern, Jugendlichen und ihre Familien in Trauersituationen mit sich bringt. Sie erhalten dadurch eine Vorstellung über sämtliche sozial-familiäre Prozesse,
- einen analytischen Rahmen aufgreifen sowie die darin praktischen Elemente systematisch integrieren,
- verschiedene Gesichtspunkte so verinnerlichen, dass Sie jederzeit auf einen innerlichen Fahrplan mit einer dazu gehörigen Methodenauswahl zurückgreifen können,
- eine Grundlage zur Selbstreflexion schaffen.

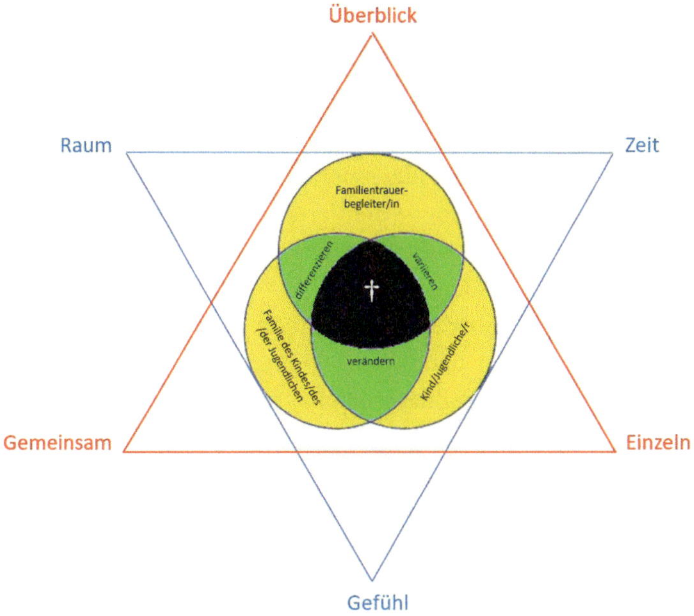

Das Sternbild-Modell der Familientrauerbegleitung nach Alexandra Eyrich©

Das Modell lässt sich am besten von innen nach außen lesen:

DAS ZENTRUM | Im Zentrum des Sternbild-Modells steht die verstorbene Person. Damit verbinden wir sowohl die Umstände ihres Todes als auch die Beziehung einzelner Angehörigen zur ihr. Es stehen auch die Umstände des Todes im Zentrum, da erschwerte Begleiterscheinungen wie Suizid, der Tod eines Kindes oder der Tod durch Gewalteinwirkung einen längeren und intensiveren Trauerprozess hervorrufen können. Dieser kann wiederum durch heimliche Trauer, Schuldempfindungen oder fehlende Sozialkontakte samt unzureichender Bewältigungsmöglichkeiten gekennzeichnet sein.

DREI KREISE | Die Konstellation *Familientrauerbegleiterin, Kind/Jugendlicher* und *Familie des Kindes/des Jugendlichen* bilden drei separate Akteure, die sich innerhalb der Familientrauerbegleitung begegnen.

Überschneidungen | Zwischen der Familientrauerbegleiterin und dem Kind/dem Jugendlichen gilt es zu *variieren*:

> Das Kind bzw. der Jugendliche steht in der Arbeit der Familientrauerbegleitung im Fokus; auf den Heranwachsenden richtet sich unser Hauptaugenmerk. Hier ist die gesamte Bandbreite der Methodik sowie die Variationsmöglichkeit unserer Sprache zu nutzen, was Altersgemäßheit, Stimme, Dialekt, Quantität und Qualität betrifft.
> Die Rolle der Familientrauerbegleitung kann mitunter in eine erzieherische Rolle übergehen. Dies ist zwar im Grundsatz nicht der Auftrag, aber natürlich kann es innerhalb der jeweiligen Altersgruppe erforderlich sein, auch erzieherisch auf den Heranwachsenden einzuwirken. Die Individualität des einzelnen Kindes/Jugendlichen gibt der Familientrauerbegleitung ihr Maß an erforderlicher Flexibilität vor. Dies schließt einen erweiterten Kontakt zu Schule, Kita, weiteren Familienangehörigen, Freunden und vorhandenen Therapeuten oder Sozialbetreuern ein.

Zwischen der Familientrauerbegleiterin und der Familie gilt es zu *differenzieren*:

> Die Familie bildet das System, in welchem sich der Heranwachsende im Wesentlichen aufhält. Die Unterstützung, die das das System Familie zum Trauerprozess des Kindes beitragen kann, ist jedoch nicht selbstverständlich optimal – selbst wenn jede Familie sicherlich stets bemüht ist, ihren Kindern das Beste zu geben, wozu sie in der Lage ist. Das Maß fällt dabei unterschiedlich aus und sollte dennoch immer auch wertgeschätzt werden. Ein weiteres kommt hinzu: Das klassische Bild der Familie hat mit den Jahren an Vielfalt gewonnen. Neben der bekannten Form von »Vater, Mutter, Kinder« umfasst das System Familie mittlerweile weitere Lebenswirklichkeiten wie Patchwork-Verbindungen, Regenbogenfamilien, Familien mit besonderen

> Erschwernissen oder nationalen Hintergründen. Sämtliche Konstellationen werden innerhalb eines Begleitungsprozesses ins Gewicht fallen. Dabei die eigene Rolle immer wieder zu überprüfen und deutlich zu machen, gilt als wiederkehrende Aufgabe.

Zwischen der Familie und dem Kind bzw. Jugendlichen gilt es zu *verändern*:

> Im Verlauf eines Begleitungsprozesses lässt sich beobachten, dass sich im System Familie Veränderungen ergeben. Häufig rücken Familienmitglieder näher zusammen, in wenigen Fällen braucht es eher mehr Abstand. Wie sich die Familie verändert, hängt davon ab, ob es gemeinsame oder unterschiedlich erlebte Zeitläufe durch den Trauerprozess gibt. Erkenntnisse oder Rituale werden ähnlich oder unterschiedlich erlebt und ausgedrückt. Durch die Familientrauerbegleitung werden auch die Veränderungen im System Familie aktiv gestaltetet und bewusst wahrgenommen. Impulse und Anregungen können die Familienmitglieder befähigen, aus eigener Kraft durch den Verlust des Angehörigen aus dem Alten etwas *Neues* zu machen, das das Verlorene integriert und ihm einen neuen Platz gibt.

ROTES DREIECK | Dieses Dreieck orientiert sich an den *Personen* bzw. Personengruppen, die durch die drei Winkel symbolisiert werden. Die Familientrauerbegleiterin schafft in dem vorhandenen Chaos nach einem Todesfall Struktur. Sie hat den *Überblick*. Diese Aufgabe erfordert eine entsprechende Haltung, ein Aushalten und Durchhalten, ein situativ angemessenes Maß von Nähe und Distanz, eine methodische Ganzheitlichkeit und den Blick für Chancen und Grenzen. *Einzeln* bezieht sich auf die Begleitung des Kindes oder des Jugendlichen im Einzelkontext. Das schließt nicht aus, dass der Heranwachsende nicht auch an Trauergruppen oder mehrtägigen Freizeiten zusammen mit anderen teilnimmt. *Gemeinsam* bezieht sich auf die Begleitung der Familie als Gefüge. »Gemeinsam an einem Strang ziehen« – das ist das Ziel, welches die Familientrauerbegleitung verfolgt.

BLAUES DREIECK | Dieses Dreieck orientiert sich an *Beziehungen,* die sich aus dem Personengefüge ergeben:

> Hinsichtlich des Aspektes der *Zeit* frage ich: Zu welcher Zeit komme ich als Familientrauerbegleiterin in die Familie: kurz nach dem Todesfall und dem Beginn des Trauerprozesses oder nach einem Jahr? Vielleicht nach drei Jahren? Manchmal geht es in der Familientrauerbegleitung auch darum, das Tempo aufzunehmen, das mir vom Kind bzw. dem Jugendlichen vorgegeben wird. Man sollte sich nichts vormachen: Keiner schreit »Hurra!«, wenn eine zunächst fremde Person in die Familie kommt und ihre Unterstützung anbietet. Kinder und Jugendliche, welche sich in der Ausnahmesituation der Trauer befinden, sind grundlegend verunsichert und haben keine Lust, »Opfer« zu sein. Zeit – und Geduld – sind die Türöffner.
>
> Die *Gefühle,* die im Rahmen der Familientrauerbegleitung zwischen den Beteiligten entstehen, bedingen sich laufend und gegenseitig und beeinflussen das Trauergefüge – und somit auch die Arbeit der Familientrauerbegleitung.
>
> Die Beziehung zwischen Familientrauerbegleiterin und Familie braucht *Raum,* physisch als auch sozial. Es bedarf von allen Seiten ein genaues Hinschauen im Außen und im Innen. Wie groß oder wie klein dabei Erkenntnisse werden, liegt in der Eigenart der Gesamtsituation begründet.

Betrachten wir nicht nur diese Einzelaspekte des Sternbild-Modells, sondern begreifen wir sie in ihren Verknüpfungen, werden wir zusätzliche Erkenntnisse gewinnen. Die Verknüpfungen stellen nämlich gleichzeitig ein *Balancemodell* dar, das das Sternbild-Modell in seinen Aussagen stärkt und in seinem Anliegen stabilisiert.

Im Außen

- Überblick – Gefühl
- Einzeln – Raum
- Gemeinsam – Zeit

Im Innen

- Familientrauerbegleiterin – verändern
- Kind/ Jugendlicher – differenzieren
- Familie - variieren

Auf einer Linie von oben nach unten, doch auch in die andere Richtung lesbar, haben wir die Reihung:

> Überblick – Familientrauerbegleiterin – Verlust – verändern - Gefühl

Durch die Vielfalt an Gefühlen innerhalb der Familie bzw. des Einzelnen und der Gemeinschaft kommen Veränderungen in Gang. Auslöser können Perspektivwechsel, Erkenntnisse oder neue Strategien der Alltagsbewältigung sein. Die Veränderung zwischen Kind und seiner Familie beeinflusst die erforderliche Aufmerksamkeit der Familienbegleiterin. In der Folge bahnen sich neue, situativ angepasste Methoden ihren Weg, um zusammen mit der Familie den nächsten Schritt im Prozess der Trauerarbeit zu gehen.

> Einzeln – Kind/Jugendlicher – Verlust – differenzieren – Raum

Die Öffnung eines sozialen Raums innerhalb einer Familie, in dem vertrauensvoll gestaltete Kommunikation stattfindet, wird Trauerarbeit überhaupt erst ermöglichen. Dafür bedarf es Verabredungen. Gleichzeitig gilt es, das jeweilige System Familie zu verstehen und die Lebens- und Gefühlswirklichkeit der einzelnen Familienmitglieder wahrzunehmen, die häufig ähnlich, mitunter auch unterschiedlich sein können.

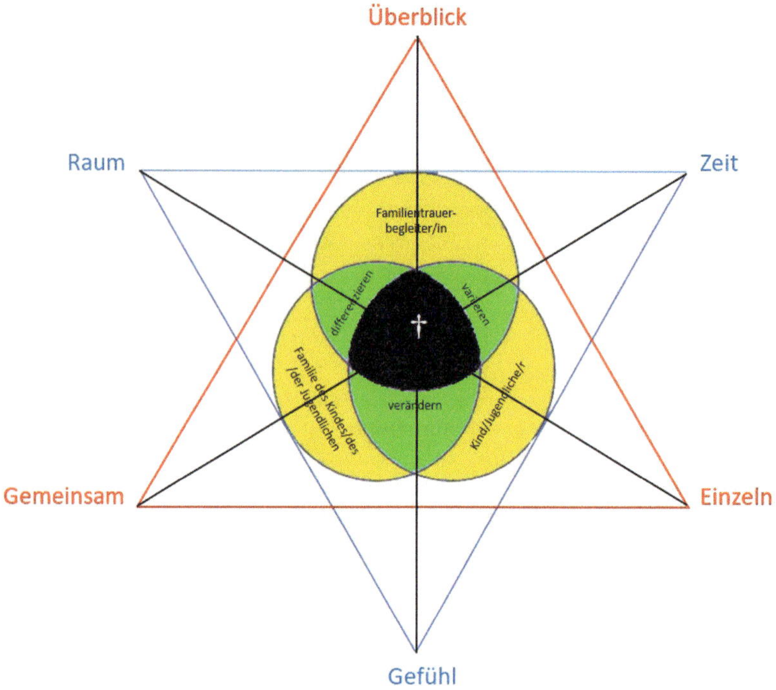

Das Sternbild-Modell der Familientrauerbegleitung in seinen Balanceaspekten

Der soziale Raum entscheidet also darüber, wie sich die Familientrauerbegleitung hinsichtlich der Familie differenziert, mithin sich Nähe, Distanz, Zeit, Aufwand und Kommunikation gestalten. Diese Differenzierung wird unweigerlich Einfluss auf den Einzelnen haben.

Der Raum entscheidet also darüber, wie zwischen der Trauerbegleitung und der Familie differenziert wird hinsichtlich Nähe, Distanz, Zeit, Aufwand und Kommunikation. Das nimmt unweigerlich Einfluss auch auf den einzelnen.

Gemeinsam – Familie – Verlust – Variieren – Zeit

Da jedes Familienmitglied in seinem eigenen Tempo durch den Trauerprozess geht, kommt neben dem Faktor Zeit die Bereitschaft der Familientrauerbegleitung zur Variation von Methodik und Haltung eine hervorgehobene Bedeutung zu. Gleichzeitig ist die Familie ein System für sich, sodass sich Zeithorizonte angleichen können und die Erkenntnis reift: Gemeinsam schaffen wir das!

Innerhalb des Zeit-Aspekts der Begleitung stellen sich zwischen dem Kind bzw. dem Jugendlichen und der Familientrauerbegleitung auf verschiedenen Ebenen Varianten ein. Das nimmt auch das Familiengefüge war und wird je nach Alter des einzelnen an dieser Stelle bei Bedarf oder Notwendigkeit einbezogen.

Alle Verbindungen finden ihren gemeinsamen Schnittpunkt in der Mitte, am markierten Punkt der verstorbenen Person und den damit einhergehenden Umständen. Der Verlust eines Angehörigen ist und bleibt das Zentrum, von dem in der Familientrauerbegleitung alle Handlungen ausgehen. Kommt es in Folge des Trauerprozesses zu Neuorientierungen, setzt sich das Modell in Bewegung. Denn trotz seiner Stabilität ist es flexibel und weich genug, veränderte Situationen aufzugreifen.

Erzählkunst

Die Definition des Begriffes »Kunst« ist nicht leicht zu formulieren, denn der persönliche Geschmack spielt dabei eine maßgebliche Rolle. Es hat mit der Wahrnehmung von sich selbst und von der Welt zu tun. Hinzu kommt, dass sich diese Wahrnehmung im Laufe der eigenen Biografie anhand verschiedener Erfahrungswerte ändert, seien sie historisch, gesellschaftlich, kulturell oder ethisch bedingt.

In einem weiteren Sinn ist Kunst eine Tätigkeit, die auf Wissen und Übung gegründet ist. In einem engeren Sinn ist Kunst im Gegensatz zur Natur etwas nur vom Menschen Geschaffenes, das sich aber anders als zum Beispiel die Technik nicht rein funktional bestimmen lässt. Voraussetzung der Kunst ist die Verbindung von handwerklichem Können und individueller geistiger Gabe. Man kann den handwerklichen Teil einer Kunst erlernen. Künstler muss man *sein*.

Auch das freie mündliche Erzählen ist eine Kunst, vermutlich sogar eine der ältesten Künste der Menschheit. Bereits in den frühen Spinnstuben tat man genau das: Man erzählte sich Geschichten und Märchen zu Bildungs- und Unterhaltungszwecken.

Erzählkunst beginnt, wenn jemand frei erzählt und dafür einen ganz eigenen Stil und Ausdruck entwickelt hat. Nicht so sehr das *Was*, sondern das *Wie* macht den Unterschied. Diese Erzählkunst entfaltet sich durch beständige Auseinandersetzung, Weiterlernen, Entwickeln, Wissen und Erfahrung. Aus der Summe der Einzelteile entsteht ein Ganzes. Erzählerinnen und Erzähler überliefern Kultur, Werte und Regeln der Gesellschaft durch erzählte Geschichten.

Seit über zwei Jahrzehnten erlebt die mündliche Tradition eine Renaissance. Durch eigene Interpretationen holen Erzählerinnen und Erzähler literarische Texte in die Mündlichkeit zurück. Sie beleben historische Begebenheiten, beleuchten unterschiedlichste Biographien oder kreieren eigene Geschichten: wahr, erfunden oder aus dem Stehgreif. Sie tragen auch Gehörtes und Erlebtes weiter und kombinieren dabei das Erzählen mit anderen Künsten. Der *Verband der Erzählerinnen und Erzähler e.V.* unterscheidet dabei zwischen:

Erzählkultur = Erzählen in Familien und Freundeskreis

Erzählkunst = *darstellendes* Erzählen auf Bühnen, *heilsames* Erzählen sowie das *pädagogische, angewandte* Erzählen im Beruf und im sozialen Umfeld.

Im Rahmen des angewandten Erzählens erfährt das *pädagogische* Erzählen in Kindergärten und Schulen sowie das *biografische* Erzählen in sozio-kulturellen Institutionen durch Erzählprojekte, Erzählwerkstätten oder interkulturellen Begegnungen einen großen Bedeutungszuwachs. Auch in der Geschäftswelt findet das Erzählen, zum Beispiel von Firmengeschichten oder als Marketingmethode »Storytelling« größeren Zuspruch.

Verband der Erzählerinnen und Erzähler (VEE)

Auch im künstlerisch Bereich ist fachliche Fundierung von enormer Bedeutung. Diese ist insbesondere durch die Qualitätskriterien des Verbands der Erzählerinnen und Erzähler (VEE) definiert. VEE ist ein Zusammenschluss freischaffender Erzählerinnen und Erzähler, dessen Zweck die Wahrnehmung ihrer Interessen sowie die Förderung und Pflege von Kunst und Kultur, vorwiegend der mündlichen Erzählkunst ist. Ziel des Verbands ist es, Anerkennung und langfristige Sicherung des Berufsbildes Erzähler/in zu schaffen. Gegründet wurde der gemeinnützige Verein am 26. August 2012 in Berlin bei einem Treffen deutschsprachiger Erzählerinnen und Erzähler.

Um die Qualität von Erzählerinnen und Erzählern zu sichern, bietet der Verband ein umfangreiches Programm zur Aus- und Weiterbildung an, hat eigene Qualitätskriterien erstellt und den sogenannten »Codex 2010« definiert. Der Kodex ist ein Katalog von Richtlinien für mündlich Erzählende. Die Qualitätskriterien sind in drei Bereiche unterteilt.

- die Geschichte
- der/die Erzähler/in
- der Kontakt mit der jeweiligen Zielgruppe

Es wird unterschieden zwischen objektiven Kriterien, die messbar oder zumindest nachprüfbar sind, und subjektiven Kriterien, die die persönliche Einschätzung einer Person ausdrücken. Die vorwiegend in Frageform formulierten Qualitätskriterien stammen von Dr. Michl Zirk (Lauf), Prof. Dr. Kristin Wardetzky (Berlin), Alexandra Eyrich (Bamberg), Gidon Horowitz (Schweiz), Katharina Ritter (München), Elisa Hilty (Schweiz) und der AG Fortbildung des Erzählertreffens in Breitnau 2009, die von Raymond den Boestert geleitet wurde. Weitere Informationen zum Verband der Erzählerinnen und Erzähler gibt es unter www.erzaehlerverband.org.

Märchen

»Märchen« im Wortsinn ist die Verkleinerungsform aus dem Mittelhochdeutschen *maere* und bedeutet »kurze Erzählung«, »Kunde«, »Bericht«. Als Textgattung ist das Märchen eine kürzere Prosaerzählung, welche wunderbare Begebenheiten zum Gegenstand hat, wobei wir zwischen Volks- und Kunstmärchen unterscheiden. Während beim *Kunstmärchen* Verfasser, Textgestalt und Entstehungszeit bekannt sind, lässt sich bei *Volksmärchen* kein bestimmter Urheber feststellen. Volksmärchen wurden vielmehr über große Zeiträume hinweg vom Volk für das Volk mündlich überliefert. Ihre Verbreitung ist in vielen Hochkulturen und bei vielen Völkern belegt, wobei das Verhältnis von Märchen und Mythen umstritten ist.

Im deutschsprachigen Raum wurden viele Volksmärchen im 19. Jahrhundert durch das Bruderpaar Jacob und Wilhelm Grimm schriftlich fixiert und literarisch bearbeitet. Die Brüder Grimm hielten die von ihnen gesammelten Märchen 1812/15 in ihrer zweibändigen Ausgabe der »Kinder- und Hausmärchen« fest.

Wer sich aber schon einmal mit Märchen näher beschäftigt hat, weiß, wie viel mehr diese Literaturform hergibt als diese bloß sachliche Begriffserklärung. Denn in den Märchen wird ja *geliebt* und *gelitten, gekämpft* und *erobert, verzaubert* und *gehext*. Die Helden sind verwunschene Frösche, Dummlinge, Prinzessinnen oder gar kleine Kinder – und in der Regel kommt es zum »Happy End«. Aber da gibt es auch die großen Herausforderungen, ohne die dieses Genre nicht auskommen würde – und das oftmals sogar auf recht grausame Art. Schließlich werden Fersen abgeschlagen, Augen ausgepickt, man bekommt glühende Pantoffeln angezogen oder wird in dunkle Kammern eingeschlossen. Und diese Beispiele stellen nur einen minimalen Auszug aus der Grimm'schen Sammlung dar! Manchmal ist uns gar nicht bewusst, welch grausame Redensarten wir in unserem Alltag anwenden: »*Für dich leg ich die Hand ins Feuer!*«, »*Ich könnte mich gerade zerteilen!*«, »*Ich bin heute so wahnsinnig kopflos!*« oder »*Ich reiße mir dafür ein Bein heraus!*« sind in unserem Sprachgebrauch ja keine Seltenheit. Ganz schön grausam, oder? Dabei beinhaltet das Märchen in der Regel eine ganz einfache, banale Moral: Das Gute gewinnt, das Schlechte verliert. Was für ein schöner, beruhigender und zuverlässiger Konsens. Man darf sich gerade deshalb fragen, was ein Märchen ohne Bösewicht wäre oder – etwas weiter gefasst – das Kasperletheater ohne Krokodil und – was ältere Kinder betrifft – Harry Potter ohne Lord Voldemort. Die pure Langeweile! Denn Märchen, die etwas taugen, erzählen keine Lügengeschichten, sie faseln uns nicht das Blaue vom Himmel herunter, sondern vermitteln eine handfeste Botschaft, die ganz individuell mit unserem Alltag und häufig sogar mit unserer Biografie zu tun hat. So stellen Märchen eine »erfundene Wahrheit« dar – dies allerdings in der verschlüsselten Bildersprache des Wunderbaren.

»Es war einmal...« – drei Worte, die reichen, um uns in Erinnerungen unserer Kindheit zurückzuversetzen, ein Gefühl von Gemütlichkeit und Schutz hervorzurufen und ein inneres Hören vom damals eigenen kindlichen »Nochmal!« wahrzunehmen. Doch bringt das einmalige Erzählen eines Märchens vermutlich nicht die Lösung für unsere eigenen alltäglichen oder biografischen Herausforderungen. Um im Leben weiterzukommen, brauchen wir eine intensive, gar kreative Auseinandersetzung mit den Märchenmotiven. Auf dass es den nächsten Generationen auch noch so ergehen möge!

vgl. Jacob und Wilhelm Grimm: Kinder- und Hausmärchen, Gesamtausgabe in 3 Bänden, Hrsg. Heinz Rölleke, Stuttgart 2001

Pädagogik

Erzieherisches Handeln als Gegenstand der Pädagogik ist seit vielen hundert Jahren Bestandteil des gesellschaftlichen Lebens. Ursprünglich war mit dem griechischen Wort »paidagogike« die Führung des Kindes vom Haus zu seinen Übungsstätten oder zur Schule der *polis* gemeint, von *pais, paidós* »Kind«, »Knabe« und *ágein* »treiben«, »leiten«, »führen«. Damit war jedoch in einem umfassenderen Sinn die Anleitung zur Bewährung in der griechischen *polis* gemeint, vor allem durch die Herausbildung von *Tüchtigkeit.*

Und auch danach blieb erzieherisches Denken noch viele weitere Jahrhunderte Bestandteil ideologischer Zielvorstellungen über ein gelungenes Leben. Als *eigenständige* Wissenschaft ist die Pädagogik erst rund zweihundert Jahre alt, als im Zuge der Aufklärung der Blick allein auf das Kind und seine Erziehung und Bildung gerichtet wurde und sein Leben aus einer wesenhaft vorgezeichneten Stellung in der Welt herausgelöst wurde. So weiß heute die *Lernpsychologie* über die Erklärungsansätze der Pädagogik Folgendes zu berichten:

- Pädagogik beschäftigt sich mit der *Erziehung* von Menschen.
- Bei der Pädagogik handelt es sich um eine *praktische Wissenschaft,* in welcher praktisches Handeln und wissenschaftliche Theorien eng miteinander verbunden sind.
- Das pädagogische Denken und Handeln konzentriert sich auf das *Veränderbare* eines Individuums. Erziehung bedeutet demnach keinen Eingriff in angeborene Reaktionstendenzen.

- Die Ziele der Erziehung liegen in der *Bildung*, Mündigkeit und Emanzipation des Menschen.
- Pädagogik impliziert immer eine positive Förderungsabsicht zur selbständigen, verantwortungsvollen und vollwertigen *Gesellschaftsfähigkeit*.

Darüber hinaus stehen die *problembehafteten Übergangsphasen* eines jungen Menschen im Fokus erzieherischen Denkens und Handelns, darunter fallen auch Phasen der Trauer und des Verlustes. Menschliche Grundbedürfnisse nach Überschaubarkeit, Beziehung, Wertschätzung, Sicherheit, Privatsphäre, Unabhängigkeit und Identität gewinnen in diesen Zeiten eine neue Dimension, da die Interaktion mit der Umwelt für Trauernde unter erschwerten Bedingungen stattfindet.

In der pädagogischen Fachsprache gibt es das Wort »Resilienz«, das die *psychische Widerstandsfähigkeit* des Menschen beschreibt. In einem gesunden Lebensverlauf ist Resilienz unabdingbar und auch innerhalb der Trauerbegleitung spielt sie in Ansätzen eine Rolle. Denn Resilienz meint nichts anderes als schwierige Lebenssituationen ohne anhaltende Beeinträchtigung zu überstehen. In problembehafteten Übergangsphasen können *kreative Angebote* Widerstandsfähigkeit befördern. Während der Trauerbegleitung ermöglichen die konkrete Bildhaftigkeit kreativer Angebote einen leichteren Zugang zum Trauernden. Vorhandene Ressourcen und biographische Besonderheiten werden berücksichtigt, wie es auch der Bayerische Bildungs- und Erziehungsplan empfiehlt.

vgl. Herbert Gudjons/Silke Traub: Pädagogisches Grundwissen. Überblick, Kompendium, Studienbuch. Bad Heilbrunn 2016

Märchenpädagogik

In diesem Buch verbinden sich neben der (Familien-)Trauerbegleitung zwei weitere thematische Schwerpunkte: Märchen und Pädagogik. Jeder Bereich für sich ist bereits vielfältig und komplex und in den bisherigen Definitionen nur angerissen. In der Märchenpädagogik werden diese beiden Themenkreise miteinander verbunden.

Als Erzählerin und Pädagogin wählte ich für meine Arbeit den Begriff »Märchenpädagogik« erstmalig im Jahr 2007; bis heute wird er innerhalb der Erzählszene nachhaltig genutzt, wobei es nicht allein die Begabung benötigt, Märchenliteratur erzählerisch und kreativ wirken zu lassen, sondern zusätzlich – und hier liegt der Knackpunkt – ein breites und gut fundiertes Hintergrundwissen in *beiden* Bereichen zu haben. Es gilt, beides mit kreativen Möglichkeiten und Methoden bewusst und begründet verknüpfen zu können. Das Erzählen von Märchen in der Kita oder in der Schule ist noch keine Märchenpädagogik. Das wäre Erzählen eines Märchens im pädagogischen Bereich. Darin liegt ein Unterschied.

vgl. Heinz-Hermann Krüger, Werner Helsper (Hrsg.): Einführung in Grundbegriffe und Grundfragen der Erziehungswissenschaft. Stuttgart 2010

Märchenpädagogik erfolgt geplant und zielgerichtet im idealen Fall aufgrund einer fundierten *Ausbildung* und damit verbundenem *Fachwissen* in beiden Bereichen. Professionelle Märchenpädagogik – im Allgemeinen und insbesondere im Trauerkontext – ist darüber hinaus in der Lage, *Praxis* und *Theorie* optimal in Einklang zu bringen. Sie kann auf beide Komponenten gleichwertig zurückgreifen und verknüpft sie durch aufmerksames Beobachten. Der Fokus der kombinierten Familientrauerbegleitung liegt auf:

- inhaltliche Themen oder Verläufe
- Zeit
- Symbolgehalt in Hinsicht auf verschieden gedeuteter Übergangsphasen
- Zielgruppe und Alter
- Möglichkeiten und Vielfalt der Emotionen innerhalb einer Geschichte

Klar ist: Fachwissen ist kein Rezeptwissen. Theoretische Inhalte können nicht eins zu eins in die alltägliche Praxis übernommen werden, sondern müssen die Dynamik des Kontextes aufgreifen. Situatives Handeln verlangt ein hohes Maß an *Flexibilität* und *Kreativität,* um sich in ständig neue und andersartige Situationen bei Trauernden hineinzuversetzen.

Professionalität im darstellerisch-erzählerischen *und* pädagogischen Bereich zeichnet sich weiterhin durch eine *umfassende Persönlichkeitsbildung* aus, um den emotionalen Herausforderungen im Umgang mit Betroffenen begegnen zu können. Als Märchenpädagogin fühle ich mich verantwortlich für meinen eigenen Lernprozess und bin zugleich offen und wach für Alternativen in unvorhersehbaren Situationen. Diese forschende Haltung sensibilisiert mich für die Entwicklungsprozesse der Trauernden.

Das Selbstbild, die Sicht auf andere und auf die Umwelt wirkt sich entscheidend auf die Handlungskompetenz innerhalb der Märchenpädagogik aus: Empathie, Feinfühligkeit und sensitive Responsivität, eine ressourcenorientierte Perspektive, Offenheit für und Wertschätzung von Diversität sowie eine biografische Kompetenz sind es, welche man in der kombinierten Familientrauerbegleitung von Erzählkunst und Märchenpädagogik finden darf und sollte.

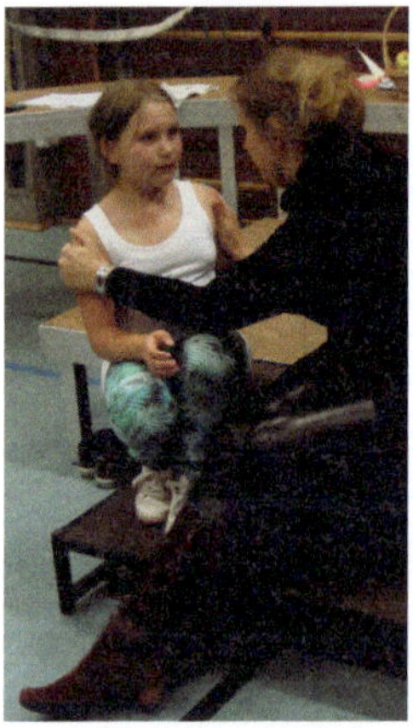

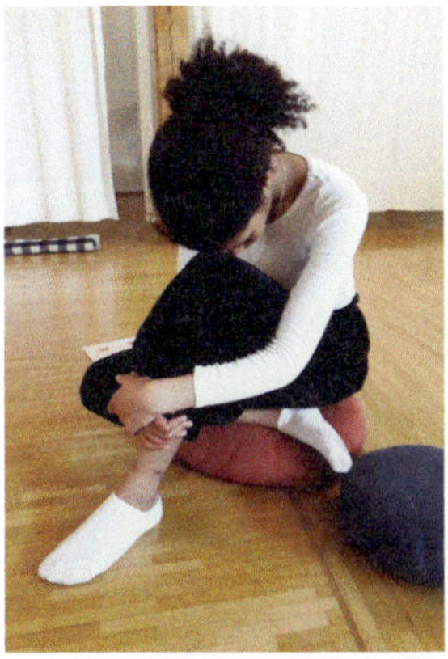

»Tod und Schönheit sind zwei hohe Dinge,
die gleich viel Schatten und Licht enthalten,
sodass man sie für zwei Schwestern halten könnte,
gleich schrecklich und furchtbar,
erfüllt von demselben Rätsel und demselben Geheimnis.“
Victor Hugo

Schneewittchen

Es war einmal mitten im Winter, und die Schneeflocken fielen wie Federn vom Himmel herab. Da saß eine Königin an einem Fenster, das einen Rahmen von schwarzem Ebenholz hatte, und nähte. Und wie sie so nähte und nach dem Schnee aufblickte, stach sie sich mit der Nadel in den Finger, und es fielen drei Tropfen Blut in den Schnee. Und weil das Rote im weißen Schnee so schön aussah, dachte sie bei sich: Hätt' ich ein Kind, so weiß wie Schnee, so rot wie Blut und so scharz wie das Holz an dem Rahmen! Bald darauf bekam sie ein Töchterlein, das war so weiß wie Schnee, so rot wie Blut und so schwarzhaarig wie Ebenholz und ward darum Schneewittchen genannt. Und wie das Kind geboren war, starb die Königin. Über ein Jahr nahm sich der König eine andere Gemahlin. Es war eine schöne Frau, aber sie war stolz und übermütig und konnte nicht leiden, dass sie an Schönheit von jemand sollte übertroffen werden. Sie hatte einen wunderbaren

Spiegel und wenn sie vor den trat und sich darin beschaute, sprach sie:

»Spieglein, Spieglein an der Wand,
Wer ist die Schönste im ganzen Land?«
so antwortete der Spiegel:
»Frau Königin, Ihr seid die Schönste im Land.«

Da war sie zufrieden, denn sie wusste, dass der Spiegel die Wahrheit sagte. Schneewittchen aber wuchs heran und wurde immer schöner, und als es sieben Jahre alt war, war es so schön, wie der klare Tag und schöner als die Königin selbst. Als diese einmal ihren Spiegel fragte:

»Spieglein, Spieglein an der Wand,
Wer ist die Schönste im ganzen Land?«
so antwortete er:
»Frau Königin, Ihr seid die Schönste hier,
Aber Schneewittchen ist tausendmal schöner als Ihr.«

Da erschrak die Königin und ward gelb und grün vor Neid. Von Stund an, wenn sie Schneewittchen erblickte, kehrte sich ihr das Herz im Leibe herum – so hasste sie das Mädchen. Und der Neid und Hochmut wuchsen wie ein Unkraut in ihrem Herzen immer höher, dass sie Tag und Nacht keine Ruhe mehr hatte. Da rief sie einen Jäger und sprach: »Bring das Kind hinaus in den Wald, ich will's nicht mehr vor meinen Augen sehen. Du sollst es töten und mir Lunge und Leber zum Wahrzeichen mitbringen.« Der Jäger gehorchte und führte es hinaus, und als er den Hirschfänger gezogen hatte und Schneewittchens unschuldiges Herz durchbohren wollte, fing es an zu weinen und sprach: »Ach, lieber Jäger, lass mir mein Leben! Ich will in den wilden Wald laufen und nimmermehr wieder heimkommen.« Und weil es gar so schön war, hatte der Jäger Mitleiden und sprach: »So lauf hin, du armes Kind!«

Die wilden Tiere werden dich bald gefressen haben, dachte er, und doch war's ihm, als wäre ein Stein von seinem Herzen gewälzt, weil er es nicht zu töten brauchte. Und als gerade ein junger Frischling dahergesprungen kam, stach er ihn ab, nahm Lunge und Leber heraus und brachte sie als Wahrzeichen der Königin mit. Der Koch musste sie in Salz kochen, und das boshafte Weib aß sie auf und meinte, sie hätte Schneewittchens Lunge und Leber gegessen.

Nun war das arme Kind in dem großen Wald mutterseelenallein, und ward ihm so Angst, dass es alle Blätter an den Bäumen ansah und nicht wusste, wie es sich helfen sollte. Da fing es an zu laufen und lief über die spitzen Steine und durch die Dornen, und die wilden Tiere sprangen an ihm vorbei, aber sie taten ihm nichts. Es lief, so lange nur die Füße noch fortkonnten, bis es bald Abend werden wollte. Da sah es ein kleines Häuschen und ging hinein, sich zu ruhen. In dem Häuschen war alles klein, aber so zierlich und reinlich, dass es nicht zu sagen ist. Da stand ein weißgedecktes Tischlein mit sieben kleinen Tellern, jedes Tellerlein mit seinem Löffelein, ferner sieben Messerlein und Gäblelein und sieben Becherlein. An der Wand waren sieben Bettlein nebeneinander aufgestellt und schneeweiße Laken darüber gedeckt. Schneewittchen, weil es so hungrig und durstig war, aß von jedem Tellerlein ein wenig Gemüs' und Brot und trank aus jedem Becherlein einen Tropfen Wein; denn es wollte nicht einem alles wegnehmen. Hernach, weil es so müde war, legte es sich in ein Bettchen, aber keins passte; das eine war zu lang, das andere zu kurz, bis endlich das siebente recht war; und darin blieb es liegen, befahl sich Gott und schlief ein.

Als es ganz dunkel geworden war, kamen die Herren von dem Häuslein, das waren die sieben Zwerge, die in den Bergen nach Erz hackten und gruben. Sie zündeten ihre sieben Lichtlein an, und wie es nun hell im Häuslein ward, sahen sie, dass jemand darin gesessen war, denn es stand nicht alles so in der Ordnung, wie sie es verlassen hatten. Der erste sprach: »Wer hat auf meinem Stühlchen gesessen?« Der zweite: »Wer hat von meinem Tellerchen gegessen?« Der dritte: »Wer hat von meinem Brötchen genommen?« Der vierte: »Wer hat von meinem Gemüschen gegessen?« Der fünfte: »Wer hat mit meinem Gäbelchen gestochen?« Der sechste: »Wer hat mit meinem Messerchen geschnitten?« Der siebente: »Wer hat aus meinem Becherlein Getrunken?« Dann sah sich der erste um und sah, dass auf seinem Bett eine kleine Delle war, da sprach er: »Wer hat in mein Bettchen getreten?« Die anderen kamen gelaufen und riefen: »In meinem hat auch jemand Gelegen!« Der siebente aber, als er in sein Bett sah, erblickte Schneewittchen, das lag darin und schlief. Nun rief er die andern, die kamen herbeigelaufen und schrien vor Verwunderung, holten ihre sieben Lichtlein und beleuchteten Schneewittchen. »Ei, du mein Gott! Ei, du mein Gott!«, riefen sie, »was ist das Kind so schön!« Und hatten so große Freude, dass sie es nicht aufweckten, sondern im Bettlein fortschlafen ließen. Der siebente Zwerg aber schlief bei seinen Gesellen, bei jedem eine Stunde, da war die Nacht herum. Als es Morgen war, erwachte Schneewittchen, und wie es die sieben Zwerge sah, erschrak es. Sie waren aber freundlich und fragten: »Wie heißt du?« – »Ich heiße Schneewittchen«, antwortete es. »Wie bist du in unser Haus gekommen?«, sprachen weiter die Zwerge.

Da erzählte es ihnen, dass seine Stiefmutter es hätte wollen umbringen lassen, der Jäger hätte ihm aber das Leben geschenkt, und da wär' es gelaufen den ganzen Tag, bis es endlich ihr Häuslein gefunden hätte. Die Zwerge sprachen: »Willst du unsern Haushalt versehen, kochen, betten, waschen, nähen und stricken, und willst du alles ordentlich und reinlich halten, so kannst du bei uns bleiben, und es soll dir an nichts fehlen.« – »Ja«, sagte Schneewittchen, »von Herzen gern!«; und blieb bei ihnen. Es hielt ihnen das Haus in Ordnung. Morgens gingen sie in die Berge und suchten Erz und Gold, abends kamen sie wieder, und da musste ihr Essen bereit sein. Den ganzen Tag über war das Mädchen allein; da warnten es die guten Zwerglein und sprachen: »Hüte dich vor deiner Stiefmutter, die wird bald wissen, dass du hier bist; lass ja niemand herein!« Die Königin aber, nachdem sie Schneewittchens Lunge und Leber glaubte gegessen zu haben, dachte nicht anders, als sie wäre wieder die Erste und Allerschönste, trat vor ihren Spiegel und sprach:

»Spieglein, Spieglein. an der Wand,
Wer ist die Schönste im ganzen Land?«
Da antwortete der Spiegel:
»Frau Königin, Ihr seid die Schönste hier,
Aber Schneewittchen über den Bergen
Bei den sieben Zwergen
Ist noch tausendmal schöner als Ihr.«

Da erschrak sie, denn sie wusste, dass der Spiegel keine Unwahrheit sprach, und merkte, dass der Jäger sie betrogen hatte und Schneewittchen noch am Leben war. Und da sann und sann sie aufs Neue, wie sie es umbringen wollte; denn so lange sie nicht die Schönste war im ganzen Land, ließ ihr der Neid keine Ruhe. Und als sie sich endlich etwas ausgedacht hatte, färbte sie sich das Gesicht und kleidete sich wie eine alte Krämerin und war ganz unkenntlich.

In dieser Gestalt ging sie über die sieben Berge zu den sieben Zwergen, klopfte an die Türe und rief: »Schöne Ware feil! feil!« Schneewittchen guckte zum Fenster hinaus und rief: »Guten Tag, liebe Frau! Was habt Ihr zu verkaufen?« – »Gute Ware«, antwortete sie, »Schnürriemen von allen Farben«; und holte einen hervor, der aus bunter Seide geflochten war. Die ehrliche Frau kann ich hereinlassen, dachte Schneewittchen, riegelte die Türe auf und kaufte sich den hübschen Schnürriemen. »Kind«, sprach die Alte, »wie du aussiehst! Komm, ich will dich einmal ordentlich schnüren.« Schneewittchen hatte kein Arg, stellte sich vor sie und ließ sich mit dem neuen Schnürriemen schnüren. Aber die Alte schnürte geschwind und schnürte so fest, dass dem Schneewittchen der Atem verging und es für tot hinfiel. »Nun bist du die Schönste gewesen«, sprach sie und eilte hinaus. Nicht lange darauf, zur Abendzeit, kamen die sieben Zwerge nach Haus; aber wie erschraken sie, als sie ihr liebes Schneewittchen auf der Erde liegen sahen, und es regte und bewegte sich nicht, als wäre es tot. Sie hoben es in die Höhe, und weil sie sahen, dass es zu fest geschnürt war, schnitten sie den Schnürriemen entzwei; da fing es an ein wenig zu atmen und ward nach und nach wieder lebendig.

Als die Zwerge hörten, was geschehen war, sprachen sie: »Die alte Krämerfrau war niemand als die gottlose Königin. Hüte dich und lass keinen Menschen herein, wenn wir nicht bei dir sind!« Das böse Weib aber, als es nach Haus gekommen war, ging vor den Spiegel und fragte:

»Spieglein, Spieglein an der Wand,
Wer ist die Schönste im ganzen Land?«
Da antwortete er wie sonst:
»Frau Königin, Ihr seid die Schönste hier,
Aber Schneewittchen über den Bergen
Bei den sieben Zwergen
Ist noch tausendmal schöner als Ihr.«

Als sie das hörte, lief ihr alles Blut zum Herzen, so erschrak sie, denn sie sah wohl, dass Schneewittchen wieder lebendig geworden war. »Nun aber«, sprach sie, »will ich etwas aussinnen, das dich zugrunde richten soll«; und mit Hexenkünsten, die sie verstand, machte sie einen giftigen Kamm. Dann verkleidete sie sich und nahm die Gestalt eines anderen alten Weibes an. So ging sie hin über die sieben Berge zu den sieben

Zwergen, klopfte an die Türe und rief: »Gute Ware feil! feil!« Schneewittchen schaute heraus und sprach: »Geht nur weiter, ich darf niemand hereinlassen!« – »Das Ansehen wird dir doch erlaubt sein«, sprach die Alte, zog den giftigen Kamm heraus und hielt ihn in die Höhe. Da gefiel er dem Kinde so gut, dass es sich betören ließ und die Türe öffnete. Als sie des Kaufs einig waren, sprach die Alte: »Nun will ich dich einmal ordentlich kämmen.« Das arme Schneewittchen dachte an nichts, ließ die Alte gewähren, aber kaum hatte sie den Kamm in die Haare gesteckt, als das Gift darin wirkte und das Mädchen ohne Besinnung niederfiel. »Du Ausbund von Schönheit«, sprach das boshafte Weib, »jetzt ist's um dich geschehen«; und ging fort. Zum Glück aber war es bald Abend, wo die sieben Zwerglein nach Haus kamen. Als sie Schneewittchen wie tot auf der Erde liegen sahen, hatten sie gleich die Stiefmutter in Verdacht, suchten nach und fanden den giftigen Kamm. Und kaum hatten sie ihn herausgezogen, so kam Schneewittchen wieder zu sich und erzählte, was vorgegangen war. Da warnten sie es noch einmal, auf seiner Hut zu sein und niemand die Türe zu öffnen. Die Königin stellte sich daheim vor den Spiegel und sprach:

»Spieglein, Spieglein an der Wand,
Wer ist die Schönste im ganzen Land?«
Da antwortete er wie vorher:
»Frau Königin, Ihr seid die Schönste hier,
Aber Schneewittchen über den Bergen
Bei den sieben Zwergen
Ist noch tausendmal schöner als Ihr.«

Als sie den Spiegel so reden hörte, zitterte und bebte sie vor Zorn. »Schneewittchen soll sterben«, rief sie, »und wenn es mein eigenes Leben kostet!« Darauf ging sie in eine ganz verborgene, einsame Kammer, wo niemand hinkam, und machte da einen giftigen, giftigen Apfel. Äußerlich sah er schön aus, weiß mit roten Backen, dass jeder, der ihn erblickte, Lust danach bekam, aber wer ein Stückchen davon aß, der musste sterben. Als der Apfel fertig war, färbte sie sich das Gesicht und verkleidete sich in eine Bauersfrau, und so ging sie über die sieben Berge zu den sieben Zwergen. Sie klopfte an. Schneewittchen streckte den Kopf zum Fenster heraus und sprach: »Ich darf keinen Menschen einlassen, die sieben Zwerge haben mir's verboten!« – »Mir auch recht«, antwortete die Bäuerin, »meine Äpfel will ich schon loswerden. Da, einen will ich dir schenken.« – »Nein«, sprach Schneewittchen, »ich darf nichts annehmen!« – »Fürchtest du dich vor Gift?«, sprach die Alte, »siehst du, da schneide ich den Apfel in zwei Teile; den roten Backen iss, den weißen will ich essen« Der Apfel war aber so künstlich gemacht, dass der rote Backen allein vergiftet war. Schneewittchen lusterte den schönen Apfel an, und als es sah, dass die Bäuerin davon aß, so konnte es nicht länger widerstehen, streckte die Hand hinaus und nahm die giftige Hälfte. Kaum aber hatte es einen Bissen davon im Mund, so fiel es tot zur Erde nieder. Da betrachtete es die Königin mit grausigen Blicken und lachte überlaut und sprach: »Weiß wie Schnee, rot wie Blut, schwarz wie Ebenholz! Diesmal können dich die Zwerge nicht wiedererwecken.« Und als sie daheim den Spiegel befragte:

> »Spieglein, Spieglein an der Wand,
> Wer ist die Schönste im ganzen Land?«
> so antwortete er endlich:
> »Frau Königin, Ihr seid die Schönste im Land.«

Da hatte ihr neidisches Herz Ruhe, so gut ein neidisches Herz Ruhe haben kann. Die Zwerglein, wie sie abends nach Haus kamen, fanden Schneewittchen auf der Erde liegen, und es ging kein Atem mehr aus seinem Mund, und es war tot. Sie hoben es auf suchten, ob sie was Giftiges fänden, schnürten es auf, kämmten ihm die Haare, wuschen es mit Wasser und Wein, aber es half alles nichts; das liebe Kind war tot und blieb tot. Sie legten es auf eine Bahre und setzten sich alle Siebene daran und beweinten es und weinten drei Tage lang. Da wollten sie es begraben, aber es sah noch so frisch aus wie ein lebender Mensch und hatte noch seine schönen, roten Backen. Sie sprachen: »Das können wir nicht in die schwarze Erde versenken«; und ließen einen durchsichtigen Sarg von Glas machen, dass man es von allen Seiten sehen konnte, legten es hinein und schrieben mit goldenen Buchstaben seinen Namen darauf und dass es eine Königstochter wäre. Dann setzten sie den Sarg hinaus auf den Berg, und einer von ihnen blieb immer dabei und bewachte ihn. Und die Tiere kamen auch und beweinten Schneewittchen, erst eine Eule dann ein Rabe, zuletzt ein Täubchen. Nun lag Schneewittchen lange, lange Zeit in dem Sarg und verweste nicht, sondern sah aus, als wenn es schliefe, denn es war noch so weiß wie Schnee, so rot wie Blut und so schwarzhaarig wie Ebenholz.

Es geschah aber, dass ein Königssohn in den Wald geriet und zu dem Zwergenhaus kam, da zu übernachten. Er sah auf dem Berg den Sarg und das schöne Schneewittchen darin und las, was mit goldenen Buchstaben darauf geschrieben war. Da sprach er zu den Zwergen: »Lasst mir den Sarg, ich will euch geben, was ihr dafür haben wollt.« Aber die Zwerge antworteten: »Wir geben ihn nicht für alles Gold in der Welt.« Da sprach er: »So schenkt mir ihn, denn ich kann nicht leben, ohne Schneewittchen zu sehen, ich will es ehren und hochachten wie mein Liebstes.« Wie er so sprach, empfanden die guten Zwerglein Mitleid mit ihm und gaben ihm den Sarg. Der Königssohn ließ ihn nun von seinen Dienern auf den Schultern forttragen. Da geschah es, dass sie über einen Strauch stolperten, und von dem Schüttern fuhr der giftige Apfelgrütz, den Schneewittchen abgebissen hatte, aus dem Hals. Und nicht lange, so öffnete es die Augen, hob den Deckel vom Sarg in die Höhe und richtete sich auf und war wieder lebendig. »Ach Gott, wo bin ich?«, rief es. Der Königssohn sagte voll Freude: »Du bist bei mir«; und erzählte, was sich zugetragen hatte, und sprach: »Ich habe dich lieber als alles auf der Welt; komm mit mir in meines Vaters Schloss, du sollst meine Gemahlin werden.« Da war ihm Schneewittchen gut und ging mit ihm, und ihre Hochzeit ward mit großer Pracht und Herrlichkeit angeordnet. Zu dem Feste wurde aber auch Schneewittchens gottlose Stiefmutter eingeladen. Wie sie sich nun mit schönen Kleidern angetan hatte, trat sie vor den Spiegel und sprach:

»Spieglein, Spieglein an der Wand,
Wer ist die Schönste im ganzen Land?«
Der Spiegel antwortete:
»Frau Königin, Ihr seid die Schönste hier, aber die
junge Königin ist noch tausendmal schöner als Ihr.«

Da stieß das böse Weib einen Fluch aus, und ward ihr so Angst, so Angst, dass sie sich nicht zu lassen wusste. Sie wollte zuerst gar nicht auf die Hochzeit kommen, doch ließ es ihr keine Ruhe, sie musste fort und die junge Königin sehen. Und wie sie hineintrat, erkannte sie Schneewittchen, und vor Angst und Schrecken stand sie da und konnte sich nicht regen. Aber es waren schon eiserne Pantoffel über Kohlenfeuer gestellt und wurden mit Zangen hereingetragen und vor sie hingestellt. Da musste sie in die rotglühenden Schuhe treten und so lange tanzen, bis sie tot zur Erde fiel.

Thematischen Brücken

Über 7 Berge musst du geh'n

Die berühmte 7 im Märchen... da könnte man nun einmal mehr von der Numerologie oder Zahlensymbolik sprechen, welche damit einhergeht. Dass sich alle 7 Jahre im Leben eines Menschen etwas verändert, man manchmal seine sprichwörtlichen 7 Sachen packt, dass sich die 7 aus der himmlischen 3 und der erdigen 4 zusammensetzt, 7 Tage hat die Woche, dass man von insgesamt 7 Körper-Chakren spricht, und auch die 7 Weltwunder möchte ich hier gern erwähnen.

Aber in diesem Buch geht es vorrangig um die symbolische Brücke zu Sterben, Tod, Trauer und Trost. Und weil Schneewittchen über 7 Berge zu den 7 Zwergen gelangt, scheint es mir passend, hier die sieben sogenannten Grundwahrheiten – neben und ergänzend zu den vier Grundwahrheiten nach Irvin D. Yalom aus dem Kapitel »Die Sterntaler« – aufzuführen, welche unsere Lebenswirklichkeit gut zusammenfassen und auf die ich bei Angela Seifert erstmals gestoßen bin.

1. Leben ist mit Schmerzen verbunden
2. Leben ist mit Trennung verbunden
3. Leben ist mit Angst verbunden
4. Leben ist mit Einsamkeit verbunden
5. Leben ist mit dem Tod verbunden
6. Leben ist mit Liebe verbunden
7. Leben ist hemmungslos kreativ

Natürlich sind das keine Phasen, welche als Abfolge oder Reihenfolge zu verstehen sind. Es sind Erkenntnisse, Anhaltspunkte, Grundannahmen. In dieser Konstellation regiert die Sieben die Inhalte und Herausforderungen des menschlichen Lebensweges. Und so wie Schneewittchen im Reich der Sieben gelandet ist, sind wir es durch unsere Existenz genauso – denn wir lernen auch immer wieder aufs Neue, was es heißt, mit all diesen Herausforderungen zu leben, während unserer Biografie unsere kleinen und großen Tode sterben – bis wir bereit sind für unseren allerletzten. Ich erlaube mir einen Versuch, die sieben Grundwahrheiten in einen Kontext zu stellen, welcher die Lebenswirklichkeit von Trauernden abbildet.

vgl. dazu Angela und Theodor Seifert: Schneewittchen – Wie verletzte Gefühle heilen können, Kreuz Verlag Stuttgart 2002 (Weisheit im Märchen)

1. Leben ist mit Schmerzen verbunden | Trauer hat viele Gesichter und jeder Mensch trauert auf seine eigene, persönliche Art und Weise. Trauer beeinflusst den ganzen Menschen bezogen auf seine *Gedanken* (z.B. Selbstvorwürfe, Grübeln, Konzentrationsschwäche), *Körperreaktionen* (z.B. Herzklopfen, Unruhe, Kraftlosigkeit, Atemnot), *Gefühle* (z.B. Wut, Leere, Hilflosigkeit, Angst, Überempfindlichkeit) und sein daraus resultierendes *Verhalten* (z.B. Weinen, sozialer Rückzug, Überaktivität). Es ist insgesamt betrachtet ein hoch anstrengender Prozess auf all diesen Ebenen, was den Menschen zu emotionalen Höchstleistungen zwingt und die er in dieser Gesamtheit als den »typischen« Trauer-Schmerz empfindet. Und doch sind dies ganz gesunde und normale Reaktionen nach dem Verlust eines Menschen, der einem viel bedeutet hat.
2. Leben ist mit Trennung verbunden | Hier gilt es vor allem, wieder zu lernen, mit sich selbst etwas anzufangen und den Unterschied zwischen Alleinsein und Einsamkeit zu spüren. Dabei spielen Selbstachtung und Selbstliebe eine große Rolle. Das klingt ein wenig banal und eventuell sogar romantisierend naiv. Es stimmt aber! Denn nach einer Trennung durch einen Verlust kann man sich selbst oft nur schwer aushalten. Man deckt nur für sich alleine den Tisch eben nicht schön und macht

sich oft auch nicht hübsch… selbst die grundlegende Alltagshygiene kann plötzlich vernachlässigt werden. Manche Menschen essen in dieser Zeit nicht richtig. Doch all das ist für den Trauerprozess wichtig. Es ist wichtig, sich selbst in dieser Zeit gut zu umsorgen. Manchmal hat man keine Ahnung, was einem gut tun würde. Es kostet Überwindung, irgendetwas allein zu unternehmen. Doch es wird zunehmend normal, im besten Fall wieder schön, und schenkt einem schließlich die erneute Beteiligung am sozialen Leben.

3. Leben ist mit Angst verbunden | Angst als Grundgefühl ist nichts Schlechtes. Im Gegenteil: Es fördert unsere Intuition und schützt uns nicht selten vor Gefahr. Auch innerhalb der Trauer ist es zunächst nicht bedenklich, wenn die Angst Einkehr hält – Angst vor Veränderung, Einsamkeit, der Nacht oder sogar vor dem Weiterleben. Aber die Grenze zwischen einer gesunden und krankhaften Angst ist mitunter dünn. Das ist zum Beispiel dann der Fall, wenn es keinen Fortschritt im Verlauf der Trauer gibt oder die Trauerreaktionen anhaltend und ausschließlich exzessiv sind. Daher gilt es, ganz besonders hinzusehen, wenn während eines Trauerverlaufs Ängste entstehen.

4. Leben ist mit Einsamkeit verbunden | »Gemeinsam statt einsam« – oft ein beliebtes Seminar-, Kongress- oder Veranstaltungsthema, besonders im Coaching-, Management- und Sozialkontext. Aber in persönlichen Trauerprozessen schafft man es unter Umständen nicht sofort, um Gemeinschaft oder gar Hilfe zu bitten. Außerdem ist einem mitunter nicht danach zumute, und dieses Gefühl wird durch ein gesellschaftliches Phänomen sogar noch verstärkt: das *Einem-Trauernden-aus-dem-Weg-gehen*. Bisher hat mir *jeder* und *jede* Trauernde, egal ob Groß oder Klein, gesagt, dass sich Teile des Umfelds abgewendet hätten und dass nach relativ kurzer Zeit erwartet wurde, »wieder so wie früher« zu sein. Ebenso, dass nach wenigen

Wochen und Monaten nur wenige Zeit, Lust oder Geduld hätten, weiterhin über die Trauer zu sprechen.

Aber auch umgekehrt, also als Trauernder, kann es geschehen, dass Einsamkeit, mindestens ein Alleinsein, gewünscht wird. »Von Beileidsbekundungen am Grab bitten wir Abstand zu nehmen«, liest man immer öfter in den Todesanzeigen der Zeitungen. Trotz des Versuchs, einem solchen Wunsch Folge zu leisten, bleiben beim Außenstehenden häufig Verunsicherung und ein Gefühl der eigenen Unhöflichkeit zurück, wenn man vor Ort nicht »anstandsgemäß« kondoliert. Wie soll man sich aber auf dem Friedhof »richtig« verhalten, wenn man einen Händedruck, Worte des Trostes, eine Umarmung oder einen freundlichen Blick als das Richtige empfindet, die Betroffenen aber Abstand fordern? Übergriffig möchte niemand sein ... aber so ganz und gar stimmig empfinden es die Allerwenigsten. Ein Missverständnis kommt oftmals hinzu: Um Abstand wird häufig ausdrücklich an der Grabstätte gebeten – aber dieser Wunsch zieht sich nicht selten auch in die Zeit *nach* der Beerdigung. Man weiß nicht genau: Wann lässt der Wunsch nach Abstand wieder nach? Es kann in der Folge zu »komischen« Alltagsbegegnungen kommen, im Supermarkt, vor dem Haus oder wo auch immer. Jemand wendet sich verschämt ab und der andere bleibt irritiert oder verletzt zurück.

Da fällt mir ein Zitat von Martin Buber ein: »Alles wirkliche Leben ist Begegnung!« Und ich füge hinzu: Möge es von allen Seiten den Mut dazu geben!

5. Leben ist mit dem Tod verbunden | Das ist das Kernthema innerhalb der Familientrauerbegleitung, jeweils mit anderen Umständen, Bewältigungsstrategien, Ursachen, Gefühlen, Bindungen, Persönlichkeitsstrukturen und sozialen Merkmalen.

6. Leben ist mit Liebe verbunden | »Liebe« kann man anhand von so vielen Dingen im Leben erklären. Aber innerhalb eines Verlusterlebnisses? Dazu gibt es nur eines zu sagen: Trauer *ist* Liebe! Ein

Mensch, um den man weint, mit ihm hat man in der Regel auch viel gelacht! Denn jede Erinnerung, jedes Ritual und jede Träne bringt es mit sich, dem Verstorbenen zu gedenken, dankbar für eine gemeinsam verbrachte Zeit zu sein und für diesen Moment die Liebe in sämtlichen Varianten emotional abzurufen.

Das gilt sogar, wenn die Beziehung zum Verstorbenen als schwierig oder gar zerrüttet galt. Das möchte ich erklären, denn es gilt nicht in dem klassisch beschriebenen Sinne. Die Trauer verlagert sich in diesem Fall. Es geht weniger um das große Verlustempfinden und Vermissen als vielmehr um die damit verbundene Erkenntnis: »Nun kann es aber auch nie wieder besser werden!« Und diese Form des Bedauerns und der Trauer ist selbstverständlich auch gekoppelt an die Fähigkeit zu lieben.

7. LEBEN IST HEMMUNGSLOS KREATIV | Ja – und auch die damit einhergehenden Bewältigungsstrategien in all ihren methodischen Facetten. Ich hoffe dieses Buch gibt anhand der jeweiligen »kreativen Impulse« genügend Einblicke in die damit verbundene Unterschiedlichkeit, Lebendigkeit, Kreativität, Phantasie, Buntheit, Vielfalt, Tiefe und natürlich Wirksamkeit!

Das lehrt uns das Märchen »Schneewittchen« also auch – und vielleicht sogar besonders: Es geht im Leben wie in der Trauer um ein Erwachen des eigenen Bewusstseins für die Grundwahrheiten des Lebens. Dieses Erwachen ist gepaart mit den individuellen Fähigkeiten, Fertigkeiten, Talenten und Ressourcen, mit der eigenen Traurigkeit einen Umgang zu bekommen. Voller Vertrauen und Hingabe. Bis zur nächsten Etappe. Bis zum Ziel.

Im gläsernen Sarg

Eine persönliche Verabschiedung *vor* der Beisetzung am Totenbett oder am offenen Sarg kann Hilfe für den anstehenden Trauerprozess sein. Die Aufbahrung macht den Tod des geliebten Menschen begreifbar. Häufig ist der Todesfall eines nahestehenden Menschen für Angehörige und Freunde nur schwer zu fassen, egal, ob der Tod absehbar war oder sehr plötzlich und überraschend eingetreten ist.

Innerhalb unseres Märchens gibt es auch eine Aufbahrung, denn Schneewittchen liegt in einem gläsernen Sarg. Die Zwerge halten Wache, weinen, schweigen, trauern. Sie haben immer wieder die Möglichkeit, Schneewittchen anzusehen und nehmen sich die Zeit, die sie dafür brauchen. In dieser Szene passiert das, was auch real eine offene Abschiednahme ausmacht und so wertvoll werden lassen kann.

Folgendes muss angemerkt werden: Diese Art von Abschiedsgestaltung umfasst nach einem klassischen Verständnis von Begleitung weder die Sterbe-, noch die Trauerbegleitung. Denn der Mensch ist ja bereits tot und Trauerbegleitung setzt in der Regel erst *nach* der Beerdigung ein, bisweilen sogar mehrere Monate danach. In dieser »Schleusenzeit«, wie es Ruthmarijke Smeding nennt, also zwischen Eintritt des Todes bis zur Beerdigung, kommt es mit der offenen Abschiednahme zu einer markanten Situation, auch weil dieser Moment einmalig und unwiederbringlich ist. Diese Begegnung mit dem Verstorbenen, die mit Ritualen einhergehen kann, ist ausschließlich innerhalb eines kurzen Zeitrahmens erlebbar! Der Anblick eines Menschen kurz nach seinem Tod ist für viele Angehörige schon zu einer großen Kraftquelle für den weiteren Trauerprozess geworden.

Männertrauer

In der heutigen Zeit ein Mann zu sein, ist nicht leicht. Denn das Mannsein bewegt sich nicht selten in Extremen. Auf der einen Seite – Achtung, es wird nun ein wenig plakativ! – ist da der Kerl und Rowdy, der Cowboy und Angeber, der Abenteurer und Ritter. Und dann ist da der Stubenhocker und Windelwechsel-Papa, Öko, Latein-Zitatezum-Besten-Geber; und auch an den aalglatten Bachelor-Typen haben wir uns gewöhnt.

Im ersten Fall geht es damit einher, dass die rauen Männer ihre Zartheit und Liebesbedürftigkeit oft überspielen; dann lässt sich in der Realität gut beobachten, welche Auswirkungen dieses Schweigen innerhalb von Kommunikation und Beziehung haben kann. Im anderen Fall zeigen die Männer ihre Gefühle ganz offen und ausgiebig. Die Zuordnung des »schwachen Geschlechts« verlagert sich, wenn man der Annahme folgt, dass es überhaupt ein schwaches Geschlecht gibt!

In dieser Situation müssen wir Frauen uns ein bisschen an die eigene Nase fassen: Denn was wollen und erwarten wir von unseren Männern? Einerseits einen Mann, der im richtigen Moment auf den Tisch haut, sich schützend vor uns stellt und stets einen klaren Kopf bewahrt; beruflich bitte erfolgreich, kein Angsthase, intelligent, attraktiv. Aber dann auch: unbedingt ausreichend Gefühl zeigen... aber bitte nicht weinerlich sein! Puh... Ganz schön schwer, nicht wahr? In unserem Märchen haben wir es mit drei unterschiedlichen Mann-Gruppierungen zu tun. Und so auch mit drei unterschiedlichen Trauer-»Konzepten«. Betrachten wir sie näher:

> Der König | Dieser wird nur anfangs erwähnt. Er nimmt sich eine neue Frau und taucht dann nie wieder auf. Im Schneewittchen-König, der gleichzeitig Vater ist, finden wir den Mann, der mit Schweigen und Rückzug reagiert.
>
> Diese Männer stoßen mit ihrem Verhalten natürlich nicht selten auf Unverständnis. Gleichzeitig verwundert das Schweigen aber auch nicht, denn diese Verhaltensweisen sind leicht erklärbar: Wenn Männer trauern, wollen sie es gern mit sich selbst ausmachen. Ihr damit verbundenes Grübeln, sich Winden und Schweigen, kann damit zu tun haben, dass sie unbewusst nicht schwach erscheinen wollen. Dieses Bild von einem »richtigen« Mann wurde ihnen so beigebracht, es ist angelernt. Wenn es schon ein Problem gibt, dem man ausgesetzt ist, dann muss gleichzeitig auch eine Lösung gefunden werden! Erst da-

nach beginnen manche Männer, wieder zu sprechen. Diese »König-Männer« trauern also genauso wie andere, verarbeiten ihre Trauer aber anders, nämlich im stillen Kämmerlein, allein, schweigend, nicht sichtbar.

Die Zwerge | Hier verhält es sich ganz anders. Es geht um das gemeinsame Trauern, das Zusammensein, sich gegenseitig Halt und Stütze sein, miteinander Aushalten. Sie zünden Lichter an und halten Totenwache. Sie finden also Rituale, die sie gemeinsam gestalten und erleben. Ihre Trauer darf sichtbar sein. Diese Form der Männertrauer unterstützt den weiteren Prozess und kann sogar eine wichtige Ressource und Kraftquelle auch auf weite Sicht sein.

Der Prinz | Der Tod beendet das Leben eines Menschen, nicht aber seine Beziehungen. Dies ist im Grundsatz ein schöner Gedanke. Aber: Dieser Prinz liebt eine vermeintlich Tote und verliert sich zwischen Realität, verklärter Fiktion und Gefühl. Er will dieser Liebe nachgeben, denn die Hoffnung begleitet ihn – auch, wenn der Schmerz mit an seiner Seite ist. Im Märchen ist das sein Glück, denn Schneewittchen wird erwachen. Im echten Leben hingegen kann eine emotional unveränderte Bindung zu einem Verstorbenen auf lange Sicht viele Komplikationen im täglichen Leben mit sich und anderen, eventuell auch mit einem neuen Partner, bereithalten.

Eine neue Frau kommt ins Haus

In den Volksmärchen der Brüder Grimm scheint sich ein bestimmtes Prinzip zu wiederholen: Die richtige und gute Mutter stirbt zu Beginn oder taucht gar nicht erst auf, während sich die Stiefmutter in den Vordergrund drängt und böse und missgünstig ist. In der Wirklichkeit ist das glücklicherweise nicht immer so. Und trotzdem ist es nicht einfacher.

Nur selten gibt es aus Sicht der Kinder, egal wie alt sie sind, eine schnell von Herzlichkeit geprägte Beziehung zu jenem neuen Partner, der an die Stelle des verstorbenen Elternteils tritt. Sollte das eines Tages doch geschafft sein, liegt hinter allen Beteiligten eine aufwendige Gefühlsarbeit! Tränen vergießen inklusive – auf allen Seiten.

Das Märchen erzählt uns nichts darüber, warum der König nach seiner Heirat mit der »bösen Königin« nicht mehr erwähnt wird. Vermutlich war er für den weiteren Verlauf des Märchens nicht maßgeblich genug. In der Realität ziehen sich Väter oder Mütter, die gleichzeitig verwitwet sind, ebenfalls emotional zurück, sobald ein neuer Mensch in das System der Familie tritt; vor allem dann, wenn es zwischen dieser Person und den Kindern nicht allzu glatt abläuft. Da beide Seiten Ansprüche stellen, die meist in eine Zwickmühle und damit in die Überforderung führen, ergeben sich über die Trauer hinaus weitere Komplikationen – und der Teufelskreis ist perfekt! Denn auch Einsamkeit und das Gefühl der emotionalen Verlassenheit kann Menschen »böse« werden lassen; sie greifen zu Maßnahmen, die sich nicht aus ihrer Persönlichkeit, sondern aus der Situation ergeben.

Todesangst

Schneewittchen sieht sich dem Jäger gegenüber, der sie im Auftrag der Königin töten soll. Hier kommt es zu einer Auseinandersetzung mit der Angst in ihrer Ur-Form: die Todesangst. Der Adrenalinspiegel steigt und auch der Entscheidungsdruck wächst: Leben oder Sterben? Die Prinzessin will leben, läuft los und findet das Haus der sieben Zwerge. Dort kommt es zu weiteren Entscheidungen – nämlich jene, um Hilfe zu bitten und sie auch anzunehmen. Beides kostet vielen Menschen in einer Notsituation ungeheure Überwindung. Manchmal hat das etwas mit Stolz zu tun oder dem Bedenken, man könne sich anderen nicht zumuten. Mitunter haben Menschen mit dem Um-Hilfe-Bitten schlechte Erfahrungen gemacht und sind unglücklicherweise auf Ablehnung gestoßen. Manche schämen sich sogar oder haben Angst, ihr Gesicht zu verlieren. Schneewittchen zeigt uns, dass das Annehmen von Hilfe innerhalb einer Krisenzeit zu einer (Er-)Lösung führen kann. Die Bitte um Hilfe und ihre Annahme können zu wichtigen Bausteinen auf dem Weg der Trauerbewältigung werden.

Der Schreck über den Tod eines anderen Menschen kann auch zu einer Angst vor dem eigenen Tod werden. Das betrifft keineswegs nur Erwachsene.

Wir müssen Trauernde unterstützen, indem wir genau hinschauen, mitgehen, Impulsgeber sind und Mut machen für ein Ja zur Hilfe. Sie führt am Ende immer zur Selbsthilfe.

Neid und Eifersucht

Ein Thema des Märchens »Schneewittchen« kann mit Wettbewerb und Rivalität umschrieben werden, auch in unserer Gesellschaft gar nicht so selten verbreitet. Wer ist am Schönsten, Besten, Klügsten? Dabei wurden die Botschaften der Märchen seit Hunderten von Jahren vermittelt, damals galten noch andere Erkenntnisse und Überzeugungen. Die Ansichten des einfachen Volkes prägten schließlich die Märchenliteratur entscheidend mit.

Nun kann man sagen, dass wir uns in vielen Bereichen enorm weiterentwickelt haben – in der Medizin, Technik, in der Wissenschaft. Doch blieben die Grundthemen und Problematiken im Grunde genommen die gleichen. Wenn man beispielsweise Schneewittchen und das Casting-TV-Format »Germany's next Topmodel« gegenüberstellt, wird man merken, dass beide die gleiche Frage stellen: »Wer ist die Schönste im ganzen Land?« Schönheit und Rivalität – ein Thema offensichtlich so alt wie die Welt. Aber das nur am Rande.

Neid und Eifersucht spielen auch in Trauerprozessen eine Rolle. Denn natürlich »beneiden« Kinder und Jugendliche alle Gleichaltrigen, bei denen es in der Familie »normal« zugeht. Niemand ist gestorben und folglich werden diese auch nicht komisch beäugt und es werden keine »blöden« Fragen gestellt. Es entsteht eine natürliche Eifersucht auf die Unbekümmertheit und die Freiheiten anderer, auf die Verantwortung, die sie ihrem Alter *entsprechend* tragen können, und auf ein Umfeld, welches wesentlich stabiler wirkt als das eigene. Diese Wahrnehmung der anderen begegnet mir oft. Trauernde Kinder und Jugendliche wünschen sich Normalität, die noch für einige Zeit nicht da sein wird. Die Gegenwart führt eine Rivalität mit der Vergangenheit und die Zukunft lehnt sich gleich gegen alle beide auf. Man hängt am Alten und sucht doch das Neue – das bringt der Verlust an sich bereits mit.

Aber Neid und Eifersucht haben auch ihren Sinn. Ich erlebe an Kindern und Jugendlichen dadurch oft auch einen Antrieb. Dieser bezieht sich auf ihre Sehnsucht, den Alltag wiederherzustellen. Die Ungeduld kommt ihnen dabei zwar häufig in die Quere, aber man kann tatsächlich beobachten, dass sie innerhalb ihrer Krise beim Umgang mit ihrer Trauer zunehmend kreativer werden. Und genau darum geht es: einen *Umgang* mit der Trauer zu finden und sie nicht zu beseitigen! Mit der Zeit bewirkt ihr kreativer Umgang mit der Trauer, dass sie den Blick immer weniger auf die Anderen lenken und in sich selber wieder eine Mitte finden. Ein persönliches Wachstum ist spürbar und damit wird auch der Neid relativiert.

Der Apfelgrütz im Hals

Der berühmte Apfel. Die Symbolik des Apfels ist so vielseitig, dass ich versuche, es so speziell wie möglich auf das Thema Trauer zu beziehen.

Es gibt die Trauer, die man äußerlich sieht – durch Weinen, Körperhaltung, Gefühlsausbrüche oder Essverhalten. Aber dieses bestimmte Apfelstück wird von Schneewittchen geschluckt. Und alles, was man »schluckt«, wirkt seelisch doppelt und dreifach. Schneewittchen kippt somit wirklich um und kommt zunächst nicht mehr auf die Beine – so geht es manchen Trauernden auch. Eine Art Sprachlosigkeit und Handlungsunfähigkeit setzt ein – da sitzt in der Kehle und im Körper eben etwas fest.

Aber jede dunkle Seite hat auch eine helle. Ich würde nicht so weit gehen einem Trauernden zu sagen »Alles hat seinen Sinn!« oder »Die Zeit heilt alle Wunden!« oder »Einmal wird für dich auch wieder die Sonne scheinen!« So einfach geht das nicht nach einem tiefen Verlust und es würde einer großen Traurigkeit auch in keinster Weise gerecht werden, schon gar nicht in der Akutphase. Was meine ich dann damit, dass es auch eine helle Seite gibt? Welchen Nutzen soll das schon haben, wenn ein geliebter Mensch gestorben ist? Hinsichtlich der hellen Seite möchte ich sie wieder erwähnen – die *Helfer*. Sie sind so wichtig in all ihren Facetten. Vielleicht – wenn man in die helle Hälfte beißt, macht einem das sogar Appetit auf mehr.

Und wenn einem doch etwas im Halse stecken bleibt, und der Kummer fühlt sich zu groß an, dann sollte man seine persönlichen Helfer – Familie, Freunde, Kollegen, Nachbarn, vertrauensvolle und kompetente Begleiterinnen und Begleiter usw. – in Anspruch nehmen! Sie fangen auch nach dem ein oder anderen Stolpern den Kloß im Hals, das Apfelstück, den Trauernden wieder auf!

Aus der Praxis

Der Scheitel ist falsch!

Während einer Begleitung lernte ich die neunjährige Karla kennen. Ihre vier Jahre jüngere Schwester war gerade gestorben – und schon vor ihrem Tod hatte ich mit der Familie wegen des anstehenden Sterbeprozesses zu tun. Nun war der Tod eingetreten und die Kleine wurde sehr liebevoll zuhause aufgebahrt. Sie sah aus, als ob sie schlief – ganz ruhig und sogar rosig. So nahmen Karla und ihre Eltern in meinem Beisein dort von ihr Abschied.

Als die Eltern kurz den Raum verließen, blieb Karla mit mir im Zimmer der aufgebahrten Schwester. Sie stand von ihrem Stuhl auf und ging direkt zu ihrer Schwester ans Kinderbett. Sie schaute erst zu ihr, dann zu mir und sagte ganz vorsichtig: »Der Scheitel ist falsch!« Ich war irgendwie perplex über diese sehr pragmatische Anmerkung in dieser Situation und musste mich kurz sammeln, ehe ich – genauso vorsichtig – sagte: »Magst ihn richtig kämmen?« Und weil sie das sofort bejahte, holte ich die Bürste ihrer Schwester. Sie nahm sie an sich, beugte sich über die tote Fünfjährige und begann ganz vorsichtig, ihren Haarscheitel auf die andere Seite zu kämmen. Abschließend strich sie lächelnd mit ihren Händen über den Kopf der Schwester: »So, jetzt passt alles!«

Ja, nun passte alles. Es wurde etwas in Ordnung gebracht, was vorher nicht stimmte. Ein letzter Dienst, den sie ihrer Schwester erwiesen hatte, an sich ein kurzer Moment, aber sie wird sich ihr Leben lang daran erinnern. Eine Situation mehr, die beweist, wie wichtig, schön, anrührend, kraftvoll und besonders der Abschied am Totenbett – auch für ein Kind – sein kann.

Tot spielen

Während eines Elternabends in einem Kindergarten, bei dem ich über die Frage referierte »Trauern Kinder wirklich anders?«, fragte mich eine der Erzieherinnen: »Frau Eyrich, wir haben da gerade einen ganz komischen Fall in der Gruppe. Da gibt es einen fünfjährigen Jungen, der spielt immer, dass er tot ist. Dann legt er sich irgendwo hin, macht die Augen zu und faltet die Hände. Also, wir finden das langsam wirklich bedenklich und auch die anderen Kinder wirken schon ganz verstört. Hätten Sie da eine Idee für uns?«

Ich musste schmunzeln, denn zum einen höre ich immer wieder von solchen und ähnlichen Situationen mit Kindern und zum anderen hat mich das Bild von dem Jungen schlichtweg amüsiert, der auf dem Boden liegt und »tot spielt«. Meine Antwort gab ich spontan und mit gesundem Menschenverstand: »Spielen Sie mit! Streuen Sie Blumen, halten Sie eine Trauerrede, laden Sie andere Kinder als Trauergäste ein und warten Sie, was passiert! Denn die gute Nachricht ist: Kein Kind dieser Welt legt sich früh um acht Uhr auf den Boden und spielt »tot« und bleibt dann liegen, bis es um siebzehn Uhr wieder abgeholt wird.«

Alle lachten und nickten. Genau, es geht nämlich bei diesem Thema auch um Leichtigkeit. Wir kennen doch alle das Spiel mit Leben und Tod aus Kindheitstagen. Wir alle haben es ausprobiert, wie lange man unter Wasser sein kann, bis die Lunge schließlich nach Luft schreit und wir auftauchen *müssen*, weil wir sonst ertrinken würden. Ein Spiel mit Leben und Tod. Grenzen austesten, mal spüren, ohne Luft zu sein, und der Wunsch nach Weiterleben. Der Junge in dem Kindergarten hat scheinbar etwas begriffen, vermutlich sogar eine Beerdigung erlebt. Und das, was er da gemacht hatte, war eine Verarbeitung des Erlebten. Wie schön, wenn Kinder ihre Eindrücke ausdrücken und wir somit erkennen können, was in ihnen vorgeht und mit was sie sich gedanklich tragen. Da muss kein Psychologe an den Jungen ran, sondern Menschen, die ihm Fragen stellen und die er etwas fragen kann. Und dass die besten Fragen über das Spiel zustande kommen… na, das ist schließlich ein pädagogisches Grundgesetz!

Schreck, lass nach!

Eine offene Aufbahrung wird in der Regel als hilfreich, mitunter sogar als segensvoll erlebt. Und so schwer der Gang auch ist, erzählen die meisten Kinder, Jugendlichen und Familien meinem Team und mir davon, wie froh sie gewesen seien, diese Möglichkeit wahrgenommen zu haben. Die meisten… nicht alle! Zum Beispiel Mona. Sie war gerade acht Jahre alt, als ihr Papa nach drei Jahren mit der Diagnose Krebs im Krankenhaus verstarb. Man riet der Familie, sich am Totenbett noch einmal zu verabschieden und richtete dafür alles her. Mona ging mit ihrer Mutter und ihrer jüngeren Schwester dorthin. Sie sagte, ihr Herz habe ganz laut gepocht. Sie hatte Angst, aber alle meinten, es sei sicher richtig, noch einmal zu ihm zu gehen. Mona kannte den Anblick des kranken Vaters – auch in seinem Sterbeprozess. Aber tot… das war einfach etwas anderes.

Nach Monas Beschreibung und Wahrnehmung lief das Ganze wie folgt ab: Sie machten die Tür des Krankenhauszimmers auf und Mona konnte ihren Vater sofort dort liegen sehen. Aber sie ging nicht weiter hinein, denn was sie auf die Entfernung bereits sah, war, dass ihr Papa ganz schwarz und dick im Gesicht gewesen war. Sie lief panisch und weinend hinaus. Dort blieb sie auch; und das letzte Bild des Vaters war in ihrem Kopf ein recht verzerrtes. (Monas Mutter erzählte mir hingegen von einer lediglich *leichten* Verfärbung des toten Körpers.)

Für Mona war es ein Albtraum. Ich denke jedoch nicht wegen der Situation an sich, sondern vielmehr, weil sie niemand darauf vorbereitet hatte. Niemand hatte ihr gesagt, dass Papas Körper sich verändert hatte, dass sich sein Hautkolorit verdunkelte und die Gewebesubstanz den Körper bereits aufschwemmte. Das kann man gewiss niemandem aus Monas Familie vorwerfen – in Ausnahmesituationen tut jeder sein

Möglichstes, was mitunter aber nicht immer optimal ist. Hier bedarf es jedoch einer guten Begleitung und vor allem Vorbereitung von Ärzten, Klinikpersonal, Bestattungsfachkräften, Seelsorgern oder auch Trauerbegleitern, sofern sie bereits mit involviert sind, damit kein Kind in eine solche Situation hineinstolpert, sondern so informiert ist, dass es Fragen stellen und die Situation mit der verstorbenen Person einordnen kann.

Die Begleitung wird die Traurigkeit eines Kindes an sich nicht schmälern, aber sie kann ihm helfen, den letzten Moment mit dem Verstorbenen unbeachtet der äußerlichen Umstände anders zu erleben und hernach für sich die Situation sprachlich und emotional als einen individuellen Abschiedsmoment zu definieren. Denn Hautverfärbungen und andere körperliche Veränderungen, die mit dem Tod einhergehen können, jedoch keineswegs immer auftreten müssen, sieht man nicht selten. Es geht jedoch darum, sie *lediglich wahrzunehmen* und sich vielmehr auf das eigene Gefühl und die Atmosphäre, welche im Raum steht, zu konzentrieren und etwas zu suchen und zu finden, worin ich den Menschen wiedererkenne; nicht auf das, was mir fremd und neu ist. Diese Art von Nachhaltigkeit eines Momentes ist der eigentliche Wert eines Abschieds am Totenbett. Somit überrascht es auch nicht, dass die meisten, die diese Art von letzter Begegnung erlebt haben, jedem empfehlen, sich darauf einzulassen.

Wachgerüttelt

Im Märchen hat Schneewittchen den Apfelgrütz im Halse stecken, aber auch wir kennen in unserer Welt das Gefühl, einen Kloß im Hals zu haben.

Das habe ich an einem Vater erlebt, dessen Frau überraschend verstarb. Er war, als ich ihn und die drei Töchter zum ersten Mal zuhause besuchte, wie »ausgeschaltet«: müde, traurig, geschockt, verzweifelt, überfordert, stumm. Er saß mir gegenüber und starrte auf den Tisch. Es war alles sehr aufgeräumt in diesem großen Haus, lediglich ein paar Spielsachen der Kinder lagen in einer Ecke des Wohnzimmers am Boden. Ich stellte ihm ein paar Fragen, aber auf alles antwortete er immer nur »Ja«, »Nein«, »Ich weiß nicht«. Manchmal sagte er auch gar nichts. Er stand sehr unter Schock, das war allzu deutlich.

Die eigentliche Beerdigung stand noch aus und es war zunächst mein Hauptaugenmerk, diesen Abschied mit ihm und den Kindern vorzubereiten.

Ich verlagerte meine Aufmerksamkeit nun mehr auf die Mädchen; diese waren sehr viel redseliger. Sie hatten die Idee, für ihre Mama jeweils eine Kerze zu gestalten und erzählten mir den ein oder anderen Traum, den sie nachts von ihr hatten. Eine der drei holte schließlich einen Bilderrahmen, der auf einer Kommode stand. Sie zeigte mir ihre Mutter, erzählte ein bisschen über sie und als sie das Bild zurückstellen wollte, fiel es ihr aus der Hand. Der Rahmen ging nicht kaputt, aber es gab auf den Fliesen einen recht lauten Knall.

Und da war er, der Moment! Der Vater richtete seinen Blick nun nicht mehr nur auf den Tisch, sondern hob den Kopf und blickte dorthin, wo es eben gescheppert hatte. Dann sah er zu mir und begann, als ob er aufgeweckt oder wachgerüttelt wurde, etwas hektisch zu sprechen: »Ich muss wohl jetzt alle Bilder meiner Frau wegräumen, nicht wahr? Sie ist ja nicht mehr da... da sollte ich alles abhängen. Auch wegen der Kinder... was meinen Sie? Aber es sind so viele Bilder – wie macht man das am besten?«

All das wiederholte er mehrmals, wirkte durcheinander, jedoch nicht mehr ganz so stagniert wie noch einen kurzen Moment vorher. »Nein«, sagte ich ganz ruhig, »Sie müssen gerade gar nichts verändern. Alles bleibt erstmal an seinem Platz. Das ist völlig ok.«

Auch ich musste das mehrmals sagen, bis ich sicher war, dass es bei ihm angekommen war. Und dann nickte er und sagte: »Dann planen wir mal die Trauerfeier, ich bin froh, dass Sie uns helfen.«

Und das haben wir dann gemacht.

Die Kinder waren etwa zwei Jahre lang bei uns in Begleitung; und ich staunte auch über die Entwicklung des Vaters. Er lernte, wie man Wäsche wäscht, bügelt, Fenster putzt, die tägliche Brotzeit für den Kindergarten und die Schule vorbereitet, Haare flechtet, Kleinigkeiten kocht und auch, dass man »Bibi & Tina« einfach lieben muss. Er wurde zum Gute-Nacht-Geschichten-Vorleser, konnte seiner Arbeit wieder nachgehen und besuchte schließlich als einziger Mann unter vielen Müttern das Elterncafé in der Kita.

Irgendwann kamen wir noch einmal über jene erste Begegnung ins Gespräch und ich erzählte ihm, wie ich das damals wahrgenommen hatte. Auch von dem Moment, als das Bild herunterfiel... Er konnte sich sofort daran erinnern, nickte und lächelte.

»Weißt du was, Alex? Ich glaube bis heute nicht, dass das Bild aus der Hand meiner Tochter fiel... ich glaube vielmehr, dass es ein Zeichen meiner Frau war, die mir sagen wollte 'Los jetzt, du musst dich kümmern! Um die Kinder, das Haus, meine Abschiedsfeier!' Denn als sie noch lebte, hatte sie immer eine Angewohnheit: Wenn ihr etwas nicht schnell genug ging oder ich für irgendetwas kein Verständnis aufbringen konnte, nahm sie zwei Topfdeckel und schlug sie einmal heftig zusammen, während sie dabei meistens laut lachend 'Aufwachen, der Herr!' rief. Und manchmal gelang es mir dann in der Tat, meine Meinung zu überdenken und die Perspektive zu wechseln. Glaub mir: Sie war es, die mich auch damals wieder wach und handlungsfähig machte.«

Ich widersprach ihm nicht.

Die Neue

Nicht nur im Märchen ist es so, dass nach dem Tod eines Partners irgendwann jemand Neues an die Seite der Witwe oder des Witwers tritt. Meist ist das eine Herausforderung für das ganze Familiensystem, zum Glück sind es aber nicht immer böse Stiefmütter oder-väter! Doch selbst wenn dieses neue Familienmitglied die besten Absichten mitbringt, heißt das noch lange nicht, dass es von den Kinder akzeptiert wird.

Als die Mutter zweier elfjähriger Zwillingsmädchen überraschend an einem Herzinfarkt starb, dauerte es zirka zwei Jahre, ehe sich ihr Vater neu verliebte und die neue Frau den beiden Mädchen vorstellte.

Die beiden hassten sie sofort. So viel Mühe sie sich auch gab, die Mädchen boykottierten einfach alles. Es ging um ein Prinzip – der Vater hatte in ihren Augen Hochverrat an ihrer Mutter begangen. Und weil es ums Prinzip ging, wurden die Mädchen in ihrem Verhalten der neuen Frau gegenüber immer unmöglicher.

Als die neue Frau nach anderthalb Jahren gemeinsamer Beziehung schließlich zu ihnen zog, versprach sich das Paar davon, dass eventuell alles nur eine Frage der Gewohnheit sein könnte. Sie blickten diesem Schritt daher recht optimistisch entgegen. Aber die Mädchen ignorierten sie, wenn sie ihnen eine Frage stellte oder verweigerten das Essen, welches sie kochte. Sie machten absichtlich Unordnung und Lärm, standen nachts auf und stellten ihren Wecker heimlich auf Zeiten in der Nacht. Die beiden waren mittlerweile vierzehn Jahre alt und kamen nun zum ersten Mal zu mir in die Begleitung.

Ihre Streiche gaben sie regelmäßig zum Besten und waren stolz darauf, wenn sie es schafften, sie damit aus der Reserve zu locken, dass sie ungeduldig mit ihnen wurde, ja gar schimpfte oder auch mal ihrer Verzweiflung nachgab und weinte. Der Vater klagte mir darüber meist telefonisch sein Leid, war aber gleichzeitig nicht in der Lage, den Zwillingen Einhalt zu bieten. Er meinte, die beiden hätten durch den Tod der Mutter ohnehin ein so schweres Schicksal erlitten; und er mochte es ihnen nicht noch schwerer machen.

Wir sprachen oft über meine Überzeugung, dass auch trauernde Kinder und Jugendliche erzieherische Grenzen brauchen – und in diesem Fall war das überhaupt nicht mehr von der Hand zu weisen. Aber das war ihm unmöglich... was natürlich auch eine gewaltige Missstimmung in der neuen Partnerschaft brachte. Die neue Frau wünschte sich von ihm den nötigen Rückhalt gegenüber den Kindern – aber dieser kam nicht.

Folgende »Aktion« trieb es schließlich auf die Spitze. Als die beiden Erwachsenen einmal am Abend ins Theater gingen, blieben die Mädchen zuhause. Die Zeit nutzten sie wie folgt: Sie entfernten im Haus sämtliche Fotocollagen von den Wänden, nahmen die Bilder heraus, schnitten überall den Kopf der verhassten »Ersatz-Mutter« aus, gaben die Bilder zurück in den Rahmen und hängten sie wieder auf. Danach nahmen sie sich den Lieblingsmantel von ihr vor, zerschnitten ihn in unzählige Teile und legten ihr diese auf ihren Bettvorleger. Zuletzt rieben sie das komplette Fahrrad von ihrem Zielobjekt mit Öl ein und stellten es so vor die Hauseinfahrt. Als die Erwachsenen vom Theater wieder daheim eintrafen, kann man sich wohl vorstellen, zu welchem Showdown es schließlich kam... und nach so langer Zeit der Schikanen auch kommen musste...

Innerhalb der Trauerbegleitung machte ich das zum Thema und scheute mich – ganz im Gegensatz zum Vater – überhaupt nicht, den beiden scharf ins Gewissen zu reden und ihnen auch klar zu verdeutlichen, was ich davon hielt. Ich versuchte ihnen verschiedene Perspektiven aufzuzeigen, appellierte auch an die Beziehung zwischen ihnen und ihrem Vater und ebenso an ihre eigene Ethik, ihr Niveau und ihre Haltung zu sich und der Welt als heranwachsende junge Frauen. Sie stimmten mir zwar nicht zu, aber sich gegen mein Statement gewehrt hatten sie sich auch nicht. Sie konnten es tatsächlich aushalten, sich das von mir anzuhören. Und ich war nicht glimpflich mit ihnen. Wer mich kennt, weiß: Wenn es nötig ist, klare Worte zu finden, dann finde ich sie.

Ich höre – auch und vor allem innerhalb der Pädagogik – die beliebten Appelle »Nicht werten!«, »Kompromisse finden!«, »Gewaltfrei kommunizieren!«, »Gestalten, aber nichts erwarten«! und so weiter. Das lässt jedoch mein gesunder Menschenverstand nicht immer zu. Und auf dieses konkrete Beispiel bezogen: Nein! Da nahm ich mir einfach heraus, ihr Verhalten als zutiefst verkehrt zu empfinden. Da wollte ich Position beziehen. Klar. Deutlich. Ernst. Punkt!

Nicht werten? Oh doch! Denn das war keine bloße Antipathie, sondern Psychoterror. Kompromisse? Ok, aber keine faulen Kompromisse! Gewaltfrei kommunizieren? Generell eine gute Idee, aber selbstverständlich hatte ich ihnen nicht erspart, ihnen damit einen Spiegel vorzuhalten. Gestalten, aber nichts erwarten? Komische Idee...

Ein grundlegender Respekt von jedem gegenüber anderen Menschen muss erwartbar sein – für sich, für andere, für die Gesellschaft, für das Leben. Und da bedarf es eben manchmal klarer Worte und keiner seichten Kalendersprüche. Wenn das Miteinander und die Beziehung zwischen der begleitenden Person und den Kindern und Jugendlichen stimmt, trägt der Begleitungsprozess das ohne Weiteres. Ich denke sogar, dass man damit auch in der Pflicht steht. Auch das kann zu einer Trauerbewältigung gehören.

Bis heute ist das Verhältnis zwischen den Zwillingen und der – mittlerweile nicht mehr – neuen Frau kein sehr gutes, die Beziehung ihres Vaters zu der Frau erlebt aufgrund dieser und noch anderer Eskapaden ein »On« und »Off«. Doch obwohl die Probleme innerhalb der Familie nie wirklich angesprochen und angegangen wurden, hat man zumindest Wege des Aushaltens gefunden. Auch das ist eine Entscheidung!

Das kann also Familientrauerbegleitung auch bedeuten:

- Trotzalter oder Pubertät – mit beidem kann man auch hier Bekanntschaft machen
- Erziehungsarbeit als Teil der Begleitung erleben und leisten
- »Erschöpfte« Elternteile kennenlernen und unterstützen
- neue Partnerschaften im System berücksichtigen
- Anti-Haltungen Raum und Grenzen geben

Ja, Familientrauerbegleitung kann eine ganz schön heikle und herausfordernde Angelegenheit sein, fernab von hübsch aufbereiteten Ritualen, netten Kreativangeboten, einem ausschließlich kooperativen Miteinander oder familiärer Harmonie. Und: Manche Stiefmütter und -väter werden manchmal einfach nur böse gemacht!

Hilfe, wo bin ich hier gelandet?

Manchmal muss man auch von einem Anti-Beispiel erzählen! Oder besser gesagt: von einem Anti-Guten-Beispiel. Das tue ich hiermit.

Es gibt Dinge, die machen einem Todesangst. Im Märchen »Schneewittchen« bildet das sicher am besten jene Szene ab, in der die Prinzessin allein im Wald ist und vor dem Jäger flieht, welcher von der bösen Königin beauftragt wurde, sie zu töten. Und in dieser Not findet sie das Haus der sieben Zwerge. Sie bittet um Hilfe und die Zwerge sagen ihr diese nicht nur zu, sondern erweisen sich mehrmals als zuverlässige Weggefährten. Das ist in diesem Fall ziemlich optimal gelaufen. Nun stelle man sich im *realen* Leben jemanden vor, der trauert. Und dann noch weiter: jemanden, der aufgrund einer traumatischen Erfahrung trauert. Dieser Mensch sucht Hilfe und hat den Mut, sich auf den Weg dorthin zu machen.

In diesem Fall führte der Weg der fünfzehnjährigen Josephina in eine psychotherapeutische Praxis mit dem Schwerpunkt »Trauertherapie«. Sie wurde von ihrer Mutter begleitet, die bei der ersten Sitzung dabei sein durfte. Es gab so gut wie keine Fragen nach dem Verlauf des Unfalls mit Todesfolge des Vaters, nach ihrem persönlichen Befinden oder gar der aktuellen Bewältigung ihres Alltags. Man führte – wie es sich gehört – lediglich einen Anamnesebogen aus, ein Formular zur systematischen Erfassung der gesundheitlichen Vorgeschichte eines Klienten. Dann ging man zur folgenden Methode über:

Josephina bekam Kopfhörer, über die sie eine Fantasiereise »aus der Konserve« hören konnte. Weder ihre Mutter, noch die Therapeutin, hatten Parallel-Kopfhörer. Keiner wusste, welche Impulse das Mädchen gerade bekam – nur für den Fall, da könnte emotional etwas kippen, aufbrechen, erschrecken, verängstigen, Bilder hervorrufen... aber davon schien die Expertin ja nicht auszugehen. An dieser Stelle auf die Inhalte der Fantasiereise einzugehen, ist absolut sinnlos, weil schlichtweg nichts davon hilfreich war. Nach etwa dreißig Minuten sollte Josephina die Kopfhörer absetzen, die Fantasiereise war zu Ende. Und nicht lange danach die Therapiesession auch.

Sie ging nie wieder dorthin... dafür kam sie zu ZwischenGeZeiten in meine Begleitung.

Warum ich an dieser Stelle davon erzähle, ist ganz einfach zu erklären: Ich bin absolut keine Gegnerin von klassischen Therapieformen und deren Maßnahmen. Warum auch, ich komme selbst aus diesem Berufszweig. Aber dann, bitte, sollte man wissen, was man tut. In meinem Beispiel ging das auf der ganzen Linie in eine mehr als fragwürdige Richtung:

- Wie viel Mut erfordert es, nach Hilfe zu fragen. Und dann glaubt man Hilfe zu erhalten und stellt fest, dass das Gegenüber weder der Worte noch der Methode mächtig ist, um eine solche Situation professionell und seriös handhaben zu können und auch aufzufangen.
- Man hat die Chance, mit einer Jugendlichen in Kontakt zu Gehen, die zudem freiwillig in eine therapeutische Praxis geht, und setzt ihr statt eines persönlichen Kontaktes Kopfhörer mit einer »Stimme aus dem Off« zur Alternative vor.
- Fantasiereisen bei Schockerlebnissen: Das lernt man schon ganz am Anfang als angehender Therapeut, was das auslösen kann. Und dann noch über Kopfhörer und somit absolut unbegleitet... das kann man eigentlich nicht glauben!

Ich wünsche jedem Menschen, der trauert und nach Hilfe fragt, ebenso das Glück wie Schneewittchen höchstselbst, an einem Häuschen vorbeizukommen, welches von *echten* Helfern geöffnet wird, die in der Lage sind, ein Stück des Weges auf gute Art mitzugehen.

Und all jenen, die begleiten oder therapieren, wünsche ich nicht nur eine ausreichende, sondern eine hoch qualifizierte Selbsteinschätzung hinsichtlich ihrer Möglichkeiten.

Ich lass los...

Die Idee, Erzählkunst, in welcher Form auch immer, mit Trauerbegleitung zu verbinden, gefällt mir, solange es als Methode für die Person und Situation stimmig ist. Dabei etwas Neues wagen, mitunter Unbekanntes für sich zu erforschen, das ein oder andere Risiko einzugehen...

und gleichzeitig den Anspruch an professionelle Familientrauerbegleitung zu bewahren, mit Ästhetik, Stil, Takt- und Feingefühl, Achtung und Geschmack; zu reflektieren, abzuwägen, zu pausieren, durchzuatmen, zu entspannen, seiner Intuition zu folgen, dem Bauchgefühl zu vertrauen, Grenzen zu setzen, Neugierde zu bewahren, Leichtigkeit zu spüren, zu lachen, zu genießen, Klarheit zu finden, in den Austausch zu gehen, sich mitzuteilen, sich inspirieren zu lassen, zur Ruhe zu kommen, Kraft zu tanken…. weiterzumachen. So kann und darf die Traurigkeit einen Platz im Leben bekommen.

All das ging auch bei einer Trauerbegleitung einher, von welcher ich abschließend erzählen möchte und das Festhalten und Loslassen auf besondere Weise schildert.

Während einer Trauerfreizeit war ich allein in der Küche und sah, während ich die Spülmaschine ausräumte, durch das Fenster die zwölfjährige Anna, die alleine unter einem Baum stand. Mit dem Foto ihrer Mama in der Hand und mit verschiedenen Bewegungen, welche schwierig zu deuten waren. Vorsichtig und so lautlos wie möglich kippte ich das Fenster und wurde Zeuge jener Szene: Anna sang die im Folgenden aufgeführte Passage aus dem Lied »Ich lass' los« des Disney-Films »Die Eiskönigin«.

> »*...Lass sie nicht rein! Lass sie nicht sehen, wie du bist. Nein! Das darf niemals geschehen! Du darfst nichts fühlen, zeig ihnen nicht dein wahres Ich! Ich lass los, lass jetzt los – die Kraft, sie ist grenzenlos. Ich lass los, lass jetzt los und ich schlag die Türen zu. Es ist Zeit, nun bin ich bereit! Und ein Sturm zieht auf – die Kälte, sie ist nun ein Teil von mir.*«

Während sie dies sang, hob sie das Bild ihrer Mutter einmal links und einmal rechts immer wieder rhythmisch in den Himmel. Sie war so sehr bei sich, dass dieser Moment einer der intimsten von ihr war, an dem ich bis dahin, wenn auch nur indirekt, teilnehmen durfte.

Über die Zeit wurde allerdings besonders eine Liedzeile immer mehr zu ihrem Credo – und das war nicht förderlich für ihren persönlichen Trauerprozess. Denn die Aussage »Die Kälte, sie ist nun ein Teil von mir« verinnerlichte sie ganz besonders. Ihre Trauer wurde im wahrsten Sinne des Wortes *cool*: krasse Sprüche, harte Worte, schwarzer Humor und immer mehr die Tendenz, sich selbst und ihre Gefühle ins Lächerliche zu ziehen. Es war, kurz gesagt, eine Herausforderung mit ihr und der damit verbundenen Trauerbegleitung. Eine tiefe Trauer gemischt mit Pubertät, einem Glaubenssatz aus einem Disney-Song und einer Anti-Haltung gegen sich und die ganze Welt. Bloß keine Traurigkeit oder gar Tränen zeigen... das war ihr Anspruch!

Auf der einen Seite war da der Wunsch des Loslassens – nicht des Loslassens ihrer Liebe und den damit einhergehenden Erinnerungen an ihre Mutter, sondern vielmehr der Wunsch, den Schmerz loszuwerden, ihre Mama »gehen« zu lassen und Lust an der Idee zu bekommen, dem Leben die größere Priorität beizumessen.

In einer der nachfolgenden Einzelbegleitungen machte ich diese Lied-Passage zum Thema. Es war eine sehr intensive und emotionale Begleitung und Anna sagte irgendwann: »Ich glaube, ich brauche einen eigenen Song!«

Diese Idee fand ich großartig. Ich konnte mir sofort vorstellen, dass es gut klappen könnte, ihre eigene Melodie mit einem Text zu kreieren, der ihren Trauerprozess in eine kreative Struktur bringen könnte – in Wort und Klang. Es gab nur eine Bedingung von ihr: Eine *Ballade* sollte es sein! Und das nahmen wir in Angriff... basierend auf:

- Daten, Fakten, Zahlen
- Erinnerungen
- Todestag
- Beerdigung
- Die erste Zeit danach
- Vermissen
- Ängste und Herausforderungen
- Ressourcen
- sonstiges

Während des Projektes gab es viele Eindrücke und Erkenntnisse, die über ein paar Monate fest in die laufende Trauerbegleitung integriert waren, im Gespräch und schweigend, lustig und bewegend, leise und laut, überraschend und vorhersehbar, gediegen und kreativ, berührend und vollendet.

Das Ziel, musikalische Metaphern als Ausdrucksform von Annas persönlichem Trauerprozess zu finden und zu kreieren, ist mit Sicherheit geglückt. Dadurch haben sich ihr Blick und Perspektive auf die Dinge teilweise verändert und geschärft. Ihr haben die einzelnen Metaphern tatsächlich geholfen, verschiedene Emotionen besser beschreiben und ausdrücken zu können. Darüber brachte sie so manches klar auf den Punkt. Das Zusammenspiel zwischen Trauerbegleitung und Kunst trug als kreative Methode dazu bei.

Besonders positiv war während der Liedentstehung zu sehen, dass Anna den Song der Eiskönigin immer mehr in ihre Vergangenheit platzieren konnte und den Aussagen der neuen Ballade eindeutig und bewusst die Priorität gab.

Aber so »leicht« es sich vielleicht anhören mag: Es ging hier ja nicht um einen Song, den man nach seiner Entstehung auf Instagram posten will und auf ein *One-Hit-Wonder* hofft. Es war etwas sehr Persönliches, Verletzliches, Privates, Intimes.

Mit dem Lied haben wir Annas eigenes Märchen geschrieben – oder sagen wir: eine bestimmte Etappe daraus. Der Schlüssel lag in einem Lied einer Märchenverfilmung. Dieser erst machte es möglich, die Kraft des Loslassens freizusetzen – und das vollkommen frei von Härte, Coolness und Distanz. Es brauchte »nur« eine neue Melodie, einen individuell auf Anna abgestimmten Rhythmus und Worte, die zu *ihrer* Geschichte gehörten. Das Eis war weg und geblieben ist... eine Königin!

Kreative Impulse

Der Weg über die 7 Berge

»Trauer-Landkarten« übertragen bildhaft eine Trauersituation auf Landschaftsaspekte; auch »Trauer-Wanderungen« nutzen die Gegebenheiten der Natur, um mit Trauermetaphern zu arbeiten, beispielsweise Wiesen, bergauf, bergab, Rastplatz usw.

Mit »Der Weg über die 7 Berge« soll es hier aber um ein speziell sensorisch ausgerichtetes Erleben gehen, nämlich anhand eines selbst gestalteten *Barfußweges*. Die »7 Berge« umfassen dabei sieben unterschiedliche Bodenbeschaffenheiten – natürlich kann man den Weg beliebig erweitern und verlängern. Diese Idee eignet sich besonders für Gruppen, da viele Ideen und Hände gebraucht werden. Die Grundfrage für jeden ist: »Wie ging bzw. geht es dir auf deinen Trauerweg?« Hierfür werden alle Antworten gesammelt. Diese könnten zum Beispiel sein:

- Unsicherheit
- Erleichterung
- Rückzug
- Müdigkeit
- Verzweiflung
- Protest
- Hoffnung
- Wut
- Frieden
- Angst
- Liebe
- usw.

Man einigt sich auf sieben Gefühlsäußerungen und je nach Platzkapazität, die in die Natur bereithält, kann man die einzelnen Etappen in der Länge festlegen und gestalten. Auch über die jeweiligen Materialien, die die einzelnen Etappen füllen sollen, wird sich vorab geeinigt. Diese

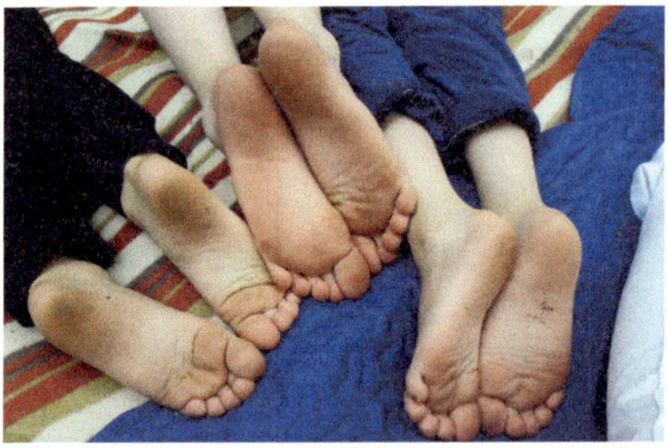

Aktion habe ich bereits mit mehreren Gruppen unterschiedlicher Größe und Altersgruppen durchgeführt und die verwendeten Materialien waren zum Beispiel:

- Schlamm
- Steine
- Luftballons
- Stroh
- Brennnessel
- Sägespäne
- Fliesen
- Gras
- Zweige
- Wasser
- Stoffe bzw. Tücher
- Sand
- Holz
- Papier
- usw.

Ob man eine gerade Wegstrecke wählt oder eine Achterschleife kreiert, bis hin zu Verknüpfungen mit natürlichen Gegebenheiten, ist dabei frei wählbar. Das Schöne an dieser Aktion ist, dass man gleichermaßen innerhalb der Vorbereitung, während des Aufbaus und nach der intensiven Begehung des Barfußweges ganz leicht und auch tiefsinnig über die individuellen Trauersituationen in einen Austausch kommt.

Die zwei Apfelhälften

In unserem Märchen gibt es zwei Apfelhälften – die gute und die vergiftete, die durch die Farben gelb und rot gekennzeichnet sind. Im übertragenen Sinn gibt es das auch in der Trauer. So könnte man die beiden Apfelhälften in die Hand nehmen und beide bezüglich des eigenen Gefühlshaushaltes abwägen und darüber ins Gespräch kommen.

An dieser Stelle stelle ich eine weitere kreative Möglichkeit vor, die fokussiert und gleichzeitig spielerische, nicht nur für Kinder, die unterschiedlichen Gefühlslagen angeht.

MATERIAL | Papier, Schere, gelber und roter Buntstift, Stift zum Schreiben

Das Papier wird nach dem Prinzip des Kinderspiels »Himmel und Hölle« gefaltet. Nachdem das Konstrukt fertig ist:

- Auf Schritt 10 wieder auffalten
- Auf die Dreiecke die Zahlen 1-8 schreiben, für jedes Dreieck eine Zahl
- Nun wird Himmel und Hölle umfunktioniert in die gelben und roten Apfelhälften. Das bedeutet, dass die 8 Dreiecke 4x rot und 4x gelb ausgemalt werden.
- Wenn man nun die Ecken aufklappt, ergeben sich auf den Rückseiten der gelben und roten Seiten freie Dreiecke. Diese werden durch folgende Impulse beschriftet:

  DIE GELBEN | Hier werden auf die 4 Rückseiten der gelben Dreiecke Dinge, Personen, Situationen, Hobbys und weitere Ressourcen geschrieben, was einem in der Trauer hilft oder helfen würde

  DIE ROTEN | Es geht darum, auf die Rückseiten der roten Dreiecke jene Dinge zu schreiben, die einem hinsichtlich des Verlustes Angst machen, auf was oder wen man wütend ist, welche Dinge generell nicht gut gelaufen sind, was die Trauer besonders schlimm macht, den Alltag gefühlt »vergiftet« usw. Wichtig ist, dass die Gedanken dazu ausgeglichen sind und sich gleich viele Dinge sowohl hinter rot, als auch hinter gelb wiederfinden.

- Jetzt darf alles wieder »fertig« gefaltet werden und los geht's: Der Spielpartner nennt eine Zahl zwischen 1 und 8. Diese Zahl gibt vor, wie oft das Spiel hin und her geöffnet wird. Nach der vorgegebenen Zahl bleibt die damit einhergehende Öffnung bestehen. Darin befinden sich nun 4 Zahlen, welche vom Trauernden vorgelesen werden und der Spielpartner sucht sich davon eine aus. Entweder man gelangt damit auf eine rote oder eine gelbe Apfelhälfte. Was sich hinter dieser verbirgt, wird vorgelesen und dem folgt ein Austausch.

Trauer in Stein gemeißelt?

»Aus Steinen, die einem in den Weg gelegt werden, lässt sich auch etwas Schönes bauen!« Das erkannte schon vor langer Zeit Johann Wolfgang von Goethe. In dem Märchen hacken und graben die sieben Zwerge täglich in den Bergen nach Steinen und Erz. Ich möchte diese Bilder zum Aufhänger für die nächste kreative Methode nehmen.

Es gibt so viele Assoziationen zu Steinen. Im Hinblick auf einen Trauerfall ist es wohl der Grabstein, der einem zuerst einfällt. Nicht selten erzählen mir Kinder und Jugendliche, dass sie – wenn man sie gefragt hätte – einen ganz anderen Grabstein ausgesucht hätten. Nun kann man natürlich den bestehenden nicht einfach ersetzen. Aber man kann einen Stein gestalten und ihn mit ans Grab legen. Für manche ist das ein guter Kompromiss, denn nichts ist in der Regel für immer starr in Stein gemeißelt... auch nicht die Trauer!

MATERIAL | Steine und Edelsteine aller Art, pro Teilnehmer einen Pflasterstein, Acrylfarbe, Pinsel, Wasser schale, als Alternative für jüngere Kinder: Straßenmalkreiden

Im Allgemeinen bin ich eine Befürworterin von einem guten Gesprächseinstieg, bevor man mit der eigentlichen kreativen Methode auffährt. Der Einstieg könnte in diesem Fall so aussehen, dass man sich verschiedene kleinere (Edel-) Steine betrachtet und sich fragt:

- Welcher Stein wäre ich? Warum?
- Welcher passt zu meiner derzeitigen Verfassung am besten? Warum?
- Welcher passt am besten zur verstorbenen Person? Warum?
- usw.

Sollten Edelsteine dabei sein, die es wert sind, besonders bestimmt zu werden, könnte es helfen, deren Bedeutung und Wirkung vorab zu benennen, um die Vorstellung auch hinsichtlich der Fragen zu schärfen. Ein paar Beispiele:

- TÜRKIS | schützt bei Empfindlichkeit gegen äußere Einflüsse;
- BERGKRISTALL verbessert die Wahrnehmung und das Verstehen;
- ROSENQUARZ | fördert die Herzenskraft;
- ACHAT | dient als Glücksbringer und löst Spannungen, Handschmeichler;
- usw.

Jeder bekommt also einen Pflasterstein, wobei die Größe natürlich frei bestimmt werden kann. Er kann nach Belieben gestalten werden. Ob dafür Farben benutzt werden, die besonders an die verstorbene Person erinnern, (religiöse) Symbole verwendet werden, er zusätzlich bearbeitet wird (Teile abschlagen, feilen usw.) oder auch etwas Schriftli-

ches darauf zu finden ist, obliegt dem persönlichen Anliegen. Varianten gibt es sicher in Hülle und Fülle – für manche der Trauernden gibt es ein gutes Gefühl, zwei Steine zu bemalen. Einen für die Grabstätte und den anderen für den eigenen Garten bzw. einen Platz innerhalb der eigenen vier Wände.

Vielleicht ist es ja möglich, den Trauernden am Ende einen der Edelsteine mitzugeben!

Trauertagebuch

Trauertagebücher sind für viele Betroffene eine gute Hilfe. Sie bewirken, Gefühle in (erste) Worte zu fassen und somit dem Chaos Form und Struktur zu geben. Das Rad wird sicherlich nicht neu erfunden, aber in Bezugnahme auf »Schneewittchen« möchte ich eine kleine Variante ins Spiel bringen.

Dabei stelle ich die drei Farben der Prinzessin in den Vordergrund: »So weiß wie Schnee, so rot wie Blut, so schwarz wie Ebenholz.« Natürlich hat Trauer *alle* Farbfacetten, aber die drei Farben schaffen eine Struktur, mit der sich Trauernde fürs Erste etwas leichter tun. Ein Trauertagebuch wird also in diese drei Farben durch Markierungen oder Trennblätter unterteilt… ganz nach Belieben. Die Seiten können dann mit Antworten auf die folgenden Impulse gefüllt werden:

Weiss | Was macht mir Freude?
Was fühlt sich leicht und unbeschwert an?

Welchen Hobbys gehe ich gerade gerne nach?
Wer oder was hilft mir gerade am meisten?
Welche Stärken habe ich?
Was gibt mir Kraft?
Was bringt mich zum Lächeln/ Lachen?
usw.

ROT | Wer oder was lässt mich wütend werden? Warum?
Was bringt mich durcheinander?
Was lässt mich ROT sehen?
Wer oder was verursacht Chaos in mir?
Was macht mir Angst oder Panik?
Was mach ich jetzt mit meiner Liebe für die verstorbene Person?
Was sind meine Bedürfnisse? Finde ich dafür klare Worte? Welche?
usw.

SCHWARZ | Was macht mich traurig?
Gibt es Gedanken, welche mir Angst machen? Welche?
Was waren bzw. sind meine schlimmsten/ dunkelsten Momente?
Was an Worten oder Handlungen hat mich von anderen verletzt?
Welche Enttäuschungen muss ich gerade verkraften?
Was genau passiert, wenn ich verzweifelt bin?
Wann und womit sehe ich »schwarz«?
usw.

Kunst unter der Erde

In der Realität finden wir keinen Sarg aus Glas, der in die Erde versenkt wird. Dafür bieten die Erdmöbelstücke aus Holz verschiedene Möglichkeiten der Gestaltung durch Blumenbuketts, Aufdrucke, Schleifen, Kränze, Stoffe, Fahnen oder persönliche Symbole und Gegenstände des Verstorbenen. Dass man Särge oder Urnen von außen bemalen kann, bieten immer mehr Bestattungshäuser an. Das kann eine sehr schöne Geste sein, gar ein erster Schritt in Richtung Trauerbewältigung. Aber die Möglichkeit, etwas *innerhalb* eines Sargs oder einer Urne zu gestalten, halte ich ebenso für sehr erwähnenswert. Das ist natürlich viel intimer und kommt all jenen entgegen, die ihre Grüße, Worte, Gedanken oder Bilder nicht mit allen anderen Trauergästen teilen möchten. So kann es vielleicht ein Spruch sein, eventuell ein Brief, eine Collage aus Fotos oder etwas Gemaltes, was eine persönliche Bedeutung hat.

- Manche Kinder haben den Wunsch für Mama, Papa oder das Geschwisterkind, ein wenig Licht mitzuschicken, weil es »so dunkel« da drin ist... und nicht selten malen sie im Inneren des Sargs eine brennende Kerze oder sogar eine Sonne;
- Ehepartner beschriften das Innere mit letzten sehr persönlichen Worten oder legen in die Urne manches Erinnerungsstück mit bei;
- Ein Freundeskreis aus lauter Jugendlichen, der bei ZwischenGeZeiten gemeinsam in die Trauerbegleitung ging, hat der gemeinsamen Freundin zum letzten Geleit auf die innere Mittelholzleiste des Sarges Stationen ihrer Freundschaft gestaltet.
- Bei einer jungen Frau hatte ich einmal erlebt, dass sie für ihren Freund eine Decke genäht hatte, in die Fotos von ihnen beiden eingearbeitet waren

Das sind Inspirationen für viele weitere Ideen, die damit einhergehen können. Und dann braucht es nur noch das richtige Bestattungsinstitut, welches dabei unterstützend wirkt.

Zerbrochene Schönheit

Wenn man um einen Menschen trauert, entsteht oft das Gefühl, dass etwas in einem vor Schmerzen zerbricht. Und das sieht man Trauernden auch an. Selbst- und Fremdwahrnehmung können in einer akuten Trauerphase weit auseinandergehen.

Nun kann man zwar einzelne Bruchstücke nicht ohne Weiteres wieder zusammensetzen, als sehe es unversehrt aus, aber es können neue Dinge entstehen.

MATERIAL | Pappkarton, Schere, Kleber, Spiegelplatte rund oder eckig, Scherben, Bruchstücke, Mosaiksteine usw.

Der Pappkarton bildet die Grundlage. Ob rund oder eckig, er sollte zu einer individuell gewünschten Form und Größe geschnitten werden, sodass mittig die Spiegelplatte aufgeklebt werden kann und um sie herum ausreichend Pappe sichtbar bleibt. Diese wird nun mit dem angegebenen Material beklebt. Dieses kann wie folgt zustande kommen:

- Scherben oder Bruchstücke, die eventuell aus dem eigenen Hausstand stammen;
- Scherben oder Bruchstücke verursachen durch Tassen, Teller, Keramik usw., die man aussortieren möchte;
- Bruchstücke verschiedener Keramikgegenstände, die mit dem Verstorbenen in Verbindung stehen oder sogar aus dessen Haushalt stammen. Das muss selbstverständlich vom Trauernden selbst entschieden werden, ob es überhaupt möglich ist, etwas bewusst kaputt zu machen;
- Als Alternative können auch Mosaiksteine unterschiedlicher Farben verwendet werden.

Was dabei herauskommt, ist einerseits ein Spiegel, der innerhalb des Trauerprozesses für den Trauernden eine Wahrnehmungsfläche bietet. Andererseits ist die bzw. der Verstorbene durch die Möglichkeiten der oben genannten Materialien integriert.

Das Arbeiten mit Scherben oder Bruchstücken kann sich besonders emotional und intensiv gestalten, da das, was der Trauernde im Inneren fühlt, eine äußere und sichtbare Form bekommt.

Schneewittchen KREATIV nach den BEP-Bildungsbereichen

In jedem deutschen Bundesland gibt es als pädagogische Arbeitsgrundlage für alle staatlich geförderten Kindertageseinrichtungen *Bildungs- und Erziehungspläne* (*BEP*), die sich jedoch in manchen Inhalten voneinander unterscheiden. Für die nächste Methode verwende ich den *Bayerischen Bildungs- und Erziehungsplan* (*BayBEP*), in dem die Bildungs- und Erziehungsziele ebenso wie die Schlüsselprozesse für Bildungs- und Erziehungsqualität sehr ausführlich dargestellt werden.

In der Ausführungsverordnung zum *Bayerischen Kinderbildungs- und -Betreuungsgesetz* (*AVBayKiBiG*) sind die für alle verbindlichen Bildungs- und Erziehungsziele festgelegt. Der Plan wurde im Herbst 2005 eingeführt und liegt nunmehr in siebter Auflage vor. Ziel dieser Leitlinien sind nicht mehr nur die Übergangsbegleitung des Kindes in seinem Bildungsverlauf, sondern in erster Linie die Entwicklung einer gemeinsamen Sprache, die Herstellung eines gemeinsamen Bildungsverständnisses und die Gestaltung einer anschlussfähigen Bildungskonzeption und -praxis. Zu den elf Bildungsbereichen zählen:

- Werteorientierung und Religiosität
- Emotionalität, soziale Beziehungen und Konflikte
- Sprache und Literacy
- Digitale Medien
- Mathematik
- Naturwissenschaft und Technik
- Umwelt
- Ästhetik, Kunst und Kultur
- Musik
- Bewegung, Rhythmik, Tanz und Sport
- Gesundheit

vgl. zum BEP: Bayerisches Staatsministerium für Arbeit und Soziales, Familie und Integration/Staatsinstitut für Frühpädagogik, Der Bayerische Bildungs- und Erziehungsplan für Kinder in Tageseinrichtungen bis zur Einschulung. Cornelsen, 10. Auflage, Berlin 2019

Anhand dieser Bildungsbereiche möchte ich zeigen, wie kreativ, einfach, schnell und umfassend es möglich ist, sie in ein Thema (in diesem Fall unser Märchen) so zu integrieren, dass eine Vielzahl an Ideen zu inhaltlichen Verknüpfungen entstehen kann. Von diesen Ideen kann man sich für die eigene Arbeitspraxis nach Herzenslust inspirieren lassen und bedienen, und das im Trauerkontext als auch darüber hinaus sowie für jede Ziel- und Altersgruppe! Selbstverständlich kann die Liste noch ergänzt und konkretisiert werden:

Werteorientierung und Religiosität

- Tod und Trauer (Mutter, Schneewittchen, Sarg etc.)
- Nächstenliebe und Gemeinschaft
- Mitleid und Mitgefühl (Jäger, Zwerge...)
- Gewissen (Mord!) – Bibelarbeit: »Du sollst nicht töten!« das 5. Gebot
- Flucht und Asyl
- Mutter vs. Stiefmutter
- Gibt es eine Alternative für die glühenden Pantoffeln? Thema »Rache«

Emotionalität, soziale Beziehungen und Konflikte

- Selbstbewusstsein stärken (»Lass keinen Fremden ins Haus herein«)
- Eifersucht, Neid
- Spiegel-Arbeit (Gefühle ausdrücken, Wahrnehmung, das Gegenüber spiegeln usw.)
- Märchen erzählen mit paralleler, dazu passender Rückenmassage
- Umgang mit der Angst
- Freundschaft und Feindschaft
- (Patchwork-)Familienfest veranstalten

Sprache und Literacy

- Märchenhaftes Interview (Fragen an sämtliche Rollen, Gegenstände, Orte etc.)
- Sämtliche Methoden aus dem »Kreativen Schreiben«

angepasst ans Märchen
- Bilderbuch selber machen (evtl. sogar mit Text- und Sprachvarianten)
- Sprache, Stimme, Impro-Theater
- Für die Kleinen: Fingerspiel »Himpelchen und Pimpelchen« (Trauer-Bezug möglich!)
- Die Protagonisten des Märchens darstellen nur mit Sprache und Schrift
- Märchen in Varianten nacherzählen (klassisch, nur mit Geräusch, mit Musikinstrumenten, im Dialekt, andere Sprachen, verschiedene Gefühle...)

Digitale Medien
- Märchen als Hörspiel produzieren
- Ausgewählte Märchenszene anhand von Film-Varianten vergleichen
- Computerspiel (Point-and-Click-Adventure) »Mixed up Fairy Tales«
- Paint-Ball (über Laser-Technik) anhand der Schneewittchen-Inhalte adaptieren
- Schneewittchen-App
- Fotosession mit Digitalkamera zum Thema
- Gestaltung einer coolen Handyhülle (Schneewittchen vielleicht mal ganz modern?)

Mathematik
- Apfel teilen und immer kleiner werden lassen (mit Äpfeln rechnen...)
- Geometrische Formen in Schneewittchen (siehe dazu Bilderbuch von Warja Lavater)
- Puzzle
- Mengen und Gewichte (Schnee, Wasser, Blut, Ebenholz)
- Geometrische Spiegelungen
- Zahlensymbolik (3, 4, 7, 12, 13, 24...)

- Schneewittchen als Würfelspiel (z.B. in Anlehnung an »Kniffel«)

NATURWISSENSCHAFT UND TECHNIK

- Experimente zum Thema Zeit, Tod, Veränderung… (Apfel: gelb-rot-braun-faul)
- Lichtreflexionen (Spiegel, Kaleidoskop, Weihnachtskugel…)
- Apfel unter dem Mikroskop
- Was passiert, wenn man stirbt (Haut, Körpertemperatur…)
- Zaubertricks und Täuschungen
- Herz-Lungen-System erforschen (Beweis für die Königin, dass Schneewittchen tot ist)
- DER SPIEGEL - Wie entsteht eine Zeitung?

UMWELT

- Apfelbaum pflanzen
- 7-Berge-Wanderung (zum Beispiel in der 7-Hügel-Stadt Bamberg!)
- Besuch in einem Bergwerk oder Steinbruch
- Farben-Rallye: Naturmaterialien in den Farben weiß-rot-schwarz sammeln für Collage
- Zwergenlandschaft im Wald bauen
- Besuch auf einer Fallobstwiese (Äpfel mit zwei Farbhälften sammeln/ weiterverwerten)
- Glühende Kohlen/ Feuer kreativ aufgreifen

ÄSTHETIK, KUNST UND KULTUR

- Ausflug nach Lohr am Main – Die Schneewittchen-Stadt
- Berufe näher ergründen: König/in, Jäger, Prinz/essin, Bergarbeiter, Krämer
- Schneewittchen-Theaterbesuch oder Theater einstudieren
- Äpfel aus Pappmaché als Dekorationsartikel
- Kostüme der Märchenhelden herstellen
- Bodypainting (eventuell mit Modenschau)

- Malen und Experimentieren mit den Farben weiß-rot-schwarz
- Rote Früchte mit Wasser als Eiswürfel einfrieren (drei Blutstropfen im Schnee)

MUSIK

- Schneewittchen als Klanggeschichte vertonen
- Tanzveranstaltung »Königlicher Ball«
- Musik und Rhythmik mit Gläsern und Spiegeln
- Musik und Gefühl (Trauer, Freude, Wut, Verzweiflung, Ekstase, Angst, Spaß…)
- Typische Formeln (»Spieglein, Spieglein…«) umfunktionieren als Rap, Poetry Slam o.ä.
- Filmmusik im Vergleich (Disney, 7 Zwerge – Männer allein im Wald, Snow White, Musical…)
- Choreographien der Märchenhelden entwickeln
- Märchen-Disco

BEWEGUNG, RHYTHMIK, TANZ UND SPORT

- Turn-/ Yogastunde (verschiedene Gangarten, Bewegungsbaustelle, märchenhafte Yogafiguren)
- Zirkeltraining mit Schneewittchen-Stationen
- Synchron-Choreographien (Spiegeleffekt)
- Im Winter: Schlittenfahren, Schneeballschlacht, mit den Schneeflocken tanzen
- Bewegungs-Stille Post (unter Einbezug der Märchen-
- helden)
- Märchenfigur – Statue – Ausdruckstanz – Statue – aus der Rolle rausgehen
- Trimm-Dich-Pfad adaptieren auf den Märchenverlauf

GESUNDHEIT

- Erste-Hilfe-Grundkurs (Was ist zu tun, wenn jemand ohnmächtig geworden ist oder sich verschluckt hat?)
- Apfelsaft pressen
- Liebesapfel glasieren

- gesundes und ungesundes Verständnis von innerer und äußerer Schönheit
- Apfelkronen schnitzen
- Kneipp®-Wechselbäder für die Füße, heiß und kalt
- Schneewittchen-Coctail (10cl Ananassaft, 2cl Mandelsirup, 2cl Kokossirup, Sahne)

*»Erst das Erzählen gibt dem Märchen seine Seele.
Gedruckt liegen Märchen nur im Grab, durch
das Lesen holen wir sie in unsere Vorstellung herauf,
durch das Erzählen werden sie lebendig.«*
Rudolf Geiger

Die Bremer Stadtmusikanten

Es hatte ein Mann einen Esel, der schon lange Jahre die Säcke unverdrossen zur Mühle getragen hatte, dessen Kräfte aber nun zu Ende gingen, so dass er zur Arbeit immer untauglicher ward. Da dachte der Herr daran, ihn aus dem Futter zu schaffen, aber der Esel merkte, dass kein guter Wind wehte, lief fort und machte sich auf den Weg nach Bremen; dort, meinte er, könnte er ja Stadtmusikant werden. Als er ein Weilchen fortgegangen war, fand er einen Jagdhund auf dem Wege liegen, der japste wie einer, der sich müde gelaufen hat. »Nun, was japst du so, Packan?«, fragte der Esel. »Ach«, sagte der Hund, »weil ich alt bin und jeden Tag schwächer werde, auch auf der Jagd nicht mehr fort kann, hat mich mein Herr wollen totschlagen, da hab ich Reißaus genommen; aber womit soll ich nun mein Brot verdienen?« – »Weißt du was?« sprach der Esel, »ich gehe nach Bremen und werde dort Stadtmusikant, geh mit und lass dich auch bei der Musik annehmen. Ich spiele die Laute und du schlägst die Pauken.« Der Hund war's zufrieden, und sie gingen weiter. Es dauerte nicht lange, so saß da eine Katze an dem Weg und macht ein Gesicht wie drei Tage Regenwetter. »Nun, was ist dir in die Quere gekommen, alter Bartputzer?«, sprach der Esel. »Wer kann da lustig sein, wenn's einem an den Kragen geht«, antwortete die Katze, »weil ich nun zu Jahren komme, meine Zähne stumpf werden, und ich lieber hinter dem Ofen sitze und spinne, als nach Mäusen herumjagen, hat mich meine Frau ersäufen wollen; ich habe mich zwar noch fortgemacht, aber nun ist guter Rat teuer: Wo soll ich hin?« – »Geh mit uns nach Bremen, du verstehst dich doch auf die Nachtmusik, da kannst du ein Stadtmusikant werden.« Die Katze hielt das für gut und ging mit. Darauf kamen die drei Landesflüchtigen an einem Hof vorbei, da saß auf dem Tor der Haushahn und schrie aus Leibeskräften. »Du schreist einem durch Mark und Bein«, sprach der Esel, »was hast du vor?« – »Da hab' ich gut Wetter prophezeit«, sprach der Hahn, »weil unserer lieben Frauen Tag ist, wo sie dem Christkindlein die Hemdchen gewaschen hat und sie trocknen will; aber weil morgen zum Sonntag Gäste kommen, so hat die Hausfrau doch kein Erbarmen und hat der Köchin gesagt, sie wollte mich morgen in der Suppe essen, und da soll ich mir heut' Abend den Kopf abschneiden lassen. Nun schrei ich aus vollem Hals, solang ich kann.« – »Ei was, du Rotkopf«, sagte der Esel, »zieh lieber mit uns fort, wir gehen nach Bremen, etwas Besseres als den Tod findest du überall; du hast eine gute Stimme, und wenn wir zusammen musizieren, so muss es eine Art haben.« Der Hahn ließ sich den Vorschlag gefallen, und sie gingen alle vier zusammen fort.

Sie konnten aber die Stadt Bremen in einem Tag nicht erreichen und kamen abends in einen Wald, wo sie übernachten wollten. Der Esel und der Hund legten sich unter einen großen Baum, die Katze und der Hahn machten sich in die Äste, der Hahn aber flog bis an die Spitze, wo es am sichersten für ihn war. Ehe er einschlief, sah er sich noch einmal nach allen vier Winden um, da deuchte ihn, er sähe in der Ferne ein Fünkchen brennen, und rief seinen Gesellen zu, es müsste nicht gar weit ein Haus sein, denn es scheine ein Licht. Sprach der Esel: »So müssen wir uns aufmachen und noch hingehen, denn hier ist die Herberge schlecht.« Der Hund meinte: »Ein paar

Knochen und etwas Fleisch dran täten ihm auch gut.« Also machten sie sich auf den Weg nach der Gegend, wo das Licht war, und sahen es bald heller schimmern, und es ward immer größer, bis sie vor ein helles, erleuchtetes Räuberhaus kamen.

Der Esel, als der größte, näherte sich dem Fenster und schaute hinein. »Was siehst du, Grauschimmel?«, fragte der Hahn. »Was ich sehe?«, antwortete der Esel, »einen gedeckten Tisch mit schönem Essen und Trinken, und Räuber sitzen daran und lassen's sich wohl sein.« – »Das wäre was für uns«, sprach der Hahn. »Ja, ja, ach, wären wir da!«, sagte der Esel. Da ratschlagten die Tiere, wie sie es anfangen müssten, um die Räuber hinauszujagen und fanden endlich ein Mittel. Der Esel musste sich mit den Vorderfüßen auf das Fenster stellen, der Hund auf des Esels Rücken springen, die Katze auf den Hund klettern, und endlich flog der Hahn hinauf, und setzte sich der Katze auf den Kopf. Wie das geschehen war, fingen sie auf ein Zeichen insgesamt an, ihre Musik zu machen: der Esel schrie, der Hund bellte, die Katze miaute und der Hahn krähte. Dann stürzten sie durch das Fenster in die Stube hinein, dass die Scheiben klirrten. Die Räuber fuhren bei dem entsetzlichen Geschrei in die Höhe, meinten nicht anders, als ein Gespenst käme herein, und flohen in größter Furcht in den Wald hinaus. Nun setzten sich die vier Gesellen an den Tisch, nahmen mit dem vorlieb, was übrig geblieben war, und aßen nach Herzenslust. Wie die vier Spielleute fertig waren, löschten sie das Licht aus und suchten sich eine Schlafstelle, jeder nach seiner Natur und Bequemlichkeit. Der Esel legte sich auf den Mist, der Hund hinter die Tür, die Katze auf den Herd bei der warmen Asche, der Hahn setzte sich auf den Hahnenbalken, und weil sie müde waren von ihrem langen Weg, schliefen sie auch bald ein. Als Mitternacht vorbei war und die Räuber von weitem sahen, dass kein Licht mehr im Haus brannte, auch alles ruhig schien, sprach der Hauptmann: »Wir hätten uns doch nicht sollen ins Bockshorn jagen lassen« und hieß einen hingehen und das Haus untersuchen. Der Abgeschickte fand alles still, ging in die Küche, ein Licht anzünden, und weil er die glühenden, feurigen Augen der Katze für lebendige Kohlen ansah, hielt er ein Schwefelhölzchen daran, dass es Feuer fangen sollte. Aber die Katze verstand keinen Spaß, sprang ihm ins Gesicht, spie und kratzte. Da erschrak er gewaltig, lief und wollte zur Hintertüre hinaus, aber der Hund, der da lag, sprang auf und biss ihn ins Bein, und als er über den Hof an dem Miste vorbeikam, gab ihm der Esel noch einen tüchtigen Schlag mit dem Hinterfuß; der Hahn aber, der vom Lärmen aus dem Schlaf geweckt und munter geworden war, rief vom Balken herab: »Kikeriki!« Da lief der Räuber, was er konnte, zu seinem Hauptmann zurück und sprach: »Ach, in dem Haus sitzt eine gräuliche Hexe, die hat mich angehaucht und mit ihren langen Fingern mir das Gesicht zerkratzt. Und vor der Tür steht ein Mann mit einem Messer, der hat mich ins Bein gestochen. Und auf dem Hof liegt ein schwarzes Ungetüm, das hat mit einer Holzkeule auf mich losgeschlagen. Und oben auf dem Dache, da sitzt der Richter, der rief: ›Bringt mir den Schelm her!‹ Da machte ich, dass ich fortkam.« Von nun an getrauten sich die Räuber nicht weiter in das Haus, den vier Bremer Musikanten gefiel's aber so wohl darin, dass sie nicht wieder heraus wollten.

Thematische Brücken

Vier Tiere als Spiegel der Menschheit I

Generell könnte man ja glauben, dass das mit den Vieren niemals gut geht... alle sind viel zu unterschiedlich! Ein Esel, ein Hund, eine Katze und ein Hahn!

Darum vorab ein kurzer Blick auf die vier Tiere, wie wir sie sehr wahrscheinlich in unsere wohl definierten Schubladen stecken – unabhängig vom vorliegenden Märchen.

> ESEL | stur, kann viele Lasten tragen, zielstrebig, kann ausschlagen, selbständig, weich...
> HUND | treu, erziehbar, bewacht, beißt, Menschenfreund, oft abhängig, schnell zufrieden...
> KATZE | kuschelig, Krallen, Diva, eher Einzelgänger, unberechenbar, wendig, sauber, jammert...
> HAHN | laut, auffällig, Angeber, bunt, lustig, undiszipliniert, schön, neugierig, oberflächlich...

Alle sind einmalig und für den Verlauf des Märchens ist jedes Tier wichtig. Zugleich glauben sie gemeinsam daran: »Etwas Besseres als den Tod findest du allemal!«

Ich denke, dass sich das bei Trauernden ganz ähnlich verhält. Sie wollen etwas Besseres finden als den Tod und das Leben neu angehen – auch wenn sie zunächst nicht immer wissen wie. Jeder Trauernde, jedes damit verbundene Familiensystem, die Umstände des Todes, persönliche Prägungen und vorhandene Ressourcen sind ebenso verschieden wie die vier Tiere im Märchen.

Die Frage bleibt, wie sich dieser Vergleich genau darstellt und was die Bremer Stadtmusikanten mit der Trauer zu schaffen haben, einschließlich ihrer Kommunikation und Kontaktaufnahme. Dazu möchte ich eine gedankliche Kurve nehmen:

Es ist allgemein anerkannt, dass jeder von uns in dieser Welt mit unterschiedlichen Temperamentsanteilen und individuellen Eigenschaften hineingeboren wurde. Zwar wird unsere Persönlichkeit auch durch unsere Lebensumstände, unseren Intelligenzquotienten, unsere Nationalität, unser Umfeld, die wirtschaftliche Situation oder der elterliche Einfluss geprägt, doch gilt dabei stets: Unser Grundwesen bleibt bei allen äußeren Veränderungen des Lebens stets dasselbe. Wir unterscheiden dabei vier Typen unserer Persönlichkeit: *Choleriker, Phlegmatiker, Melancholiker, Sanguiniker.*

Das lateinische Wort »temperamentum« bedeutet so viel wie »rechtes Maß« und bezeichnet ein weitgehend vorbestimmtes Bündel von Persönlichkeitsmerkmalen. Die Vorstellung geht zurück auf die Säftelehre Hippokrates' und Claudius Galens, die die Temperamente durch unterschiedliche Mischungen der »Körpersäfte« bestimmt sahen.

Diese Begriffe sind innerhalb unseres Sprachgebrauchs eher negativ bestimmt. Wenn wir von einem Choleriker sprechen, meinen wir meistens jemand mit hochrotem Kopf, der hysterisch herumschreit; wenn wir sagen »Der ist aber ganz schön phlegmatisch!«, schwingt dabei oft eine Unterstellung für Faulheit mit und beim Wort »Melancholie« denken viele an die depressiven Züge einer Person. Das Wort »sanguinisch« nutzen wir hingegen selten. Es taucht eher in einem modern übersetzten Kontext auf, nämlich wenn wir feststellen »Meine Güte, ist der hyperaktiv!« – und wenn wir es so sagen, meinen wir auch das nicht positiv.

Dieser Alltagsgebrauch ist zu einseitig gedacht und wird den vier Temperamenten nicht gerecht. Sicherlich gibt es diverse Schwächen und negative Aspekte in jeder Persönlichkeit, aber auf der anderen Seite stehen ungeheuerliche Ressourcen, Stärken und Qualitäten. Das wird meistens vergessen, wenn wir diese Worte wählen, um das Grundwesen einer Persönlichkeit zu beschreiben, sowohl bei den Bremer Stadtmusikanten als auch bei uns Menschen.

Esel, Hund, Katze und Hahn werden uns im Folgenden einen genialen roten Faden stricken, der so manchen Leser überraschen wird, wie dieser in die Welt der (Familien-) Trauerbegleitung hineinführt, Dinge miteinander verbindet und, ohne sich zu verknoten, Wege zum Verständnis und einer damit verbundenen Handlungsfähigkeit aufzeigt. Denn die Tiere aus dem Märchen sind den vier Temperamenten nachempfunden und so möchte ich sie einerseits gegenüberstellen und andererseits Stärken und Schwächen der Charaktere beleuchten:

Choleriker – Der Esel

STÄRKEN | zielstrebig, behält stets den Überblick, sucht praktikable Lösungen, kommt schnell zur Sache, organisiert gut und delegiert, besteht auf Produktivität, erreicht das Ziel, regt zur Aktivität an, blüht bei Opposition erst richtig auf, dynamisch und aktiv, kann alles, ist nicht leicht zu entmutigen, sprüht vor Ehrgeiz, verspürt stets Drang zur Veränderung, Arbeiten ausführen die einer schnellen Entscheidung bedürfen, einspringen wenn spontane Aktion verlangt wird, in Bereichen arbeiten in denen eine starke Hand und Autorität gebraucht wird.

SCHWÄCHEN | ist Fehlern gegenüber wenig tolerant, durchdenkt Pläne nicht im Detail, Bagatellen langweilen ihn, trifft voreilige Entscheidungen, kann unverschämt oder taktlos sein, manipuliert Mitmenschen, ist sehr anspruchsvoll anderen gegenüber, verlangt von seinen Mitarbeitern absolute Loyalität, kommandiert andere gern herum, ungeduldig und aufbrausend, kann nicht entspannen, hat meistens recht.

Vgl. dazu auch das Buch von Florence Littauer, Einfach typisch! Die vier Temperamente unter der Lupe, 14. Auflage, Asslar 1994.

Phlegmatiker – Der Hund

STÄRKEN | ist kompetent und beständig, ist friedlich, stimmt gern zu, vermittelt bei Problemen, geht Konflikten aus dem Weg, unter Druck arbeitet er besonders gut, findet den einfachsten Weg, verbirgt Emotionen, lebt beständig, hat eine unaufdringliche Persönlichkeit, ist still aber oft klug, ist mit dem Leben zufrieden, plant alles durch, erarbeitet und vermittelt Einigung, bewahrt Ruhe, kann gut routinemäßige Arbeiten durchführen die andere langweilig finden.

SCHWÄCHEN | ist nicht zielorientiert, fehlende Eigenmotivation, kommt schwer in Gang, mag nicht gedrängelt zu werden, ist schnell faul und nachlässig, entmutigt und bremst andere, würde lieber zusehen, meidet Verantwortung, oft unentschlossen.

Melancholiker – Die Katze

STÄRKEN | Perfektionist mit hohen Standards, ist auf Details versessen, ist beharrlich und gründlich, ist ordentlich und organisiert, arbeitet sorgfältig und sauber, denkt ökonomisch, muss beenden was angefangen ist, mag Tabellen, Grafiken, Zahlen, Listen, sieht die Probleme und findet Lösungen, ist nachdenklich, kreativ, philosophisch und poetisch, feinfühlig, aufopferungsvoll, fasst tiefgreifende Gedanken und achtet auf Details, führt gerne Tagebücher/ Karten/ Listen/ Grafiken, löst Probleme die für andere zu schwierig sind.

SCHWÄCHEN | Kann egoistisch sein, ist furchtsam und besorgt, ist still hat aber eisernen Willen bis hin zur Starrköpfigkeit, ist zu Kompromissen bereit, handelt nicht personenbezogen, ist oft wegen Unvollkommenheit deprimiert, sucht schwierige Tätigkeiten, plant zu ausgedehnt und detailliert, zieht die Analyse der Arbeit vor, hat oft zu hohe Maßstäbe, braucht unbedingt Anerkennung.

Sanguiniker – Der Hahn

STÄRKEN | meldet sich freiwillig für Jobs, denkt sich neue Aktionen aus, sieht meist gut aus, ist kreativ und farbenfroh, hat Energie, stark begeisterungsfähig, inspiriert andere, hat eine ansprechende Persönlichkeit, hat Humor, neugierig, zutiefst aufrichtig, kann mit Menschen umgehen, kann seine Gedanken mit Begeisterung ausdrücken und andere mitreißen, steht oft und gern im Mittelpunkt und an vorderster Front.

SCHWÄCHEN | neigt zur Hypochondrie, ist egozentrisch, würde lieber reden als zuhören, vergisst Verpflichtungen, führt Aufgaben nicht zu Ende aus, sein Vertrauen schwindet schnell, ist undiszipliniert, setzt falsche Prioritäten, ist leicht abzulenken, verschwendet Zeit durch Reden, geht zu sehr ins Detail und übertreibt gern, ist oberflächlich, kann sich keine Namen merken, egoistisch, lässt sich leicht täuschen, oft laute Stimme, ist leicht zu beeinflussen.

Diese Gegenüberstellungen stellen eine Hilfe dar zu erkennen,

- woraus wir gemacht sind,
- wer wir wirklich sind,
- warum wir so reagieren,
- wo unsere Stärken liegen und wie wir sie hervorheben,
- wo unsere Schwächen liegen und wie wir sie überwinden.

Mit Sicherheit haben wir die oben genannten Aspekte alle ins uns – aber auf keinen Fall zu gleichen Teilen. So ist es möglich, dass sich jemand besonders in einem der Temperamente wiederfindet. Denn in der Regel gibt es in uns einen »Chef« und einen »Vize«, die Hand in Hand gehen – die übrigen beiden tauchen eher punktuell und situationsbedingt auf. Und: Je älter wir sind, desto klarer sind wir einzuordnen. Nicht im Sinne von Starrheit und Unbeweglichkeit, aber im Sinne der Einschätzung für andere.

Diese Typologien des Grundwesens unserer Persönlichkeit geben uns eine erste Idee für den Umgang mit Menschen und eben auch mit Menschen in Trauersituationen. Damit können sie Quellen der Inspiration bei der Wahl hinsichtlich der Kommunikation sowie der kreativen Methoden sein – je nachdem, ob wir ihnen begegnen, mit ihnen arbeiten oder sie begleiten. Im Folgenden werden wir feststellen, wie diese Typologien noch enger miteinander verbunden sind und sich verknüpfen lassen mit zusätzlichen Aspekten und Erkenntnissen der Psychologie, Pädagogik und Kommunikationswissenschaft.

Von Ängsten und Bedürfnissen

Fritz Riemann (*1902, †1977), Mitbegründer des Instituts für psychologische Forschung und Psychotherapie in München, entwickelte im Jahr 1961 in seinem Buch »Grundformen der Angst« vier Typologien angstbesetzter Persönlichkeiten: Angst vor der Hingabe (*schizoide* Persönlichkeit), Angst vor der Selbstwerdung (*depressive* Persönlichkeit), Angst vor der Veränderung (*zwanghafte* Persönlichkeit) sowie Angst vor der Notwendigkeit (*hysterische* Persönlichkeit). Der schweizerische Psychologe Christoph Thomann griff diese Persönlichkeitstypisierungen Mitte der siebziger Jahre in seiner Arbeit als Paartherapeut auf, sodass im Rahmen seiner Doktorarbeit schließlich das *Riemann-Thomann-Modell* entstand – ohne dass sich beide jemals trafen oder sprachen. Das Modell beschreibt typische Verhaltensweisen und Handlungen eines Individuums, und zwar vom Standpunkt eines Persönlichkeitszustandes, bei dem sich ein wohliges Gefühl einstellt. Aus den vier Typisierungen Riemanns nach schizoiden, depressiven, zwanghaften und hysterischen Persönlichkeiten entstanden durch Thomann die vier wertfreien Grundstrebungen *Distanz, Nähe, Dauer* und *Wechsel* und damit eine Hilfe, sich innerhalb dieser Achsen zu verorten. Diese »Normalität« ist es, die uns weiter begleiten wird.

Denn damit nahm Thomann seinen Klienten den Krankheitswert ihrer Lebensfragen, entlastete sie und trug, indem die Bedürfnisse der Persönlichkeiten in den Blick kommen konnten, zur Klärung und Mediation in schwierigen Kommunikationssituationen bei.

Das Riemann-Thomann-Modell hilft, die persönlichkeitsbedingten Unterschiede im Erleben bestimmter Situationen besser zu verstehen. Es ist eine Erklärung, warum sich Wünsche oder Ängste des einen von denen des anderen unterscheiden. Innerhalb einer akuten Trauersituation treten diese Unterschiede besonders und verstärkt zu Tage.

Jeder trauernde Mensch hat vier grundlegende Bedürfnisse:

- das Bedürfnis nach *Distanz*
  – oder Ruhe, Individualität und Unabhängigkeit
- das Bedürfnis nach *Nähe*
  – oder zwischenmenschliche Kontakte, Harmonie und Geborgenheit
- das Bedürfnis nach *Dauer*
  – oder Ordnung, Kontrolle, Rituale und Regelmäßigkeit
- das Bedürfnis nach *Wechsel*
  – oder Spontanität, Kreativität und Abwechslung

Diese Bedürfnisse und Wünsche sind uns allen bekannt. Während der eine mehr Wert auf seine Unabhängigkeit legt, ist dem anderen die Gesellschaft und das Gemeinsame wichtiger. Wenn Person A gerne einen geregelten Tagesablauf hat, ist dies Person B zu langweilig.

Es versteht sich von selbst, dass sich diese Bedürfnisse zuweilen widersprechen. Gerade im Zusammenleben mit anderen werden die Unterschiede unserer Persönlichkeiten deutlich. Je nachdem zu welchem Typ wir uns persönlich zählen, verhalten wir uns entsprechend in Krisen und schwierigen Situationen. Für jede Person und dessen Entwicklung bedeutet das: Was der eine dringend bräuchte, ist dem anderen oft schon zu viel! Erweitern wir also:

ESEL | Choleriker | Distanz
HUND | Phlegmatiker | Dauer
KATZE | Melancholiker | Nähe
HAHN | Sanguiniker | Wechsel

Langsam wird es wohl verständlich, wie die Dinge zusammengehören und wie nach und nach ein »Fahrplan« entsteht, der uns auf sehr bewegliche Weise helfen kann, mit Menschen in Trauersituationen zu kommunizieren und zu handeln.

»Und wie bist du so?«

Darüber hinaus kommen noch vier weitere, übergeordnete Verhaltensweisen des Menschen hinzu, nämlich das *Denken*, das *Fühlen*, das *Handeln* und das *Vermeiden*. In der Praxis können entsprechend nach einem gemeinsamen Verlust in der Familie folgende Ambivalenzen auftreten:

Der Denkende | stellt überwiegend Fragen nach Schuld, einem Ärztefehler oder dem genauen Unfallhergang. Dabei wird analysiert, gegrübelt, vielleicht wird man sogar wütend und ungeduldig.

Der Fühlende | hier kommt die gesamte Breite der Gefühle in Form von Tränen, Verzweiflung, Wut, Scham, Schuld, durchaus auch Leichtigkeit oder Erleichterung zum Tragen.

Der Handelnde | mögliches verfallen in einen (blinden) Aktionismus, das Haus wird exzessiv geputzt, es werden die Lieblingsspeisen der verstorbenen Person gekocht bis hin zu ständigen Besuchen auf dem Friedhof. Nur nicht zur Ruhe kommen, die Stille ist oft lauter als irgendetwas anderes.

Der Vermeidende | will nicht darüber reden (»Das Leben muss ja auch wieder weitergehen!«), verkriecht sich, meidet Personen oder Orte, die mit der verstorbenen Person zu tun haben, schweigt.

Es gibt keine Verhaltensweise, die besser oder schlechter, richtig oder falsch ist. Selbst so manche Strategie der Verdrängung hat ihre Berechtigung – manchmal »überlebt« man die erste Zeit nach einem Verlust nur so. Was hilft, ist erlaubt! Es sind eher die Fragen der Intensität und des zeitlichen Verlaufs, die ein Einwirken von außen erfordern. Wir erweitern:

Esel | Choleriker | Distanz | Denken
Hund | Phlegmatiker | Dauer | Vermeiden
Katze | Melancholiker | Nähe | Fühlen
Hahn | Sanguiniker | Wechsel | Handeln

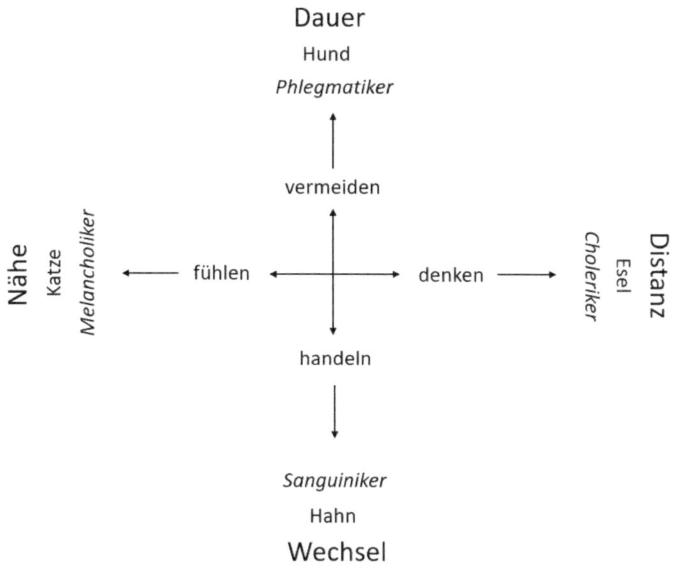

Das Riemann-Thomann-Kreuz

Vier Tiere als Spiegel der Menschheit II

Ein zusätzliches kreatives Navigationssystem bildet das Wissen um *Archetypen* und deren Bedeutungen und Transfermöglichkeiten für die (Familien-) Trauerbegleitung. Archetypen sind nach dem schweizerischen Psychiater und Psychotherapeut Carl Gustav Jung (*1875, †1961) urbildhafte, von einzelnen Kulturen unabhängige und immer wiederkehrende Symbole. Sie stellen die ererbten genetischen Grundlage unserer Persönlichkeit dar und verbinden uns stammesgeschichtlich mit der Summe der Erfahrungen älterer menschlicher und tierischer Generationen. Sie schlummern im »kollektiven Unbewussten« in einem Zustand potenzieller Bereitschaft und ihrer Bewusstmachung in Träumen, Fantasien, Visionen, Mythen – und eben auch in Märchen. Längst haben sie ihren Weg in die Werbepsychologie und Dramaturgien in Theater und Film gefunden. Aber welche Archetypen kommen in Märchen vor? Hier eine Auflistung und in welchen Märchen der Brüder Grimm sie exemplarisch zu finden sind:

Der Schöpfer | Gott höchstselbst
zum Beispiel in: »Die Lebenszeit«

Der Herrscher | König oder Königin in allen Märchen,
zum Beispiel in: »Die zertanzten Schuhe«

Der Weise | Helfer oder Mentoren
zum Beispiel in: »Frau Holle«

Der Narr | naives Dummlings-Prinzip
zum Beispiel in: »Hans im Glück«

Der Rebell | jede Märchenfigur, die gegen den Strom schwimmt; zum Beispiel in: »Die drei Spinnerinnen«

Der Zauberer | Zauberer und Zauberinnen in sämtlichen Märchen; zum Beispiel in: »Rapunzel«

Der Beschützer | Ritter-Prinzip o. märchenhafte Freundschaften, zum Beispiel in: »Der treue Johannes«

Der Allerweltsmensch | auf den ersten Blick eher unauffäl lige und unspektakuläre Figuren
zum Beispiel in: »Die kluge Bauerntochter«

Der Unschuldige | unberührte, fehlerlose, fromme Figuren
zum Beispiel in: »Schneeweißchen und Rosenrot«

Der Entdecker | jene Märchenhelden, die in die Welt wan dern, um ihr Glück zu finden
zum Beispiel in: »Von einem, der auszog, das Fürchten zu lernen«

Der Liebende | einerseits sämtliche Prinzen, welche sich in das Bildnis einer Frau verlieben und sich auf den Weg machen, sie zu erretten; aber auch Figuren mit starker Zuneigung zu einer Person innerhalb der Familie
zum Beispiel in: »Die Sieben Raben«

Der Held | im Prinzip jede Hauptfigur im Märchen
zum Beispiel in: »Aschenputtel«

Warum sind diese zwölf Archetypen in unserem Zusammenhang so erwähnenswert? Wenn wir sie in Beziehung zu den bereits genannten vier grundlegenden Verhaltensweisen *Denken, Fühlen, Handeln, Vermeiden* setzen, wird der Kontext verständlich:

DENKEN
- Der Schöpfer
- Der Herrscher
- Der Weise

FÜHLEN
- Der Entdecker
- Der Liebende
- Der Held

HANDELN
- Der Narr
- Der Rebell
- Der Zauberer

VERMEIDEN
- Der Beschützer
- Der Allerweltsmensch
- Der Unschuldige

Wenn man sich innerhalb der angewandten Märchenpädagogik und Trauerbegleitung diese Gegenüberstellungen und Verknüpfungen zu eigen macht, wird man nahezu automatisch eine geeignete Märchen- und Methodenauswahl für Sterbende und Trauernde treffen.

Ich erlebe es häufig, dass sich Erzählerinnen und Erzähler, die im Hospiz- oder Trauerbereich wirken, Märchen aussuchen, in denen es immer und ausschließlich um Sterben-Tod-Trauer geht. Ich möchte nicht sagen, dass das grundlegend falsch ist, aber man darf auch nicht vergessen: *Sie leben noch*!

Daher empfehle ich, sich an den Persönlichkeiten und Verhaltensmustern des Publikums zu orientieren, mit der Folge, sich auf die Zuhörenden einzulassen, sie kennenzulernen, sie zu begleiten – und eventuell die Angehörigen kennenzulernen, welche zusätzliche Informationen geben. Das schließt eine Märchenauswahl, die *unmittelbar* mit Tod und Trauer zusammenhängt, zwar nicht aus, aber es gibt den eigenen Möglichkeiten eine viel größere Bandbreite! Und natürlich gewinnt die Erzählung dadurch an Natürlichkeit.

Die archetypische Analyse geht des Weiteren davon aus, dass jede Mythologie und Geschichte identische Basisstrukturen haben, die sich in verschiedenen Charakteren und einer Handlung niederschlagen. Die wohl bekannteste Kombination ist hierfür die *Heldenreise*, welche ich an dieser Stelle ergänzend und in Anlehnung an den US-amerikanischen Dozenten und Drehbuchautor Christopher Vogler (*1949) in Form einer Grafik einbringen möchte. Dieses Prinzip erweitert und ergänzt die genannten Konzepte der Persönlichkeit, der Kommunikation und der menschlichen Verhaltensweisen. Ausführlich geht auch der Entwicklungspsychologe Prof. Dr. Holger Lindemann, Systemischer Supervisor und Organisationsberater aus Berlin, in seinen zwei Bänden »Die große Metapher-Schatzkiste. Systematisch Arbeiten mit Sprachbildern«, Göttingen 2016, auf die Heldenreise als Grundstruktur eines Erzählverlaufs ein.

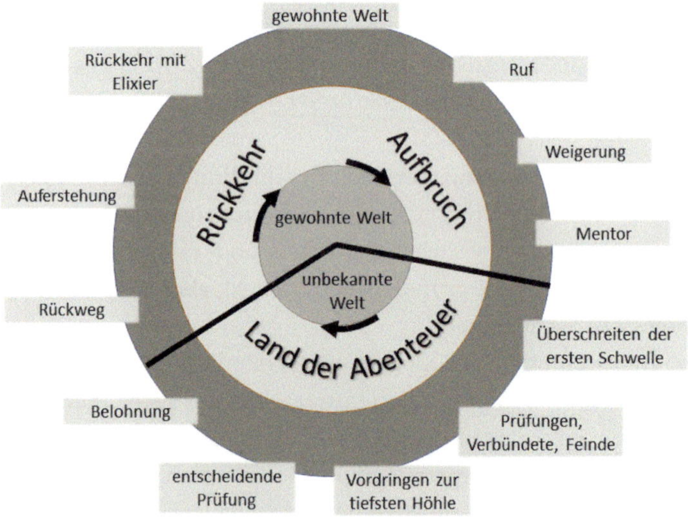

Das Heldenreise-Schema in Anlehnung an Christopher Vogler, im Uhrzeigersinn zu lesen vgl. Christopher Vogler: Die Odyssee des Drehbuchschreibers.2., aktualisierte und erweiterte Auflage. Frankfurt am Main 1998

Die Heldenreise mit ihren zwölf Stationen ist nicht nur in Märchen und Geschichten als Leitfaden wiederzufinden, sondern lässt sich auch auf viele biografische Lebenswege von Sterbenden und Trauernden übertragen. Auch darauf lässt sich konzeptionell innerhalb der Trauerarbeit mit Kindern, Jugendlichen und Familien zurückgreifen. Wie dies geschehen kann, soll in den kreativen Impulsen dieses Kapitels näher beschrieben werden.

Die Kraft der Musik

In unserem Märchen ist es die Musik, welche den grundlegenden Anstoß gibt, sich auf den Weg zu machen, und die den vier tierischen Helden schließlich zu einer dauerhaften Bleibe verhilft, indem sie miteinander musizieren. Wir wissen es alle nur zu gut: Wenn wir traurig sind, wirkt Musik mitunter magisch. Musik verstärkt Gefühle oder lockt sie aus uns heraus. Wie sehr können wir uns in einer Melodie verlieren und wiederfinden, wie sehr kann dies schmerzen und gleichzeitig gut tun. Musik kann trösten und Erinnerungen wachrufen – und dieser Aspekt ist innerhalb der Trauerbegleitung von Kindern, Jugendlichen und Erwachsenen natürlich nicht unerheblich, da sie den ganzen Menschen erreicht.

Die rituellen Abläufe rund um einen Todesfall sind in der Regel musikalisch begleitet und die Angehörigen empfinden das als bereichernd. Aber auch die Stille *nach* einem Lied bewegt und bewirkt so manches bei Trauernden. Denn Stille ist die »Verschnaufpause« und in sie dringen nicht selten Gedanken und Gefühle, welche zusätzlich durch die Musik ausgelöst wurden. Dabei ist es im Übrigen egal, um welche Art von Musik es sich handelt: ob Kirchenlied, Schlager, eine Pop-Ballade, Meditationsmusik oder Hard Rock… je nach Typ und Persönlichkeit werden Menschen unterschiedlich berührt. Und natürlich kann über die Melodie hinaus auch ein Liedtext ausdrücken, was der Hörer selbst so empfindet. Neben Melodien und Liedern spielt innerhalb der Trauer auch die eigene *Stimme* eine wesentliche Rolle. So schnell bricht sie weg, wenn die Tränen kommen, oder man bleibt stumm aus Schock oder Schwäche. Stimme und Psyche hängen eng zusammen. Und damit wiederum ist auch die *Atmung* beteiligt, welche in der Zeit der Trauer schnell aus den Fugen geraten kann in Form von Hyperventilation oder Schnappatmung. So wird das Herz-Kreislauf-System strapaziert, sodass sich Trauernde schnell in einer Situation auch körperlicher Herausforderungen wiederfinden.

Stimme ist Stimmung! Rhythmus ist Stimmung! Musik ist Stimmung! Und zum Glück findet sie in vielfältiger Weise ihren Weg auch zu trauernden Menschen jeden Alters. Oder um es mit den Worten des Dichters Max Bewer (*1861, †1921) zu sagen: »Tausend Künste kennt der Teufel, aber singen kann er nicht; denn Musik ist ein Bewegen unserer Seele nach dem Licht!«

Die Sache mit der Wahrnehmung

Im Märchen werden die Räuber aus ihrem Haus verjagt. Als einer der Räuber noch einmal zurückgeht, um zu sehen, wer nun in ihrem Haus wohnt, wird er mit einem beschränkten Blick auf die Welt Opfer seiner eigenen Wahrnehmung.

Und auch diese Situation ist einem vertraut, wenn man entweder persönlich in einer Trauersituation ist oder an der Seite eines Trauernden: Manchmal liegen wir mit unserer Einschätzung der Lage richtig, ein anderes Mal gehen wir einer Situation auf den Leim. Subjektivität und Objektivität stehen sich mitunter als Rivalen gegenüber und die Wahrheit liegt irgendwo dazwischen, sowohl für den Betroffenen als auch für den Begleitenden.

Wenn jemand an sich keine der klassischen Trauersymptome zeigt, heißt dies noch lange nicht, dass er oder sie weniger oder gar nicht trauert. Und so kann es zu verschrobenen Wahrnehmungen kommen, weil wir selten in unserem Unterbewusstsein die vier oben genannten Grundausrichtungen präsent haben und die Dinge nur nach dem bekannten, nämlich dem *eigenen* Schema einordnen. Wenn uns etwas »komisch« vorkommt, rennen wir aus einem Reflex oft davon – genau wie der Räuber. Aber würden wir stehenbleiben und uns die Zeit nehmen, genau hinzusehen, was uns Angst oder Unsicherheit bereitet, dann wären wir sicherlich überrascht, welche Antworten hinter so manchem Fragezeichen stehen.

Der Weg ist das Ziel

Unsere vier Tiere kommen niemals in Bremen an – denn es gefällt ihnen so gut in diesem Räuberhaus, dass sie dort bleiben. Aber sie brauchten Bremen als Ziel, um ihr Räuberhaus zu finden! Wenige lehren uns wie die Bremer Stadtmusikanten, dass auch nur der Weg das Ziel sein kann. In Zeiten der Trauer haben wir das Ziel, dass der Schmerz nachlässt; dabei spielt einem die eigene Ungeduld so manchen Streich. Wir wollen alles sofort, aber das funktioniert in den aller seltensten Fällen. Und außerdem: Wenn man das ursprünglich erdachte Ziel erreicht, heißt das noch lange nicht, dass man glücklicher sein wird. Und genauso wenig muss man automatisch unglücklich sein, nur weil man ein Ziel nicht erreicht hat. So sollte man die Reise dorthin in sich aufnehmen, die Zeichen am Wegesrand aufheben, verweilen, weiterziehen, sich umsehen, wahrnehmen. Vielleicht führt dies zu manchem Umweg – ziemlich sicher sogar, aber gleichzeitig eröffnet es Möglichkeiten, anderen Menschen zu begegnen, die entweder selbst betroffen sind oder sich als helfende Hand erweisen. Dabei Erfahrungen auszutauschen, mit allen Sinnen gerichtet auf sich selbst unterwegs zu sein, sich Impulsen zu öffnen, manchmal auch ganz inne zu halten und sich Zeiten der Ruhe gönnen, all das ist Trauerbegleitung – Schritt für Schritt.

Aus der Praxis

Kindliche Logik

Bei der Begleitung einer jungen Familie, deren Kind während der Geburt überraschend verstarb, machte ich Bekanntschaft mit dem großen Bruder, der zu diesem Zeitpunkt drei Jahre alt war. Die Eltern machten sich Sorgen um ihn, da sie nicht wussten, wie und ob er diesen Verlust verkraften oder gar verstehen würde. Sie wussten nur, dass er fortwährend immer sehr traurige Eltern um sich hatte, was sie ihm einerseits nicht zumuten wollten – zum anderen konnten sie aber nicht anders. Als ich mit dem Kleinen im Beisein seiner Eltern anhand verschiedener spielerischer Methoden über den Verlust ins Gespräch kam, fragte ich ihn irgendwann: »Du, sage mir mal: Wer ist in eurer Familie eigentlich gerade am traurigsten?« Seine Antwort darauf lautete: »Am traurigsten ist meine Schwester, denn die ist ja jetzt allein im Himmel – ich hab noch Mama und Papa.«

Trauer ist wie Liebeskummer

Gefühle sind eine komplexe Angelegenheit – auch ohne eine Trauersituation. Man muss sie aushalten, kann sich an ihnen freuen, verdrängt sie manchmal oder bekommt gar nicht genug davon. »Um jemanden trauern ist ein bisschen wie Liebeskummer!« So hat das einmal Lily formuliert; sie war damals siebzehn Jahre alt. Es stimmt schon… das Herz zieht sich zusammen, man hat keinen Appetit, manchmal weint man, wird im nächsten Augenblick wütend und weißt nicht weiter. Nur, dass es eben *kein* Liebeskummer ist, sondern die traurige Tatsache, dass jemand gestorben ist. Und die Situation kann aufgrund ganz verschiedener Umstände unterschiedlich aussehen:

- Jemand ist gestorben, den man sehr geliebt hat.
- Jemand ist gestorben, der einem zwar nahe stand, zu dem man aber kein gutes Verhältnis hatte.
- Jemand ist gestorben, von dem man sich nicht verabschieden konnte.
- Jemand ist gestorben, als man noch ziemlich klein war und man kann sich immer weniger an diese Person erinnern, obwohl einem das wichtig wäre.

Ein Gefühls-Chaos, ohne Zweifel! Und was bei Kindern und Jugendlichen zusätzlich passieren kann, ist die unabsichtliche Verknüpfung verschiedener Traurigkeiten. So ist es auch Lily passiert.

Der Tod ihrer Mutter lag knapp ein Jahr zurück und ihr persönlicher Trauerprozess verlief mit Höhen und Tiefen gesund und normal. Dann jedoch wurden in der Schule die Noten schlechter und ihr Freund trennte sich von ihr. Sie meinte: »Ach Mensch, ich muss derzeit so viel an Mama denken und kann mich vor lauter Traurigkeit einfach nicht konzentrieren.« Damit hatte sie das vollste Verständnis ihres Vaters und auch der Lehrer. Während der Trauerbegleitung wiederholte sie die Aussage immer wieder. Aber nun kannte ich sie und ihre Art des Trauerns um ihre Mutter bereits einige Monate lang. Weil das so war, warf ich ruhig, aber überzeugt in den Raum: »Lily, deine schlechten Noten haben gerade nichts mit deiner Mama und der damit verbundenen Trauer zu tun – du bist gerade einfach nur faul und vermisst deinen Freund!« Sie sah mich fürs Erste ziemlich empört an, doch nachdem wir etwas ausführlicher darüber sprachen, sagte sie schließlich: »Ich glaube, es stimmt… das war mir überhaupt nicht bewusst!« Und ich war mir sicher, dass ihr das wirklich nicht bewusst war. Da haben sich Gefühle verschiedener Trauersituationen miteinander vermischt. Das passiert nicht selten.

Auch das ist also Teil eines Trauerprozesses: Dass man lernt zu unterscheiden, welche Traurigkeit zu welcher Situation gehört. Denn wenn es innerhalb von Liebeskummer zu Tränen kommt, kann dadurch die Erinnerung an die Trauersituation um die Mutter wachgerufen werden, die Tränen werden multipliziert und den Grund sieht man in erster Linie wieder in der Trauer um den Verlust – unbeabsichtigt. So etwas erledigt das Unterbewusstsein und die Psyche spielt einem einen Streich! Um das Abwägen zu lernen und zu verstehen, braucht es mitunter jemand von außen, der das ehrlich und liebevoll ins Bewusstsein rückt, sodass jede Trauer ihren Platz bekommt, ihre Berechtigung, ihre Aufmerksamkeit, ihre Zuordnung.

»Ich hab keine Gefühle!«

Mit dem neunjährigen Nils hatte ich nach dem Tod seiner Schwester noch nicht allzu lange gearbeitet, als ich während einer Einzelbegleitung die Vielfalt der Gefühle zum Thema machte. Denn immer wenn Nils gemerkt hatte, dass er traurig wurde oder war, sagte er es *nicht* – weder zu Hause noch in der Trauerbegleitung. Irgendwann meinte er zu mir: »Weißt du, ich hab das von Opa geerbt, dass ich das nicht zeigen kann! Ich hab keine Gefühle!«

Ich ließ diese Aussage stehen und wir widmeten uns zunächst verschiedenen Bildkarten, auf denen alle möglichen Gefühle abgebildet waren. Ich legte die Karten im ganzen Raum aus und bat ihn, all jene abgebildeten Gefühle auszuwählen, die er von sich kannte. Er wählte drei positive und drei negative Gefühlskarten und wir übertrugen diese jeweils auf seine persönliche Trauersituation. Ich war überrascht, wie viel ihm zu jeder Karte einfiel. Ich fasste zum Schluss alles noch einmal zusammen und ging dabei auch auf seine Aussage ein, wonach er es geerbt habe, »keine Gefühle zu haben«. Ich machte ihm klar, dass wir doch gerade sehr viel über seine Gefühle gesprochen hätten. Es könne doch gar nicht sein, dass er gar keine Gefühle habe. Nils lächelte und sagte: »Stimmt eigentlich!«

Der Regenbogenmacher

Ein sechzehnjähriger Jugendlicher kam in die Trauergruppe. An diesem Nachmittag beschäftigten wir uns mit der Frage nach dem Jenseits und den damit verbundenen Vorstellungen. Die Jugendlichen sollten ihre persönlichen Gedanken aufs Papier bringen. Der Junge bemalte sein Papier mit den wildesten Linien und Farben und als er uns allen sein Bild zeigte, sagte er: »Ich glaube, das ist so: Auf jeden Fall kommt man in den Himmel. Und dort ist ein Tor, davor steht Petrus und begrüßt jeden Menschen, der in den Himmel will. Alles ist voll mit Licht und Liebe. Und dann, wenn man über die Himmelsschwelle gegangen ist, erwartet jeden das, was er im Leben am liebsten gemacht hat. Für mich wird da eine Skaterbahn stehen und während ich darauf fahre, werde ich gleichzeitig immer wieder mein Leben in den Höhen und Tiefen abfahren – nur dass ich natürlich vorher schon weiß, was mich erwartet. Und wenn dann eben die Tiefen meines Lebens kommen, schiebe ich mein Skateboard mit dem Fuß schneller an, damit ich da etwas schneller durchkomme als damals in echt. Ich kann mir jeden herbeiwünschen, den ich sehen will, und selbst einen Regenbogen kreieren. Dieser gleicht sich dann meiner Skaterbahn an, sodass ich auf ihm entlangfahre, durch jede einzelne Farbe hindurch… nur auf Rosa hab ich keinen Bock, die Farbe bleibt außen vor. Und dann, wenn ich mich vom Skaten ein bisschen ausruhen will, schick ich den Regenbogen, auf dem ich eben noch entlang gedüst bin, nach unten zu meinen Liebsten – sie werden es spüren, dass ich ihn geschickt habe. Auch, weil kein Rosa mit drin ist.«

An dieser Stelle wiederhole ich noch einmal sein Alter: Der Junge war sechzehn Jahre alt! Das, was ich eben von ihm zitierte, entspricht sicher nicht der Vorstellung der Allgemeinheit, wie ein Junge in diesem Alter denkt, fühlt oder redet. Aus meiner langjährigen Erfahrung kann ich jedoch sagen, dass Jugendliche oft nur von außen etwas »gefährlich« und cool wirken. Ihr innerer Kern ist in Zügen oftmals noch ganz kindlich, unbedarft und zart. Auch bei den Jungs. Und wie großartig und mutig ist es, wenn sie genau dieses Innere innerhalb einer Gruppe mit anderen Betroffenen teilen und sich dessen nicht schämen müssen. Und wie wichtig ist es, dass wir Erwachsenen ihnen die Fähigkeit nicht absprechen, irgendwann Regenbögen zaubern zu können.

Free Hugs!

Es kommt vor, dass Menschen, die lieber auf Distanz gehen, sich plötzlich in einer Situation wiederfinden, in der sie einer geballten Nähe ausgesetzt sind. Die folgende Geschichte beschreibt diese Situation; bis heute lässt sie mich immer wieder schmunzeln.

Ich möchte den Bestatter, um den es hier geht, kurz wie folgt beschreiben: ein Hüne von einem jungen Mann, kräftig gebaut, unter dem weißen Hemd sind schemenhaft mehrere Tätowierungen erkennbar und die Haare, dem derzeitigen Trend angepasst, in Form von Side Cuts rasiert und die Haupthaare zu einem Dutt zusammengebunden. Er ist nicht über die Maßen gesprächig oder gar nahbar, eher sachlich im Umgang mit den Trauernden, die mit ihm zu tun haben.

Dieser Bestatter war, kurz bevor die Trauerfeier offiziell begann, noch damit beschäftigt, in der Trauerhalle die Dekoration um den Sarg herum um ein paar Blumenkränze zu erweitern, die von verschiedenen Trauergästen mitgebracht worden waren. Die Halle war bereits gut gefüllt, als Hintergrundmusik wurde die Instrumentalfassung von Frank Sinatras »My Way« eingespielt und die letzten Trauergäste betraten nach und nach die Halle.

Um der Verstorbenen die letzte Ehre zu erweisen, war es manchen Trauergästen vor Beginn der eigentlichen Feier ein Bedürfnis, nach vorne an den Sarg zu treten und den anstehenden letzten Weg der Verstorbenen mit bereitstehendem Weihwasser zu segnen. Ein älteres Ehepaar, das ebenfalls zu den Trauergästen zählte, trat entsprechend nach vorne. Sie erkannten den jungen Bestatter, der mittlerweile an der Seite im vorderen Bereich der Trauerhalle stand, als den Sohn ihrer Nachbarn, den sie von klein auf kannten, und gingen auch auf ihm zu. Das Ehepaar begrüßte und umarmte ihn in aller Stille und setzte sich dann auf seine Plätze. Was passierte, war nun Folgendes:

Sämtliche eintreffende Trauergäste traten nun ebenfalls nach vorne, weil sie dachten, es gehöre sich so, und umarmten den Bestatter der Reihe nach auf gleiche Weise. Manche, die bereits saßen, erhoben sich sogar noch einmal von ihren Plätzen, um den vermeintlichen Angehörigen zu kondolieren. Seine Überforderung ließ er sich nicht anmerken und umarmte alle Trauergäste brav der Reihe nach, welche zu ihm kamen. Mensch für Mensch, wenngleich auch mehr und mehr schweißgebadet. Fünf Minuten lang. Bis die Trauerfeier anfing.

Wer weiß, wie viele Trauergäste sich an diesem Tag dachten, welch besonderer Bestatter die Familie begleitete und wie glücklich er so manchen machte, der in diesem Moment eine Umarmung brauchte.

Das Gegenteil von gut...

... ist gut gemeint. Das trifft besonders bei Kindern, Teenagern, Jugendlichen und jungen Erwachsenen zu, die ihre Angehörigen während ihrer gemeinsamen Trauersituation schonen möchten, indem sie ganz bewusst und begründet *keine* Fragen stellen, *kaum* Gefühle zeigen – und dadurch dem Verlust nicht ausreichend oder gar keinen Raum geben, vermutlich weder den Erwachsenen noch sich selbst gegenüber! Kinder glauben häufig, sie könnten damit vermeiden, dass ihre Eltern weinen. Jugendliche und junge Erwachsene möchten sich ihren Partnern nicht zumuten, wenn es ihnen schlecht geht. Diese »Strategie« zieht sich bis in Freundeskreise hinein, auch in den Kita- oder Schulalltag. Für diejenigen, welche eine Trauerbegleitung in Anspruch nehmen, bietet sich aber wenigstens dort eine Chance über ihren Verlust zu sprechen. Sie lernen, ihren Trauerprozess zu gestalten. Manchmal ist die Trauerbegleitung der einzige Raum, wo sie diese Strategie durchbrechen und ihren Emotionen und Gedanken Platz geben. So war es auch bei Emma, Jakob, Marie, Clara, Kim, Moritz, Sarah, Ann-Katrin... ich könnte noch viele Namen von Kindern und Jugendlichen aufzählen. Dieses Phänomen zieht sich durch alle Altersgruppen. Selten ändert sich daran etwas grundlegend, gleichzeitig zeigt sich aber immer wieder, dass Kinder und Jugendliche Raum für sich und ihre Trauer wenigstens während der Trauerbegleitung beanspruchen.

Und die anderen, die nicht begleitet werden? Sie können in sehr einsame Situationen geraten. Dies gilt für alle Beteiligten! Deshalb für alle Erwachsene an dieser Stelle ein paar Tipps – nur Mut…

1. Nehmen Sie Kinder und Jugendliche bei dem Verlust eines nahestehenden Menschen stets mit zur Beerdigung und Trauerfeier.
2. Schaffen Sie kleine Rituale! Dies kann der Gang zum Friedhof, die Mitgestaltung der Trauerfeier, ein Gedenkplatz im Haus, eine Kerze, ein Gottesdienst und vieles mehr sein.
3. Nehmen sie sich für ihre Kinder Zeit und hören Sie Ihnen ernsthaft zu.
4. Formulieren Sie ganz bewusst, dass Ihr Kind, egal welchen Alters, Fragen stellen und aussprechen darf, wie es gerade um ihn steht.
5. Bleiben Sie in Ihren Antworten ebenso offen und ehrlich.
6. Seien Sie nicht verunsichert, wenn auch Gefühle wie Wut, Schuld oder Scham ins Spiel kommen.
7. Bleiben Sie auch in Krisensituationen hinsichtlich Ihrer Gefühle ein Vorbild – das gibt Ihren Kindern Sicherheit im eigenen und fremden Umgang mit Gefühlen!

Eine Beisetzung im Walzertakt

Uns allen ist die Kraft der Musik während einer Trauerfeier bewusst. In der Regel erinnern wir uns atmosphärisch besonders an die musikalischen Momente, die uns mit der oder dem Verstorbenen noch einmal verbinden und uns einander begegnen lassen.

Vor Jahren durfte ich eine Trauerrede für einen Operetten-Freund schreiben. Bereits im Vorgespräch wurde deutlich: Operetten waren sein Leben und dementsprechend schnell war mir klar, dass seine Trauerfeier nur mit Operettenmelodien gefüllt werden kann. Muss!

Seine Frau sagte mir, dass die örtliche Blaskapelle die Zeremonie live gestalten würde, und so war es meine Aufgabe, mit dem Leiter der Blaskapelle Kontakt aufzunehmen. Als ich ihn darum bat, sich musikalisch an verschiedenen Klängen der Operettenwelt zu orientieren, war mir zu diesem Zeitpunkt nicht bewusst, wie sehr ich ihn und seine Musiker damit überforderte. Er meinte nur: »Nein, so etwas spielen wir nicht... höchstens Choräle, Motetten und Kantaten!« Aber ich wehrte ab, da ich von der Witwe wusste, dass sie auf kirchliche Beiträge aus verschiedenen Gründen verzichten wollte. Der Leiter der Blaskapelle entgegnete, dass sie noch nie etwas aus einer Operette gespielt hätten. »Auf die Schnelle geht das auch mit dem Einstudieren nicht!«

Gut, dachte ich, jetzt müssen wir flexibel bleiben und bat ihn, zumindest einen langsamen Walzer einzubringen. Ich dachte, diese Variante bekommen sie vielleicht am ehesten hin und wären der Operette noch am nächsten. Er wollte sich darum kümmern und sich auf die Suche nach Arrangements machen. Etwa drei Stunden später bekam ich einen Anruf und er sagte: »So, wir haben so eine Art Walzer gefunden... das Stück heißt ›Ich tanze mit dir in den Himmel hinein‹, passt das?« – Jackpot! Auch wenn ich innerlich schmunzeln musste über die Formulierung »eine Art Walzer«, ist dieses Stück ja schon fast so etwas wie der Inbegriff eines Operetten-Walzers! – Der Herr meinte noch, dass das Stück für alle seine Musiker eine ziemliche Herausforderung sei, auch es so schnell einzuüben, aber für den Verstorbenen wollten sie es tun.

Zur Beisetzung erschienen die acht männlichen Musiker in Uniform samt ihren goldenen Instrumenten, mit denen sie sich um den Sarg in einem Halbkreis anordneten – links und rechts von ihnen zwei weitere Männer, die die Erkennungsfahnen der Bläsergruppe hochhielten. Und neben ein paar anderen musikalischen Beiträgen konnte es nun doch noch zum Operetten-Moment kommen.

Ich beschreibe ihn wie folgt: Mit finster konzentrierten Gesichtern hoben die Musiker nicht etwa einen klassischen Walzer in romantischer Manier an. Ihr Walzer entpuppte sich eher als Marschmusik, wie ich sie bei diesem Lied in meinem Leben noch nicht gehört hatte. Aber gleichzeitig – und das war das Paradoxe – war ihr Stück so reizend, stimmig und schön. Diese Männer legten in das Stück, immerhin unter dem Titel ›Ich tanze mit dir in den Himmel hinein‹, eine Inbrunst hinein, dass auch ich mir sicher war: Der Verstorbene ist in diesem Moment auf alle Fälle in den Himmel hineingetanzt. Gar kein Zweifel!

Dieser Moment brachte tatsächlich auch die meisten Tränen der Trauergäste hervor und die Witwe erinnerte sich – wie sie mir danach erzählte – an ihren ersten gemeinsamen Tanz.

Das kann Musik eben auch: Solange es stimmig ist hinsichtlich der verstorbenen Person, die sich darüber gefreut hätte, und gleichzeitig hinsichtlich derer, die sich innerhalb dieses letzten Dienstes für jemanden so hingeben, dann ist selbst solch eine vollkommene Unvollkommenheit als großer Freundschaftsdienst und Glanzmoment in einer dunklen Stunde spürbar.

Kreative Impulse

Trauer-Mikado

Die Impulse und Fragen sind in Anlehnung an die Traueraufgaben nach William J. Worden entstanden (vgl. S. 23) und wurden von meiner Kollegin Astrid Hornung und mir in dieses Spiel adaptiert (vgl. die Spielregeln auf S. 135). Somit stehen die Buchstaben vor den Zahlen für Wordens Traueraufgabe:

B = Begreifen
G = Vielfalt der Gefühle
I = Integration in den Alltag
P = Einen Platz geben

Natürlich können die folgenden Fragen beliebig erweitert und ergänzt werden. Das Spiel selbst ist in vielen Varianten spielbar; der eigenen Phantasie sind damit keine Grenzen gesetzt.

Begreifen

- Hast du deine Person im toten Zustand gesehen? Wie sah sie aus? Wie war das genau?
- Erzähle von der Trauerfeier/ Beerdigung! Wie war das für dich? Gab es etwas besonders Auffälliges? Wie hast du dich auch die anderen Trauergäste wahrgenommen?

- Wenn du an die Beerdigung denkst: Hat dich irgendeine Trauerreaktion eines Menschen (vielleicht sogar von dir selber) irritiert? Warum?
- ...

Integration in den Alltag

- Hast du irgendeinen Wesenszug von deiner verstorbenen Person geerbt oder übernommen? Was ist das? Bringst du diesen in deinen Alltag mit ein? Wie?
- Wann fühlst du dich so richtig in deiner Kraft?
- Was gelingt dir nach dem Verlust schon wieder richtig gut in deinem Alltag? Wo brauchst du noch Unterstützung?
- Gibt es eine bestimmte Zeit oder Zeiten, in denen du dir bewusst Zeit für deine Trauer oder innerliche Begegnungen mit deiner Person nimmst? Erzähl doch mal...
- In welcher Situation wärst du gern stärker?
- Gibt es Träume von deiner Person, die dich begleiten/ überraschen/ erschrecken? Welche? Warum?
- Gebt ihr innerhalb eurer Familie der oder dem Verstorbenen Raum, indem ihr von ihm oder ihr redet, erzählt,

- Konntest du dich von deiner Person verabschieden? Wie? Und wenn nicht: Was hättest du dir gewünscht?
- Wer oder was hat dir am meisten geholfen, den Verlust zu begreifen?
- Wofür bist du deiner verstorbenen Person dankbar? Gab es auch etwas, worüber du dich geärgert hast?
- In welchem Moment/ nach welcher Zeit hast du begriffen, dass diese Person niemals wiederkommt?
- ...

Vielfalt der Gefühle

- Was tust du, wenn du in schwierigen Momenten alleine bist?
- Wer oder was tröstet dich?
- In welchen Momenten hast du Angst?
- Wem zeigst du deine Trauer und warum darf dieser Mensch daran teilhaben?
- Gibt es etwas, auf das du wütend bist?
- Wann hast du zuletzt richtig gelacht? Erzähl doch mal...

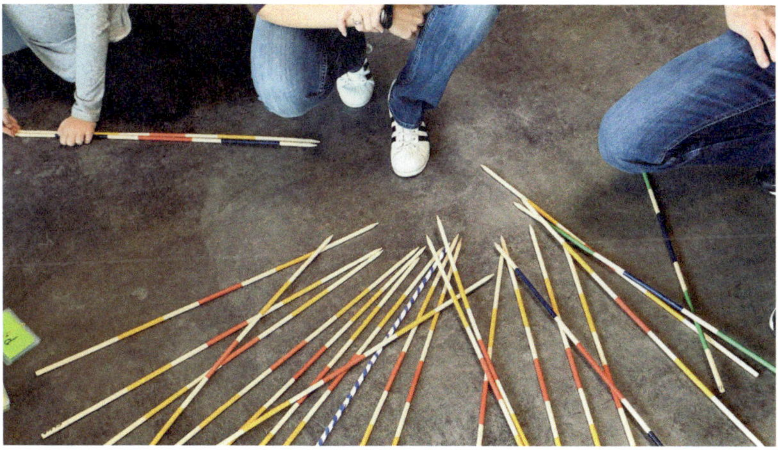

Gegenstände platziert habt oder ähnliches? Wie kann man sich das vorstellen?
- ...

Einen Ort/ Platz geben

- Welche Orte/ Plätze erinnern dich an deine Person, die gestorben ist?
- Wie sähe für dich eine optimale Grabgestaltung für deine Person aus? Und falls diese bereits existiert, erzähl mal...
- Schaffst du genug Platz in deinem Leben für Dinge, welche dich erfreuen? Welche sind das?
- Vermeidest du Orte, die mit deiner Person zu tun haben? Welche? Warum? Warum nicht?
- Was glaubst du: Wo ist deine Person, nachdem sie verstorben ist? Der Körper? Die Seele? ...?
- Bist du (wieder) bereit, unter Menschen zu gehen/ Freundschaften zu pflegen? Warum ja? Warum nein?
- Hilft dir eine religiöse oder spirituelle Idee von einem Leben nach dem Tod? Warum ja? Warum nein?
- ...

Zusatzkarten (für die weiß-blau gestreiften Mikado-Stäbe)

- Wie hat sich dein Bild auf die Welt seit dem Verlust geändert?
- Wie sieht für dich dein persönlicher Sinn des Lebens aus?
- Was nimmst du aus der Trauerbegleitung mit, was dir weiterhilft?
- Was hat sich seit dem Verlust verändert?
  - an dir?
  - innerhalb der Familie?
  - in deinen Freundschaften?
  - bei deinen Gefühlen? In deiner Spiritualität?

Mikado – Spielregeln

Dieses Mikado-Spiel umfasst 25 Holzstäbe mit unterschiedlichen Farbcodes und Nummerierungen und Karten in fünf verschiedenen Farben.

Spielverlauf:

- Mindestens 2 Spieler.
- Das Spiel wird auf einem glatten Boden gespielt.
- Ein Spieler fängt an und stellt alle Stäbe gebündelt auf den Boden, indem er sie mit beiden Händen umfasst. Dabei müssen die spitzen Enden der Stäbe nach oben zeigen.
- Der Spieler darf nun die Stäbe loslassen, sodass sie auf den Boden fallen – meist liegen sie ungeordnet übereinander und nebeneinander.
- Nun darf der Spieler beginnen, ein Stab nach dem anderen wegzunehmen, ohne, dass die anderen Stäbe wackeln.
- Hat der Spieler beim Aufheben des Stabes gewackelt, darf der andere Spieler von vorne beginnen.
- Hat der Spieler einen Stab erfolgreich weggenommen, bekommt er Punkte für ihn, aber nur, wenn er die Frage oder Aufgabe des Stabes bewältigt.
- Dazu muss der Spieler lesen, welche Bezeichnung der Stab hat und sich die passende Karte raussuchen, auf der die Frage steht.
- Hat er die Frage der Karte beantworten können, darf er sich die Punkte aufschreiben und versuchen, einen weiteren Stab wegzunehmen.
- Das geht so lange, bis der Spieler beim Wegnehmen wackelt oder eine Frage des Stabes nicht beantwortet. Dann ist der nächste Spieler an der Reihe und beginnt ganz von vorne.
- Derjenige hat gewonnen, der die meisten Punkte erreicht. Vielleicht geht es auch um mehr als das...

Farbcode	Bezeichnung	Wert in Punkten
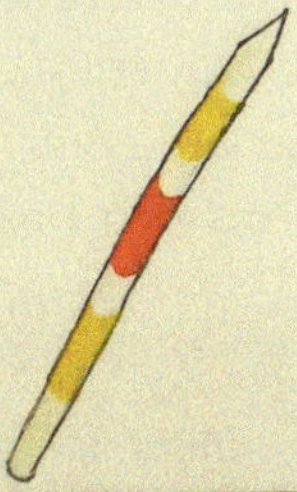	• B1 – B5 • G1 – G5 • I1 – I5 • P1 – P5	2
	Sollte bei einem der Bezeichnungen ein + dastehen, z.B. **P2+**, kann noch ein zusätzlicher Punkt erworben werden, wenn beide Fragen/Aufgaben der Karte bewältigt werden.	3
	• B6 - B10 • G6 – G10 • I6 – I10 • P6 – P10	3
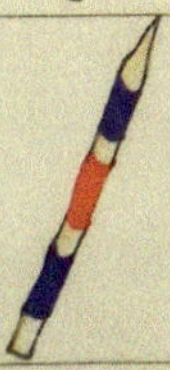 oder 	• B11 • G11 • I11 • P11	5
	• B12 • G12 • I12 • P12	10
	Wenn der Stab **nicht** als allererster weggenommen wird: • M20	20
	Wenn der Stab als allererster weggenommen wird: • M40	40

So einfach, so schwer

Zum Thema »Vermeiden« greife ich hin und wieder auf die Arbeit mit Gips zurück. Es ist weder aufwendig noch schwierig, das Gesicht oder eine Hand mit Gipsbinden und Wasser einzugipsen. Gipsbinden gibt es in jeder Apotheke, sie müssen nur in Streifen geschnitten werden. Die Haut sollte vorher mit ausreichend Creme oder Vaseline eingefettet werden, damit der erhärtete Gips sich nachher leicht lösen lässt. Bei Kindern mache ich das meistens im Gesicht, bei Älteren eignet sich sowohl das Gesicht als auch die Hand. Gipst man die ganze Hand mit den einzelnen Fingern ein, geht das Abziehen des erhärteten Gipses deutlich strammer und fühlt sich für kleine Kinderhände unter Umständen zu grob an, weil sie oft noch zu wenig Gegenkraft einsetzen können.

! Die Arbeit mit Gips eignet sich hervorragend, um aufzuzeigen, was auf Dauer passiert, wenn man eigene Gefühls- bzw. Trauerprozesse verdrängt – und zwar in diesen beiden Fällen: Wenn wir es vermeiden, eigene Gefühle zuzulassen, und wenn wir es vermeiden, uns anderen verbal oder nonverbal mitzuteilen.

Am Anfang ist das Arbeiten mit Gips gar kein Problem: Die wassergetränkten Gipsstreifen tun durch die Kühle gut und verdecken nach und nach die Haut, so wie auch diverse Vermeidungsstrategien gut tun und sich anfangs oft maximal hilfreich anfühlen!

Der Gips erhärtet nach und nach, so wie sich in der Trauer auch das Gewöhnen an die Verdrängungsmechanismen erhärtet. Meistens merkt man es gar nicht, da dieser Prozess recht schleichend verläuft.

Mit der Zeit ist das Material sehr fest und die eingegipste Muskulatur hat keine Chance mehr, sich zu bewegen. In der Trauer passiert dies über die Zeit hinweg ebenso – man erstarrt im wahrsten Sinne des Wortes! Es ist nicht möglich, weder Lachen noch Wut auszudrü-

cken. Keine Freude, keine Angst... diese Starre wird in dem Moment der Gipsverhärtung sehr bewusst wahrgenommen und dient zu einem späteren Zeitpunkt als Anlass, um über die Auswirkungen emotionaler Verhärtungen ins Gespräch zu kommen.

Die Gipsform abnehmen heißt: zur gleichen Zeit ziehen, Kraft einsetzen, Ziepen aushalten und aktiv mithelfen. Je länger man innerhalb des eigenen Trauerprozesses alles vermeidet, was einen weiterbringen oder helfen könnte, um das Erlebte verarbeiten zu können, desto schwieriger und auch schmerzhafter wird es werden, sich aus dieser »Härte« zu befreien.

Ist die Gipsform schließlich wieder entfernt, geht es ans *Säubern* der Haut. Und wer jemals mit Gips gearbeitet hat, weiß, wie hartnäckig sich dieses Material besonders an kleinen Härchen festsetzt oder in die Fingernägel vergräbt. Und so auch in der Trauer: Ich kann einen Teil dieser Härte abgelegt haben, vielleicht ist sogar »eine Maske gefallen«, doch auch im Nachgang gehen die »Aufräumarbeiten« weiter. Immer wieder wird ein Stückchen in einem zu finden sein, was als Überrest der Vermeidungshaltung agiert. Somit wird sich auch die ein oder andere Verdrängung erst nach und nach von einem entfernen – vorausgesetzt, der eigene Wille und Wunsch ist dazu vorhanden.

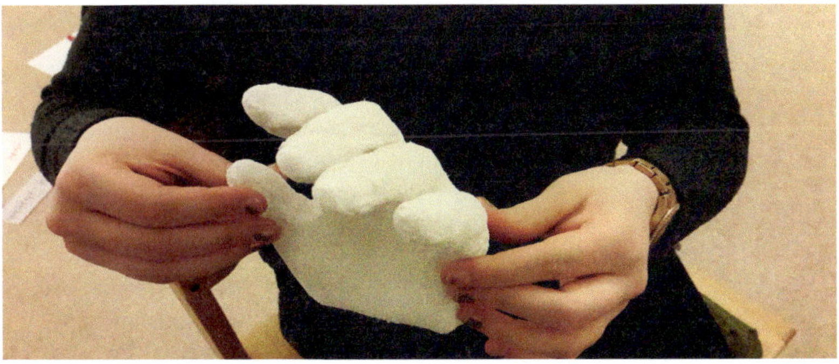

Meine Lebensbrille, deine Lebensbrille

Dass Farben auf Seele und Körper Einfluss nehmen, ist nicht neu. Farbiges Licht kann die Stimmung eines Menschen regulieren und wird daher auch therapeutisch zum Beispiel mit Hilfe der Mentalfeld-Therapie nach Dr. med. Dietrich Klinghardt eingesetzt. Grob vereinfacht dargestellt lassen sich alle Regenbogenfarben einer spezifischen Wirkung auf uns Menschen zuordnen. Die sogenannten »Farbbrillen« bieten die Möglichkeit, fehlende Lebensqualität mit der passenden Farbe aufzubessern.

In Zeiten der Trauer hat man oft das Empfinden, sich vor lauter Gefühlen gar nicht retten zu können. Das kann verunsichern oder gar überfordern. Bei diesem Vorschlag zur kreativen Umsetzung geht es indes ausdrücklich *nicht* um einen therapeutischen Einsatz, sondern um ein Erleben-Lassen von wahrgenommenen eigenen Gefühlen. Darüber hinaus eignet sich diese Methode gut, um ins Gespräch kommen, wie man die Gefühle von anderen Familienmitgliedern oder Freunden wahrnimmt. Denn natürlich kann man auch einen Blick durch deren Lebensbrillen werfen. Es ist eine Vielzahl von methodischem Einsatz möglich – der Fantasie sind keine Grenzen gesetzt und es können so viele Farbbrillen angefertigt werden, wie es Farben gibt!

MATERIAL | 1 x Ausdruck der Brillenvorlage (siehe S. 87); 2 x Din A4 Bogen Pappe (für Kinder ca. 0,5 mm, bei Erwachsenen etwas stärker), Farben zum Anmalen, 1 x Schere oder scharfes Messer, durchsichtige Folie, ggf. getönt (als Brillenglas)

SO GEHT'S | Die Anleitung:
1. Brillen-Vorlage ausdrucken;
2. Brillen-Vorlage anmalen nach Lust und Laune;
3. Das Papier wird auf eine Pappe aufgeklebt. Die Pappe sollte nicht zu dünn sein, aber man muss sie noch mit der Schere schneiden können. Empfehlenswert sind Papiere zwischen 150 bis 250 g/m^2. Dabei ist darauf zu achten,

dass der Kleber an den Kanten besonders gut verteilt ist;
4. Wenn der Kleber nach etwa fünf Minuten getrocknet ist, schneidet man die drei Brillenteile aus, klebt sie aber noch nicht aneinander;
5. Für das Brillengestell braucht es nun eine zweite Pappe, auf die die drei Teile noch einmal aufgezeichnet werden – ebenfalls ausschneiden! Man muss darauf achten, dass man innerhalb der gezeichneten Linien schneidet, sonst wird es zu groß;
6. Brillenglas einkleben und eine durchsichtige Plastikfolie auf die Rückseite des Brillengestells einkleben. Sie kann klar und durchsichtig sein, auch gefärbt oder bemalt. Dafür zeichnet man die inneren Öffnungen der Brille auf die Folie ab und ergänzt dann an allen Kanten ca. 0,5 cm. Gut ist es, das vorzeichnen;
7. Nun kann man die Brillenbügel an den markierten Klebestellen an das vordere Brillengestell ankleben. Zunächst nimmt man die äußeren, die bemalt sind;
8. Im nächsten Schritt klebt man die Kopie des Brillengestells auf die Rückseite – also auch auf die angeklebten Bügel. Das stabilisiert die Brille insgesamt;
9. Abschließend werden die zweiten Brillenbügel innen aufgeklebt – Fertig!

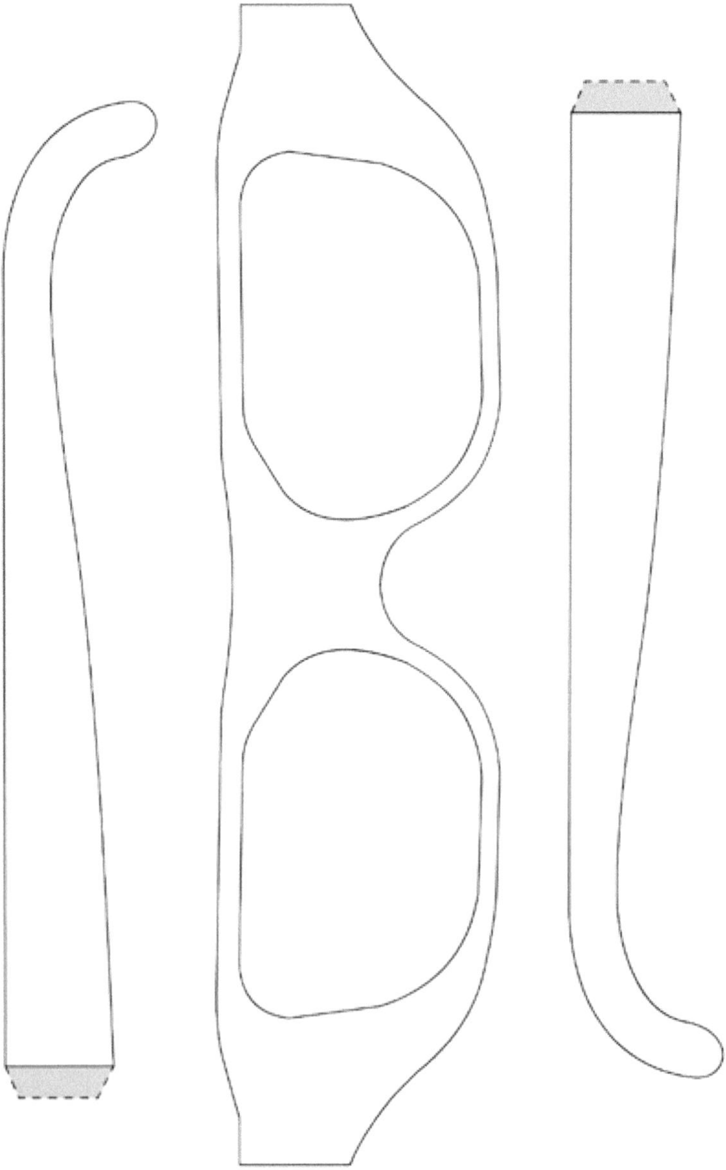

Kopiervorlage: Meine Lebensbrille

Mit der Trauer durch das Jahr

Der folgende Impuls eignet sich besonders gut für die (Familien-) Trauerbegleitung kurz vor dem Jahreswechsel. Anhand der vier Verhaltensweisen *Denken, Fühlen, Handeln* und *Vermeiden* entsteht ein Jahreskalender – manche empfinden dieses Angebot besonders intensiv, wenn sie sich noch im ersten Trauerjahr befinden.

> MATERIAL | Do-it-yourself-Kalender (immerwährend oder mit Jahresangabe), Schere, Stifte, Kleber, Kreativmaterial aller Art (Zeitungen, Pfeifenputzer, bunte Papiere, Glitzer-Elemente, Moosgummi, kleine Holzscheiben, Lametta, Servietten u.a.)

Da es zwölf Monate sind, gibt es für jede Verhaltensausrichtung drei Kalenderblätter. Diese können individuell zugeordnet werden. Als kleine Einführung könnten folgende Impulse helfen:

> DENKEN | Was bringt mich zum Nachdenken? Fakten über den Tod des Verstorbenen …

> FÜHLEN | Was macht mich konkret traurig? Erinnerungen, Schönes, Schmerz …

> HANDELN | Welche Rituale helfen mir/ finde ich schön, wie sorge ich für mich? Kreatives …

> VERMEIDEN | Wie lenke ich mich ab? Nein sagen zu …

Nun wird der Kalender gestaltet und dazu sollte man ausreichend Zeit geben. Je nach Alter, Gruppengröße oder Einzelkontext sind zwei bis drei Stunden realistisch. Jede und jeder kann frei arbeiten, jedoch sind pro Verhaltensmuster kleine Starthilfen anhand einer konkreten Aufgabe hilfreich. Das kann sich einerseits an der Altersgruppe, andererseits an der jeweiligen Situation festmachen. Am Ende: Das Deckblatt des Kalenders nicht vergessen!

Trauer-Disco

Trauer-Disco: Es klingt zunächst paradox, beide Wörter miteinander zu verbinden. Das eine wiegt so schwer und das andere assoziiert in uns Leichtigkeit, Freude, Ausgelassenheit, Freiheit, vielleicht ein bisschen Unvernunft, Nachtleben, Party, Lichteffekte und Spaß.
Schon seit einigen Jahren gehört die Trauer-Disco trotzdem zum festen Bestandteil der ZwischenGeZeiten-Angebote für Jugendliche und junge Erwachsene. Wir haben eine lange Playlist mit allen möglichen Songs erstellt, die mit Leben, Sterben, Tod, Trauer und Trost zu tun haben, keineswegs jedoch nur die »typischen«, die man für Beerdigungen empfiehlt. Wir hören alles querbeet, was uns unter die Finger kommt: Schlager, Pop, Rock, Lied, Country, Klassik, Metal, Neues Geistliches Lied (NGL), Musical und vieles mehr. Beispiele:

»Die immer lacht« (Kerstin Ott)
»Knocking on heavens door« (Bob Dylan)
»Wie ein Baum, den man fällt« (Reinhard Mey)
»Always look on the bright side of life« (Eric Idle)
»Totale Finsternis« (aus dem Musical »Tanz der Vampire«)
»Der Tod« (EAV)
»Time to say Goodbye« (Andrea Bocelli/ Sarah Brightman)

»Sternenträumer« (Andrea Berg)
»Nehmt Abschied, Brüder« (Volksweise)

Die meisten werden sich nun fragen, wie diese Trauer-Disco genau abläuft. Kurz gesagt: Sie dient dem gleichen Zweck wie eine »normale« Disco auch – es wird getanzt, man unterhält sich, geht in Kontakt oder bleibt für sich, hört der Musik eventuell nur zu, träumt, feiert und lässt sämtlichen Gefühlen freien Lauf.

Manchmal kommt es aber auch vor, dass Jugendliche für sich selbst eine Art Trauer-Choreographie entwickeln. Was hier dazukommt ist die Tatsache, dass ausschließlich Trauernde teilnehmen und sich musikalisch in allen denkbaren Gefühlsfacetten wiederfinden. Ja, manchmal fließen auch Tränen, aber nicht nur im negativen Sinn.

Die Tränen sind mit Erinnerungen verknüpft, mit Dankbarkeit, lustigen Momenten und, klar, auch Trauer. Da alle in der Trauer-Disco ähnliche Hintergründe haben, wundert sich niemand oder schaut komisch. Es ist ein Miteinander – egal wie lang der Verlust her ist oder welche Emotionen zu Tage treten. Jeder ist willkommen und selbstverständlich steht das Team von ZwischenGeZeiten als Ansprechpartnerinnen und -partner zur Verfügung, sollte es nötig und gewünscht sein. Die Trauer-Disco ist ein Angebot, das unsere Jugendlichen und jungen Erwachsenen nicht mehr missen möchten – und wir auch nicht!

Kreatives Schreiben

Kreatives Schreiben bedeutet: individueller Ausdruck, lustvolles Spiel, kreative Entfaltung, Anregung der Fantasie, Bildung, pragmatischer Zugang zu Literatur, Selbstreflexion, Persönlichkeitsentwicklung, sich an Sprache ergötzen, Schärfung der Sinne und die Erfahrung, etwas selbst oder in der Gemeinschaft zu erschaffen. Kreatives Schreiben ist eine Möglichkeit der Selbstwirksamkeit und Selbstverwirklichung und ist auf die individuelle Inspiration von Klein und Groß angewiesen. Diese Methode ist aufgrund der Kulturtechnik des Schreibens indes erst dann einsetzbar, sobald der Schrifterwerb stattgefunden hat und die Grundkenntnisse bereits übersteigt.

Kreatives Schreiben wird in den unterschiedlichsten Bereichen eingesetzt, sei es an Schulen im Deutschunterricht, an Universitäten, in Jugendeinrichtungen zur Förderung der Kreativität, in Kliniken und Reha-Einrichtungen als therapeutisches Mittel, beim Coaching zur Klärung, in der Therapie als selbstreflektierende Methode, in der Sterbe- und Trauerbegleitung, bei Migranten-Kursen zur Erhöhung der Schreibkompetenz, bei touristischen Angeboten zur Unterhaltung, bei Firmen und in Schreibwerkstätten für angehende Autoren.

Viele bewährte Übungen gibt es in der Familientrauerbegleitung, aber hier möchte ich zwei vorstellen, an welchen sich Kinder und Jugendliche gern ausprobieren und danach leicht ins Gespräch darüber und ihre Situation finden.

Anagramm

Der Name der verstorbenen Person wird so auf ein Blatt Papier geschrieben, dass die Buchstaben untereinander stehen. Jeder dieser Buchstaben mutiert nun zu einem Anfangsbuchstaben, welchem ein Wort folgt, das mit der oder dem Toten in Verbindung steht, was zu ihr oder ihm passt oder welche Erinnerung damit einhergeht.

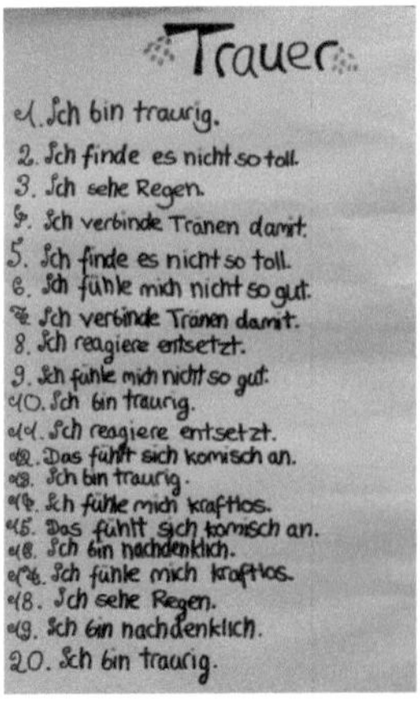

Aus all diesen neuen Wörtern entsteht ein kleiner Text über die verstorbene Person: ob traurig, lustig, skurril, verrückt, tiefgründig, übertrieben oder sogar fiktiv … alles ist erlaubt!

7 – 3 – 1 – 1

Man kann ein Bild auf einer Postkarte wählen oder auch ein Symbol, welches zur verstorbenen Person passt. Das, was man sich dabei gedacht hat und welche Erinnerungen es wachruft, soll auf gut Glück in einen Text verfasst werden.

Ist dieser Text fertig geschrieben, erfolgt die Aufgabe, die sieben prägnantesten, aussagekräftigsten Sätze zu markieren. Aus diesen sieben werden wiederum die drei wichtigsten markiert und aus ihnen schließlich der Kernsatz genommen. Ist dieser gefunden, geht es darum aus diesem letzten Satz das wichtigste Wort zu finden.

Ich bin immer wieder überrascht, welches Kernthema diese Übung wohl am Ende hervorbringt.

Die Archetypen für die Westentasche

Die bereits weiter oben genannten Archetypen werden anschaulich, wenn man sie mit Symbolen optisch unterstützt und sie sich damit den Kindern und Jugendlichen auch visuell manifestieren. Man kann zu den Archetypen unendlich viele kreative Angebote machen, zu einzelnen wie zu allen zwölf, aber um an dieser Stelle alle mit einzubeziehen, möchte ich auf eine Möglichkeit für Jugendliche eingehen, und zwar in Form eines selbst gestalteten Kartensets. In der einfachen Form geht es um zwölf Karten, in der Erweiterung um ganze Kartensets mit 52 Karten und variablen Spielideen.

Ziel ist es, die charakteristischen Merkmale der Archetypen mit realen Personen zu verbinden, welche sich im Umfeld des Trauernden wiederfinden. Das können Familienangehörige, Freunde, Nachbarn, Lehrpersonen oder andere Menschen sein. Die Karten werden zuvor

auf der Vorder- und Rückseite gestaltet. Vorne findet man den Archetypus mit der dazugehörigen Person, auf der Rückseite nähere Erläuterungen dazu als Collagen und/oder in Schriftform gestaltet.

MATERIAL | Zwölf Karten am besten im Taschenformat DIN A7 aus Pappkarton oder als Blanko-Kartenset vorbestellt, Schere, Kleber, Zeitungen, Fotomaterial des eigenen Familien- und Freundeskreises

Auf der folgenden Seite habe ich die Archetypen und ihre entsprechenden Verhaltensweisen mit Impulsfragen verbunden. Bei Kindern gilt es, die Begrifflichkeiten zu vereinfachen.

Archetyp	Verhaltensweise	Impulsfragen für die jeweiligen Karten
Schöpfer/in	Denken	Wer ist für dich ein spirituelles Vorbild? Wodurch?
Herrscher/in	Denken	Wer herrscht gern über dich/ dein Leben? Wie macht er/sie das?
Weise/r	Denken	Wer steht dir mit Rat und Tat zur Seite? Wie äußert sich das?
Narr/Närrin	Handeln	Wer bringt dich zum Lachen? Womit?
Rebell/in	Handeln	Wer schwimmt am ehesten gegen den Strom? Was fasziniert oder stört dich daran?
Zauber/in	Handeln	Wer erfüllt dir am ehesten deine Wünsche? Warum ist das besonders?
Entdecker/in	Fühlen	Wer verschafft dir abenteuerliche Momente? Wodurch?
Held/in	Fühlen	Wer ist für dich ein großes Vorbild? Warum?
Liebende/r	Fühlen	Von wem fühlst du dich wirklich geliebt? In welchen Momenten war das spürbar?
Umschuldige/r	Vermeiden	Wer hat für dich ein reines Herz? Woran erkennst du das?
Beschützer/in	Vermeiden	Wer würde sich mutig vor dich stellen? In welcher Hinsicht brauchst du Schutz?
Allerwelts-mensch	Vermeiden	Wer langweilt dich? Aus welchen Gründen?

FÜHLEN
DENKEN
HANDELN

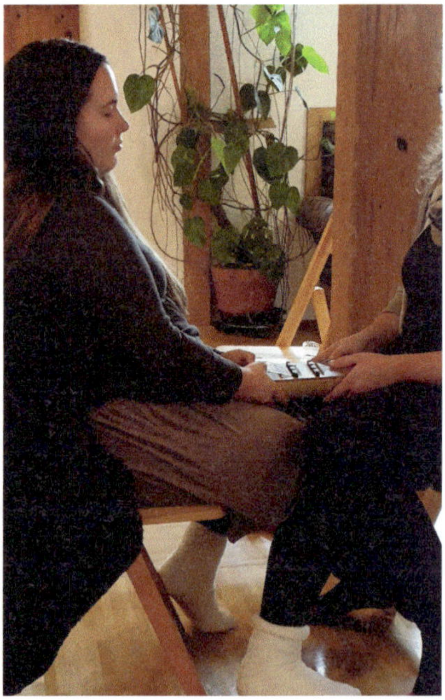

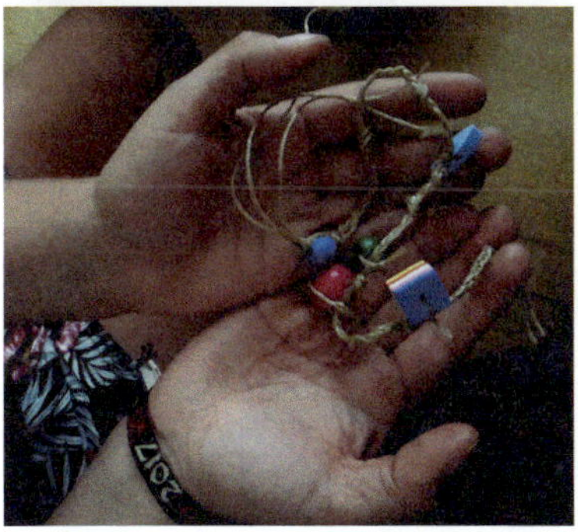

»Und webte auch auf jenen Matten noch jene Mondesmärchenpracht – und stünd sie noch im Waldesschatten inmitten jener Sommernacht; und fänd ich selber wie im Traume den Weg zurück durch Moor und Feld, sie schritte doch vom Waldessaume niemals hinunter in die Welt.«

Theodor Storm

Die Sterntaler

Es war einmal ein kleines Mädchen, dem war Vater und Mutter gestorben, und es war so arm, dass es kein Kämmerchen mehr hatte, darin zu wohnen, und kein Bettchen mehr hatte, darin zu schlafen, und endlich gar nichts mehr als die Kleider auf dem Leib und ein Stückchen Brot in der Hand, das ihm ein mitleidiges Herz geschenkt hatte. Es war aber gut und fromm. Und weil es so von aller Welt verlassen war, ging es im Vertrauen auf den lieben Gott hinaus ins Feld.

Da begegnete ihm ein armer Mann, der sprach: »Ach, gib mir etwas zu essen, ich bin so hungrig.« Es reichte ihm das ganze Stückchen Brot und sagte: »Gott segne dir's«, und ging weiter. Da kam ein Kind, das jammerte und sprach: »Es friert mich so an meinem Kopfe, schenk mir etwas, womit ich ihn bedecken kann.« Da tat es seine Mütze ab und gab sie ihm.

Und noch weiter, da bat eins um ein Röcklein, das gab es auch von sich hin. Und als es noch eine Weile gegangen war, kam wieder ein Kind und hatte kein Leibchen an und fror: da gab es ihm seins.

Endlich gelangte es in einen Wald, und es war schon dunkel geworden, da kam noch eins und bat um ein Hemdlein, und das fromme Mädchen dachte: »Es ist dunkle Nacht, da sieht dich niemand, du kannst wohl dein Hemd weggeben«, und zog das Hemd ab und gab es auch noch hin.

Und wie es so stand und gar nichts mehr hatte, fielen auf einmal die Sterne vom Himmel, und waren lauter blanke Taler; und ob es gleich sein Hemdlein weggegeben, so hatte es ein neues an, und das war vom allerfeinsten Linnen. Da sammelte es sich die Taler hinein und war reich für sein Lebtag.

Thematische Brücken

Auf dem Weg… wohin?

Da geht also dieses Kind seinen Weg hinaus aufs Feld… allein, ohne Hab und Gut, die Eltern sind verstorben. Aber – und das ist innerhalb dieses Märchens entscheidend: Sie geht im Vertrauen auf den lieben Gott! Zunächst könnte man meinen, dass ein Mädchen das Elternhaus verlässt, um neuen Zielen entgegenzugehen. Normalerweise würden in klassischen Märchen einige Prüfungen auf sie warten, sie würde zu einer wunderschönen Frau heranwachsen, einen Prinzen kennenlernen und zur Königin werden. Aber das Sterntaler-Mädchen beschreitet einen ganz anderen Weg hin zur »Krone«.

Wir haben es hier mit einem der am christlich geprägtesten Märchen der Grimms zu tun. Das wird an verschiedenen Symboliken deutlich. Aber eins nach dem anderen…

Bis heute wird der Friedhof auch als »Gottesacker« bezeichnet, denn im späten Mittelalter wurden Friedhöfe nicht nur neben der Kirche, sondern auch auf dem freien Feld angelegt. Das waren dann Gott geweihte Äcker. Und wenn wir die wenigen hundert Jahre zurückgehen, in denen dieses Märchen von den Brüdern Grimm aufgeschrieben wurden, war diese Begrifflichkeit noch sehr geläufig. Den eigenen, letzten Weg geht jeder für sich allein – egal wie viele Menschen um einen sein mögen. Den Moment des letzten Ausatmens erleben wir in Rückzug, innerer Stille und purem Selbst.

Unser Sterntaler-Kind ist auf dem Weg zu Gott und, ja, stirbt. Für all jene, die das überrascht, irritiert oder die dem zweifelnd oder gar ablehnend gegenüberstehen: Diese These wird durch den weiteren Verlauf der Inhalte und deren Interpretationen sicher noch deutlicher und verständlicher werden. Und das Schlussbild im Märchen gibt die Idee des Sterbens so wunderbar beschrieben wieder, denn: Es öffnet sich der Himmel!

Brot

Ich bleibe bei der Parallele zum Christentum, wenn wir uns die Szene näher betrachten, in der das Mädchen dem alten Mann sein letztes Brot schenkt. Das Teilen des Brotes ist unbenommen eines der wichtigsten Symbole innerhalb christlicher Riten.

Brot steht für das göttliche Geschenk und die Bereitschaft zum Teilen vor dem Hintergrund des eigenen Großmutes oder Güte. Der sakrale Charakter des Brots zeigt sich im Handeln, so auch angedeutet im Märchen. Es verwundert auch nicht, dass das Mädchen ihr letztes Irdisches zuerst weggibt, indem sie teilt, weggibt, loslässt – nun bereit für den reinen Seelenweg – und die Seele braucht bekanntlich eine ganz andere Art von »Nahrung«. Besonders, wenn es darum geht, die letzte Schwelle zu überschreiten.

Mütze

Als Kleidungsstück ist es zuerst die Mütze, die sie hergibt. Wenn man etwas über Märchen weiß, dann ist es die Tatsache, dass im Volksmärchen niemals etwas »einfach nur so« passiert. Alles trägt eine tiefere Bedeutung in sich, allerdings keineswegs im Sinn einer hausgemachten Interpretation, sondern oftmals in Anlehnung an einen damals gültigen Volkskontext des vorhandenen Wissens, Glaubens, auch Aberglaubens, und all dem, wie man sich die Welt vor Jahrhunderten erklärt hat. Und so darf man sich fragen, warum es ausgerechnet die Mütze ist, die das Mädchen als erstes hergibt.

Dem geht eine andere Frage voraus: Warum hat man Neugeborenen zur damaligen Zeit als erstes eine Mütze oder ein Häubchen aufgesetzt? In Museen kann man sie oft noch heute als Ausstellungsstücke sehen: dicke, berüschte Babyhäubchen. Heute würde man sagen: zum Schutz vorwiegend aus klimatischen Gründen. Aber der Schutz damals bezog sich noch auf etwas ganz anderes.

Neugeborene haben durch ihre Fontanellen zwischen Stirn- und Scheitelbeinen sowie zwischen den Scheitelbeinen und dem Hinterhauptbein einen noch nicht ganz geschlossenen Schädel. Weil der Kopf nach oben hin zwei Monate lang nach der Geburt diese nur von Bindegewebe erfüllte Stelle besitzt, ging man nach überwiegender Überzeugung davon aus, dass das Neugeborene noch eine starke Bindung zum Himmel hatte – also zu jenem Ort, wo durch Gott die kleinen Engel in Form von Kindern auf die Erde gelangten. Man war nach oben noch zu *offen*. Wenn Kinder aus damals unerklärlichen Gründen verstarben, erklärte man sich dies dadurch, dass es ihnen nicht gut genug auf der Erde gefallen hatte, sodass sie schließlich zu ihrem himmlischen Ursprung zurückgegangen waren. Um dies zu verhindern, wurden bereits die Neugeborenen direkt nach der Geburt bemützt, die Verbindung zum Himmel wurde dadurch »unterbrochen«.

Betrachten wir diesen volkstümlichen Kontext wird es verständlich, dass das Mädchen zuerst sein Mützchen abgibt: Sie geht in den göttlichen Kontakt, macht sich frei und ist bereit für die bevorstehende letzte Etappe ihres eigenen Lebensweges.

Röckchen

Dass das Mädchen ihr Röckchen hergibt, würde Sigmund Freud vermutlich an dieser Stelle anders interpretieren, als ich es tue. Hinsichtlich des Sterbeprozesses des Mädchens geht es aber um eine andere Art des Abgebens und Offenlegens. Masken und Rollen fallen weg, bis nur noch das pure Ich bleibt. Das Röckchen spielt eine ergänzende Rolle ebenso wie das Leibchen. Und nur durch das Zusammenwirken dieser beiden Kleidungsstücke ergibt sich der symbolische Akt, welcher den letzten Schritt ins Jenseits im christlichen Sinne unterstreichen wird.

Leibchen

Das Leibchen ist dasjenige Kleidungsstück, was über oder anstelle dem Unterhemd getragen wird. Das kann ein Pullover sein, eine Schürze oder ein Umhang; in jedem Fall ist das Leibchen etwas, das die beiden Schultern bedeckt oder auf ihnen zumindest aufliegt. Wenn man sich nun noch einmal die Reihenfolge von Mütze, Röckchen und Leibchen vor Augen führt und gleichzeitig berücksichtigt, dass sich das Kind auf seiner letzten Lebensetappe befindet und wir uns in diesem Märchen in einem stark ausgeprägt christlichen Kontext befinden, mache ich an dieser Stelle das folgende Bild auf:

> Die Mütze – oben – »Im Namen des Vaters ...«
> Das Röckchen – unten – »... und des Sohnes ...«
> Das Leibchen – links und rechts – »... und des Heiligen Geistes.«

Wir finden hier tatsächlich das Kreuzzeichen, wenn man der Reihenfolge der Kleidung folgt, die nacheinander weggegeben werden. In einer anderen Fassung des Märchens lautet die Reihenfolge der Kleidungsstücke Mütze – Leibchen – Röckchen, welches dann die »kleine Bekreuzigung« formt, nämlich mit dem Daumen jeweils ein kleines Kreuz über Stirn, Mund und Brust. In jedem Fall findet sich hier ein christlich-religiöser Akt wieder. Zufall? Nein, im Märchen wohl nicht.

Ein Hemdchen aus allerfeinstem Linnen

Nun steht sie ganz nackt und bloß... »Man kommt mit nichts und man geht mit nichts!«, sagt der Volksmund. Und doch bekommt das Mädchen in diesem Moment ein neues Hemdchen – und noch dazu eines aus allerfeinstem »Linnen«, also Leinenstoff. Wenn man sich fragt, wer zur damaligen Zeit, vor Hunderten von Jahren, berechtigt war, ein Hemdchen aus allerfeinstem Linnen zu tragen, dann würde man vielleicht zuerst die Könige und Kleriker nennen, eventuell noch die betuchte Gesellschaft. Ja, das stimmt. Aber nicht nur!

Alle haben dieses Hemdchen irgendwann getragen – nämlich in dem Moment, in dem sie starben. Das Hemdchen aus allerfeinstem Linnen ist das Totenhemd.

Zur damaligen Zeit musste man das nicht extra benennen, denn jeder wusste, was ein Hemdchen aus allerfeinstem Linnen bedeutete. Es war gang und gäbe, eines Tages selbst darin bestattet zu werden. In diesem Moment im Märchen ist der letzte Atemzug des Kindes also getan. Weitere Informationen zum »Letzten Hemd« finden sich im Märchen »Das Totenhemdchen«.

Am Ziel

Gott bzw. die Transzendenz spielt auch in der Anthropologie Viktor Frankls (*1905, †1997) eine zentrale Rolle. Die Bedeutung von Frankls Grundannahmen der Existenzanalyse , die sich mit den Begriffen »Person«, »Wert«, »Gewissen«, »Sinn«, »Freiheit«, »Verantwortung«

vgl. Viktor Frankl, Logotherapie und Existenzanalyse. Texte aus sechs Jahrzehnten. Weinheim 2005

beschreiben lassen, erschließt sich erst durch die Bezugnahme auf eine transzendente Größe. Anliegen des österreichischen Begründers der Logotherapie und Existenzanalyse ist es, eine vergessene Dimension des Menschen zu erschließen: den Menschen als *geistige* Person. Frankl wird nicht müde zu betonen, dass der Mensch mehr ist als seine Triebe und Psychodynamik. Das eigentlich Humane im Menschen – das Streben nach Sinn, Werte, Freiheit und Verantwortung – ist einer geistigen Dimension zugeordnet.

Demgegenüber identifiziert der US-amerikanische Psychoanalytikers Irvin D. Yalom vier entgegengesetzte Grundtatsachen des Menschseins: der Tod, seine Freiheit, seine Isolation und der fehlende Beweis für eine Sinnhaftigkeit des Universums. Der *Tod* ist die am »offensichtlichste« und »am leichtesten zu verstehende letzte Angelegenheit«. Der Mensch erfährt die Einsicht, dass er selbst und alle Menschen, die ihm lieb sind, irgendwann sterben müssen. Der Tod wird kommen, und es gibt kein Entfliehen vor ihm. Dennoch finden wir bei vielen Menschen – und generell in der Gesellschaft mit ihren Institutionen – bestens organisierte Abwehrstrategien gegen das Bewusstsein der Sterblichkeit vor. Der Tod eines Angehörigen hat jedoch das Potential, diese Abwehrstrategien zu durchbrechen und den existentiellen Kernkonflikt zwischen der Bewusstheit von der Unausweichlichkeit des Todes und dem Wunsch weiterzuleben zu aktivieren.

Die Zitate stammen aus Irvin D. Yalom, Existentielle Psychotherapie, Köln 2000. Vgl. dazu auch sein Werk: In die Sonne schauen Wie man die Angst vor dem Tod überwindet, München 2008

Neben dem Wissen um den Tod ist der Mensch beständig mit der Tatsache konfrontiert, dass er, wie der französische Dichter und Philosoph Jean-Paul Sartre einmal sagte, zur *Freiheit* verdammt ist. »Das Individuum hat die völlige Verantwortung – im Sinne von Urheberschaft – für seine oder ihre eigene Welt, Lebensentwurf, Entscheidungen und Handlungen«, in Worten Yaloms. Allerdings warnt Yalom gleichzeitig davor, Freiheit im Sinne der postmodernen Freiheitsideologie ausschließlich für einen grundsätzlich positiven Begriff zu halten.

Die existentielle Wucht der Freiheit verstehen wir, wenn wir uns der Situation der *Wahl* zuwenden. Freiheit beschreibt die Situation, in der ich mich entscheiden muss, durch eine von mehreren geöffneten Türen zu gehen, in dem Bewusstsein, dass sich die nicht gewählten Türen aufgrund meiner Entscheidung ein für alle Mal schließen. Alternativen schließen sich aus! Mit jeder Wahl ist also ein doppelter Preis verbunden. Zum einen bedeutet Wahl immer auch *Verzicht*. Zum anderen konfrontiert uns die Wahl mit der *Letztverantwortung* für unser Leben. Im obigen Bild gesprochen schließt der Tod die bis dahin nicht durchschrittenen Türen und macht die Endgültigkeit getroffener und vermiedener Wahlen auf dem gemeinsamen Weg mit diesem Menschen deutlich. Nicht selten generalisiert diese Einsicht: Wenn ich mit dem Verstorbenen nur eine begrenzte Möglichkeit hatte, Dinge zu erleben, wird mir meine begrenzte Freiheit und ihre Bedeutung nach seinem Tod unmissverständlich klar.

Die dritte Tatsache dreht sich um die existentielle *Isolation* des Menschen, um die Einsicht, dass es »einen unüberbrückbaren Abgrund zwischen sich selbst und anderen Lebewesen gibt«, »eine Isolation, die trotz höchst befriedigender Verbindungen zu anderen Menschen und trotz vollständiger Selbsterkenntnis und Integration weiter besteht«, wie es in Yaloms existentieller Psychotherapie heißt. Diese Kluft, die im Sterben als der »einsamsten menschlichen Erfahrung« besonders deutlich wird, prägt das ganze Leben.

Das Thema *Sinn* behandelt das vierte und letzte Kapitel seines Buches und widmet sich dem »Dilemma eines Sinn suchenden Geschöpfes«. In deutlicher Nähe zu Frankls Logotherapie beschreibt er den Menschen als unablässigen Sinnsucher, der damit konfrontiert ist, dass es keinen Standpunkt gibt, von dem aus eine Sinnhaftigkeit der Existenz bewiesen werden könnte.

Gerade dort, wo wir Menschen mit besonderer Verzweiflung oder großem Nachdruck um eine Antwort ringen, wenn wir uns beispielsweise mit dem Leid in der Welt auseinandersetzen oder mit unserem eigenen Schicksal, bleibt das Universum stumm. Der Mensch scheint aber Sinn zu brauchen. Jeder Sinn ist ein »gesetzter« und damit ein »gefundener« und somit ein »erfundener« Sinn. Diese Ressource ist gerade in existentiellen Krisen, so auch in Sterbe- und Trauerprozessen, von unschätzbarem Wert.

»... und war reich für sein Lebtag.«, heißt es im letzten Satz von unserem Märchen. Wir wissen mittlerweile, dass damit ein Reichtum auf einer höheren Ebene gemeint ist. Denn schließlich geht der Himmel auf und Sterne werden zu blanken Talern. Eine Belohnung, aber mit den Gesetzen der Nächstenliebe, Achtung und des Sichselbstverschenkens.

Der Mensch als geistige Person, der von diesen anthropologischen Grundwahrheiten bestimmt ist! Selten wird dies in einem anderen Märchen so deutlich aufgegriffen und symbolisch herausragend erzählt wie im Märchen »Die Sterntaler«.

Aus der Praxis

Der persönliche Kreuzweg in Zeiten der Trauer

Veranstaltet von meiner Trauerinitiative ZwischenGeZeiten gibt es einmal im Jahr einen Gottesdienst zum Thema »Trauer«, welcher in Kooperation mit einem von uns sehr geschätzten katholischen Pfarrer verwirklicht wird. Dieser Gottesdienst ist natürlich nicht nur für Trauernde zugänglich, sondern für die breite, interessierte Öffentlichkeit, gläubige wie skeptische. Die Kirche ist immer voll!

Eine besondere Karfreitags-Liturgie erlebten wir, als vier unserer trauernden Jugendlichen und jungen Erwachsenen, die durch das Team von ZwischenGeZeiten begleitet worden waren, sich aktiv am Gottesdienstverlauf beteiligten. Sie haben den Kreuzweg mit ihrer eigenen Trauersituation in einen Vergleich gestellt und damit etwas von ihrem persönlichen Erleben erzählt... so mutig, so echt, so gehaltvoll – sie waren echte Botschafter für andere.

Zu vier der vierzehn Kreuzwegstationen nahmen sie mit folgendem Transfer Bezug:

> Der Verrat (Judas-Kuss) | Die zwanzigjährige Nora beschrieb das Haus ihrer Großeltern und deren wunderbares Wohnzimmer voller Bilder, Antiquitäten und einer unvergesslichen Atmosphäre. Als sie starben, musste all das »aufgelöst« werden. Den Verkauf des Hauses und der vielen Erinnerungen hatte sie als Hochverrat an ihrer Kindheit, ihrer Familie, ihrer über alles geliebten Oma empfunden. Sie beschrieb, wie neue, junge Leute ins Haus einzogen, was das über die Zeit hinweg mit ihr

machte, besonders während sie später am Haus vorbeifuhr, und welche Entwicklung dabei auch ihre Trauer nahm.

Das Gewissen (Judas und Pilatus werden von Schuldgefühlen geplagt) | Die vierzehnjährige Larissa und die siebzehnjährige Olivia machten auf ergreifende Weise deutlich, welche Schuldgefühle sie nach dem Tod ihrer Mütter noch lange Zeit hatten – auch wegen der Erwartungen der Gesellschaft an ihr Trauerverhalten, die von außen an sie herangetragen worden waren. Der Appell war ganz klar: Doch, ich darf auch wieder glücklich sein und ja, es gibt Momente der Leichtigkeit und man darf sie auch genießen – die Trauer-Flashs kommen schon von alleine und zuverlässig allzu bald wieder…

Das Tragen des Kreuzes | An dieser Station des Kreuzweges erzählten alle etwas von sich, wann ihr persönliches Kreuz innerhalb der Trauer besonders schwer gewesen war, wer oder was es noch schwerer gemacht hatte und was ihnen in dieser Situation geholfen hätte. Eine Jugendliche meinte: »Ach, hätte ich doch ausreichend Zeit gehabt zum Trauern!«, eine andere: »Wenn man mit einem Verstorbenen zu Lebzeiten einen Streit nicht behoben hat, ist es vermessen, diese Art von ›Erbe‹ an dessen Kinder weiterzugeben!« Dann weiter: »Ich hätte mir gewünscht, man hätte mit mir mehr geredet, so dass ich mehr Fragen stellen und ich manches besser hätte verstehen können!« Und die nächste: »Wenn man feststellt, dass alle möglichen fremden Leute den überengagierten Vater vor und nach dem Tod abgöttisch verehren, aber selbst erkennt: Innerhalb der Familie war er nullkommanull engagiert und ich tu' mich richtig schwer, um ihn zu trauern. Das hat das Kreuz noch schwerer gemacht!«

Das Gefühl des Verlassen-Seins (Jesus stirbt und fragt: »Gott, mein Gott, warum hast du mich verlassen?«) | Die dreiundzwanzigjährige Frida erzählte, dass sie bereits zu Lebzeiten von ihrer verstorbenen Bezugsperson verlassen worden war und nicht erst nach dem Tod. Wie trauert man zu Lebzeiten eines Menschen um ihn? Und was verändert der Tod dabei? Grundsätzlich verlagert sich die Trauer und die Einsicht wächst: Jetzt kann es aber auch nicht mehr besser werden!«

Mit dem »Kyrie Eleison Requiem« in Lied und Bewegung gab es ein zusätzliches Nachempfinden durch die Ausgangsposition des Kreuzes. Sich dabei zu begegnen und den anderen mit »seinem» Kreuz zu sehen, schaffte *echte* Begegnungen, auch unter Fremden.

Der Beweis

Nach dem tödlichen Verkehrsunfall ihrer Mutter philosophierte die achtjährige Tochter einmal während einer Trauerbegleitung wie folgt: »Ich kann mich an viele Dinge erinnern, die mit Mama zu tun haben. Aber das Beste ist, dass ich als Einzige ihre Augen und ihre Haarfarbe geerbt habe. Und stimmt's ?! Man braucht solche Beweise, damit man weiß, dass es die verstorbene Person wirklich gegeben hat!«

Das Leben im Sterben

Seitdem ich im Jahr 2006 damit begann, regelmäßig auf Palliativstationen und in Kinderhospizen pädagogisch, therapeutisch und künstlerisch tätig zu sein, tauchen seit 2014 Kinder der *Kinderarche St. Christophorus* im Bamberger Umland kontinuierlich in die Fantasiewelten von Feen, Zwergen und Fabelwesen ein. Ich begleite Kinder und Jugendliche atmosphärisch und mit allen Sinnen anhand lebhafter Erzählungen durch ihren Alltag – entweder in Einzelarbeit, in Kleingruppen oder mit einer Veranstaltung für alle. Ich setze in meinen Darbietungen auf einen aktiven Einbezug des jeweiligen Kindes, eine Wahrnehmung über alle Sinne und für Kinder mit Migrationshintergrund auf ein großes Repertoire an interkulturellen Erzählungen und Liedern. Die herkömmliche Kommunikation spielt dabei nur im weitesten Sinn eine Rolle. Denn durch Beatmung und mehrfache Schwerstbehinderung sind die meisten Kinder nur sehr eingeschränkt oder gar nicht in der Lage zu sprechen. Ich bin der Überzeugung, dass in Hospizen keineswegs nur Märchen und Geschichten zum Einsatz kommen sollten, die von Sterben, Tod und Trauer handeln. Denn: Sie leben ja noch! Und genau darin liegt die künstlerische Chance der Impulsgebung. Die finale Sterbephase nehme ich davon aus.

Anhand von drei Beispielen möchte ich jeweilige Reaktionsmuster innerhalb von Krankheits- und auch Sterbeprozessen bei Kindern und Jugendlichen aufzeigen, die mit der Tiefenwirkung der Märchen einhergehen:

Stroh zu Gold auf dem Monitor | Bei manchen Kindern im Wachkoma sind es vor allem die Monitore, die mit ihren angezeigten Herz- und Atemfrequenzen den Befindlichkeitszustand am deutlichsten aufzeigen. Obwohl mir ein Kind nicht sagen oder aktiv zeigen kann, ob das jeweilige Angebot positiv aufgenommen wird, sprechen also am ehesten, da indirekt, die Sättigungszahlen der Maschinen mit mir. Mit diesen Gegebenheiten startete ich ein kleines Experiment.

Ich wählte das Märchen »Rumpelstilzchen« und erzählte es über mehrere Wochen immer wieder am Bett eines zwölfjährigen Mädchens mit Mehrfachbehinderung. Der Fokus lag jedoch erzählerisch immer an anderen Stellen: mal laut oder leise, mit oder ohne Instrumente, mit Körperkontakt, als rein akustische Variante, mit Hilfsmitteln aus der Unterstützten Kommunikation (UK), beispielsweise einem Sprechtaster, mit Stimulationen für alle Sinne, theatralisch oder ganz puristisch. In der Tat konnte ich jedes Mal beobachten, wie die Präsenz und die Stimme – ausschließlich beim Sprechen der Hauptfigur – bei dem Kind eine Anspannung auslösten. Sobald Rumpelstilzchen wieder verschwand, beruhigte sich die Mimik, die Monitore zeigten eine Senkung der Zahlen und das Mädchen entspannte sich. Diese Reaktion zeigte sich während der Erzählung jedes Mal in acht von acht solcher Momente – egal welcher erzählerischen Variante ich Raum gab.

DER BLÖDE WOLF | Ein achtzehnjähriger Junge im Wachkoma kommunizierte und »protestierte« immer wieder durch starkes Grimassieren gegen das Auftreten des Wolfes in »Die drei kleinen Schweine«. Dieser wurde innerhalb meiner Erzählungen verstärkt durch eine Rührtrommel, da der Junge ursprünglich sehr gern laute Instrumente hörte. Nachträglich probierte ich außerdem aus, wie er separat auf die Rührtrommel ohne Märchenerzählung reagiert– er verhielt sich ruhig und sogar sehr entspannt und freudig. Als das Märchen jedoch noch einmal erzählt wurde, diesmal ohne Trommel, war es exakt wieder der Moment des Wolfes, welcher ihn in Stress versetzte.

TAUSCHE MÄRCHEN GEGEN KUH | Bei einem zehnjährigen Jungen mit beatmungspflichtiger Muskelerkrankung erzählte ich mit einer Kuh-Handpuppe das Märchen »Hans im Glück«. Ich erzählte das Märchen ganz aus der Perspektive der Kuh. Diese Handpuppe besitzt eine bewegliche Zunge, was dem Jungen sofort gefiel, konnte er diverse Bewegungen damit auch nachahmen. Seitdem fordert er die Kuh als Erzählbegleitung stets mit ein, indem er – sobald er mich sieht – seine eigene Zunge nach draußen streckt und lächelt.

Ein Elfenschloss zu Weihnachten

Trauergruppen zur Weihnachtszeit sind häufig besonders emotional und schwer. Es ist die Zeit der Familie und in den Straßen ist alles lichterfüllt. Genau das wird vermisst, wenn plötzlich eine Person fehlt. Die Familie hat eine Lücke und es überwiegt die Dunkelheit – so viele Lichter man auch anzünden mag. Umso wichtiger ist es besonders zu dieser Zeit, Trauergruppen oder Einzelbegleitungen anzubieten. Innerhalb einer Trauergruppe für Jugendliche machte ich »Das letzte Geschenk« zum Thema, welches sie von der verstorbenen Person bekommen haben. Die vierzehnjährige Katharina, die ihren Vater verloren hatte, sagte: »Es ist schon Jahre her… aber Papa schenkte mir ein Elfenschloss! Als Kind habe ich mir immer vorgestellt, dass die Elfen mich nachts beschützen, über mir fliegen und mich anschauen... das war eine total schöne Vorstellung und ich konnte damit gut einschlafen!« Sie konnte es in allen Einzelheiten beschreiben, so präsent war die Erinnerung. Sie musste weinen und lächeln gleichzeitig. Ja, so etwas gibt es: Das Glück parallel zur Trauer.

Zwei Tage später bekam ich von diesem Mädchen per WhatsApp ein Foto geschickt. Darauf war genau dieses Elfenschloss zu sehen. Sie hatte ihrer Mutter von unserer Trauergruppe erzählt, doch was sie nicht wusste, war, dass ihre Mutter das letzte Geschenk des Vaters aufgehoben hatte. Es war über Jahre auf dem Dachboden und sie holte es für ihre Tochter wieder hervor. Sie paltzierte es in ihrem Jugendzimmer und schrieb mir: »Auch wenn ich nicht mehr damit spiele: Es ist so toll, es wieder bei mir zu haben. Einfach nur zum Anschauen und Erinnern. Und Alex... wer weiß – vielleicht haben sie durch meinen Vater jetzt einen Elfenkönig!? Und sollte das so sein, dann lässt er es sich mit Sicherheit nicht nehmen, ab jetzt meinen Schlaf höchstselbst zu bewachen!«

»Sehr geehrter Friedhof, ...«

Der Friedhof ist für Kinder, Jugendliche und Familien ein sehr unterschiedlich besetzter Ort. Für die einen ist es hilfreich, den Platz des Verstorbenen zu kennen und ihn dort aufzusuchen, für andere löst er Angst, Unwohlsein und sogar Ablehnung hervor. Ein Zwölfjähriger hatte noch einmal einen ganz anderen Gedanken dazu...

Mit dem besagten Teenager besuchte ich innerhalb einer Einzelbegleitung jenen Baum, unter dem sein Vater in einem Friedwald liegt. Dieser ist in einer dreißigminütigen Autofahrt zu erreichen. Wir verbrachten eine ganze Weile im Friedwald und unter anderem redeten wir auch darüber, ob es noch etwas gäbe, was man jemandem sagen möchte – dem Verstorbenen, Angehörigen, Situationen... alles war möglich. Ich bat ihn, das zunächst schriftlich zu formulieren, ehe ich mit ihm darüber ins Gespräch gehen wollte. Ich ließ ihn ein bisschen allein und er lehnte sich an »Papas Baum«. Als wir uns wieder trafen, saßen wir beide im Laub in der Sonne und er sagte, demjenigen, dem er noch etwas zu sagen hat, sei der Friedhof. Ich war überrascht. Dann las er Folgendes vor, hier in Auszügen mit Erlaubnis zitiert:

»Sehr geehrter Friedhof, wir haben miteinander nicht viel zu tun, weil Papas Grab gar nicht bei dir ist. Er hat einen anderen Platz bekommen – in einem Friedwald, weil Mama sagte, das gefällt ihr besser. Mir nicht. Ich finde das richtig blöd. Man muss so lange dort hinfahren und man ist in dem Wald immer allein. Also, was ich dir damit sagen will: Es können echt alle froh sein, die ihre Verstorbenen bei dir haben. Man trifft vielleicht andere aus der Stadt, die man kennt und die auch ihre Gräber besuchen. Dann kann man miteinander ein bisschen reden. Vielleicht haben die sogar ähnliche Erfahrungen. Und man kann da einfach hinlaufen oder mit dem Bus fahren – fast bis direkt vor den Eingang. Da könnte ich sogar mal spontan zu Papa. Friedhof, sei bloß nicht eifersüchtig auf die Friedwald-Konkurrenz... du bist und bleibst besser! Hochachtungsvoll, J.«

Vom Verlieren, Suchen und Finden

Innerhalb einer Trauersituation wird die eigene Spiritualität und Religiosität nicht selten auf einen Prüfstand gestellt. Es gibt Familien, die regelmäßig einen Gottesdienst besuchen oder gar einen für ihre verstorbene Person »bestellen«, so nennt man das in Bayern. Es gibt durch die entschiedene Ablehnung dieses Angebotes aber auch das genaue Gegenteil. Ich kenne Sprüche wie: »Daran glaub' ich seit dem Todesfall eh nicht mehr!« oder »Wenn Gott einem solche Schicksalsschläge beschert, kann er mir gestohlen bleiben!« und »Die Kirche kann mir da jetzt auch nicht helfen!« Das höre ich übrigens nicht nur von Nicht-Gläubigen, sondern ebenso von jenen, die sich vor dem Verlust durchaus einer Kirche oder Glaubensrichtung zugehörig fühlten. Bei einer Dreizehnjährigen habe ich Folgendes miterlebt:

Vor dem Tod ihrer Zwillingsschwester durch einen Fahrradunfall war ihr Leben neben der Schule stark auf das Gemeindeleben in ihrem Dorf ausgelegt. Sie ministrierte, war im Kirchenchor und gehörte der

Evangelischen Jugendgruppe an. Diese bildete neben ihrer schulischen Clique den Hauptfreundeskreis. Nun starb also ihre Schwester, die ebenso wie sie in allem involviert gewesen war. Weil das Mädchen vor allem auf Gott eine riesige Wut hatte, boykottierte sie schließlich alles, was mit Kirche zu tun hatte. Von allen Angeboten dieser Art nahm sie Abstand. Das hatte Auswirkungen: Gewohnte und feste Strukturen und Rituale waren weg, ihre bisherige Spiritualität wurde zum Feind, sämtliche damit einhergehende Freizeitangebote wurden auf Eis gelegt und alle sozialen Kontakte brachen nach und nach ab. Neben dem Verlust der Schwester kamen nun noch zig andere Abbrüche hinzu.

Irgendwann kam ihr die Idee, zum Buddhismus zu konvertieren oder auch gern zum Hinduismus… Islam sei ja auch nicht so schlecht. Das lässt sich sicher nicht bewerten oder gar in »richtig oder falsch« einordnen, die Frage bei diesem Mädchen war nur die der damit verbundenen Begründung! Denn eines war ihr klar: Es ging vordergründig nicht um die Überzeugung einer anderen religiösen Grundhaltung. Ihr Hauptanliegen war, diesen christlichen Gott von ihrer Bildfläche zu wischen. Egal wie! Er wurde durch pseudo-esoterische Literatur ersetzt – auch wenn nicht alle esoterischen Ansätze fragwürdig sind! – und einem immer größer werdenden Hang zum Okkulten. Da gab es eine große Sehnsucht nach Halt, Zugehörigkeit, Glaube und Schutz.

Zwei Jahre später starb ihr Vater an Krebs. Er hinterließ ihr mehrere Sprachnachrichten, die er kurz vor seinem Tod noch aufzunehmen fähig war. Und eine davon war maßgeblich! Denn er formulierte es in etwa wie folgt: »Du kannst fragen: ›Wo ist Gott?‹, aber du solltest gleichzeitig immer auch fragen: ›Wo ist der Mensch?‹. Wir machen es uns sonst zu einfach. Es braucht unsere Mitverantwortung für die Dinge, ein gesundes Hin und Her zwischen Aktion und Reaktion. Findest du die Menschen um dich und den Menschen in dir, dann findest du auch das Göttliche – so, wie es für dich stimmt und was immer es auch für dich bedeutet.«

Nachrichten wie diese mündeten zwar nicht in einen 180-Grad-Wechsel, aber ihre Suche nach spiritueller Zugehörigkeit veränderte sich. Die mittlerweile Jugendliche wurde weicher und gnädiger mit sich selbst. Einige Kontakte wurden wieder aufgenommen, sie wurde erneut Mitglied des Chores und so manch freiwilliger Gang zum Friedhof kam zustande. Ihr Blick hatte sich in den letzten Jahren geweitet und das war auch ein Gewinn. Ihre ausschlaggebende Erkenntnis war: Es ging nicht um Einstellungen oder Überzeugungen, sondern um die Entscheidung: »Ich bin dafür, dagegen zu sein!« Und als sie dies begriffen hatte, konnte sie für sich manches noch einmal anders überprüfen, verändern, manifestieren und neu gestalten. Mitunter ist es eben so: Manchmal muss man sich von etwas trennen, um es neu zu finden!

Morgen früh, wenn Gott will…

Während des Sterbeprozesses eines jungen Familienvaters auf einer Hospizstation war ich mehrmals mit seiner Frau und den beiden Töchtern zu Besuch. Ich merkte über die Tage, wie kontinuierlich sich sein Zustand verschlechterte und die Familie sich bereit machte für jenen Moment, in dem er für immer ausatmen würde. Die beiden Mädchen, sieben und zehn Jahre alt, überlegten, wie sie Papa noch eine Freude machen könnten und kamen schließlich auf die Idee, ihm etwas auf ihren Altflöten vorzuspielen. An einem Abend hatten sie die Flöten mit ins Hospiz genommen und spielten, bevor sie schließlich nach Hause gingen, für ihn zweistimmig »Guten Abend, gut' Nacht«.

> »*Guten Abend, gut' Nacht, mit Rosen bedacht. Mit Näglein besteckt, schlupf unter die Deck'. Morgen früh, wenn Gott will, wirst du wieder geweckt…*«

In der darauffolgenden Nacht ist ihr Papa friedlich gestorben.

Kreative Impulse

Von der Zerbrechlichkeit des Seins

Bei dieser Übung geht es nicht nur um Kreativität, sondern auch um eine Vielzahl von Aha-Effekten, Erkenntnissen, Fragen und vielleicht auch ein paar Antworten.

MATERIAL | ein rohes Ei und Verpackungsmaterial aller Art.

Aufgabe und Ziel ist es, das Ei so zu verpacken, dass man es anschließend aus einem Fenster oder einer größeren Höhe werfen kann und es nicht zerbricht. Wie man das Ei »verpackt«, ist jedem selbst überlassen. Diese »Übung« regt zu vielfältigen Aspekten innerhalb der Familientrauerbegleitung an:

- harte Schale, weicher Kern
- fallen und landen
- Stärke und Zerbrechlichkeit
- Schutz und Hilfe
- Gesetze der Natur, im Leben wie im Sterben
- »in Watte gepackt« vs. »schutzlos ausgeliefert sein«
- u.v.m.

Bibliodrama

Im Märchen »Die Sterntaler« haben wir es mit einem verbildlichten Sterbeprozess inmitten vielschichtig christlicher Symbolik zu tun. Spiritualität und Religiosität können sich darum auch für kreativ Angebote in der Trauerarbeit gut eignen. Es gibt immer Kinder, Jugendliche und Familien, die einen konkreten Zugang dazu haben, andere weniger. Sie sind aber am Angebot *an sich* als methodische Möglichkeit interessiert.

An dieser Stelle möchte ich anmerken, dass sich nicht nur christliche Motive eignen. Wenn man sich jedoch an Geschichten, Ritualen, Bräuchen anderer Religionen und Kulturkreise bedient, sollte man diesbezüglich auch das nötige Hintergrundwissen mitbringen. Erst dann bieten auch diese religiösen Traditionen wunderbare Möglichkeiten, mit religiösen bzw. spirituellen Metaphern zu arbeiten.

Ähnlich wie bei Märchen spiegeln sich in biblischen Texten durch ihre Weitergabe und Bearbeitung eine konzentrierte Form der Weisheit vieler Jahrhunderte. Dass die Kinder- und Hausmärchen der Brüder Grimm nachweisbar nach der Bibel das am häufigsten verkaufte Buchwerk der Welt ist, überrascht nicht wirklich.

Viele Bibelstellen eignen sich für die Trauerarbeit, aber ich möchte ein Beispiel nennen, zu welchem Kinder und Jugendliche einen einfachen Zugang erleben können. Dieser Text hat sich in der Praxis als sehr effizient bewährt.

Die Emmausgeschichte aus dem Evangelium nach Lukas, 24,13-35, eignet sich sowohl im Einzel- als auch im Gruppenkontext. Ich persönlich finde es sehr ansprechend, dafür in eine Kirche zu gehen oder einen anderen besonderen Platz aufzusuchen. Die Geschichte wird in mehreren Teilen gelesen und jeweils mit Impulsen unterbrochen:

> 13 *Am gleichen Tag waren zwei von den Jüngern auf dem Weg in*
> *ein Dorf namens Emmaus, das sechzig Stadien von Jerusalem ent-*
> *fernt ist.* 14 *Sie sprachen miteinander über all das, was sich ereignet*
> *hatte.* 15 *Während sie redeten und ihre Gedanken austauschten, kam*
> *Jesus hinzu und ging mit ihnen.* 16 *Doch sie waren wie mit Blindheit*
> *geschlagen, sodass sie ihn nicht erkannten.* 17 *Er fragte sie: Was*
> *sind das für Dinge, über die ihr auf eurem Weg miteinander redet?*
> *Da blieben sie traurig stehen,* 18 *und der eine von ihnen – er hieß*
> *Kleopas – antwortete ihm: Bist du so fremd in Jerusalem, dass du*
> *als einziger nicht weißt, was in diesen Tagen dort geschehen ist?* 19
> *Er fragte sie: Was denn? Sie antworteten ihm: Das mit Jesus aus*
> *Nazareth. Er war ein Prophet, mächtig in Wort und Tat vor Gott*
> *und dem ganzen Volk.* 20 *Doch unsere Hohenpriester und Führer*
> *haben ihn zum Tod verurteilen und ans Kreuz schlagen lassen.* 21
> *Wir aber hatten gehofft, dass er der sei, der Israel erlösen werde. Und*
> *dazu ist heute schon der dritte Tag, seitdem das alles geschehen ist.*
> 22 *Aber nicht nur das: Auch einige Frauen aus unserem Kreis haben*
> *uns in große Aufregung versetzt. Sie waren in der Frühe beim Grab,*
> 23 *fanden aber seinen Leichnam nicht. Als sie zurückkamen, erzähl-*
> *ten sie, es seien ihnen Engel erschienen und hätten gesagt, er lebe.*

An dieser Stelle wird zum ersten Mal unterbrochen. Aufgabe ist es den eigenen Trauerweg mit verschiedenen Kreativmaterialien zu legen und zu gestalten. Dazu kann eine Kirchenbank dienen, sofern man keine anderen Kirchenbesucher stört oder benötigte Plätze blockiert. Es ist auch möglich, ein Stück eines wirklichen Weges im Freien abzugehen.

> 24 *Einige von uns gingen dann zum Grab und fanden alles so, wie*
> *die Frauen gesagt hatten; ihn selbst aber sahen sie nicht.* 25 *Da sagte*

er zu ihnen: Begreift ihr denn nicht? Wie schwer fällt es euch, alles zu glauben, was die Propheten gesagt haben. 26 *Musste nicht der Messias all das erleiden, um so in seine Herrlichkeit zu gelangen?*
27 *Und er legte ihnen dar, ausgehend von Mose und allen Propheten, was in der gesamten Schrift über ihn geschrieben steht.* 28 *So erreichten sie das Dorf, zu dem sie unterwegs waren. Jesus tat, als wolle er weitergehen,* 29 *aber sie drängten ihn und sagten: Bleib doch bei uns; denn es wird bald Abend, der Tag hat sich schon geneigt. Da ging er mit hinein, um bei ihnen zu bleiben.* 30 *Und als er mit ihnen bei Tisch war, nahm er das Brot, sprach den Lobpreis, brach das Brot und gab es ihnen.* 31 *Da gingen ihnen die Augen auf und sie erkannten ihn; dann sahen sie ihn nicht mehr.* 32 *Und sie sagten zueinander: Brannte uns nicht das Herz in der Brust, als er unterwegs mit uns redete und uns den Sinn der Schrift erschloss?*

Nach diesem Absatz geht es um den individuellen Hoffnungsweg innerhalb der eigenen Trauer. Dieser wird parallel zum Trauerweg gelegt und gestaltet, so dass zwei Linien als jeweilig visualisierte Skala dienen, um einen direkten Vergleich ziehen zu können.

33 *Noch in derselben Stunde brachen sie auf und kehrten nach Jerusalem zurück und sie fanden die Elf und die anderen Jünger versammelt.* 34 *Diese sagten: Der Herr ist wirklich auferstanden und ist dem Simon erschienen.* 35 *Da erzählten auch sie, was sie unterwegs erlebt und wie sie ihn erkannt hatten, als er das Brot brach.*

Nach dem dritten Teil der Geschichte geht es nun noch um verschiedene Erkenntnisse, Erfahrungen, Fragen und Austausch. Je nach Alter sind Sprache, Dauer, Materialauswahl und Interpretationselemente anzupassen. Benötigt werden innere Bilder, Ideen und Visionen, von einer besseren Zukunft. Sie bringen die derzeit traurige Gegenwart in Bewegung. Denn nachhaltige Entwicklung ereignet sich erst dann, wenn es gelingt, die inneren Bilder zu verändern. Sie bilden die Hintergrundfolie, die die Wahrnehmung von Wirklichkeit und damit das Verhalten der Menschen steuert.

Die Emmausgeschichte beschreibt den Vorgang der Umkehr und Erneuerung in besonders anschaulicher Weise. Sie markiert einen Wendepunkt. Denn am absoluten Tiefpunkt begegnen die beiden Jünger einem Unbekannten, der sie eine kurze Wegstrecke begleitet. Die Begegnung mit diesem Menschen verändert die Wirklichkeit der Jünger grundlegend: Der Weg, den die Jünger mit dem Unbekannten gehen, beschreibt die Phasen der Veränderung innerer Bilder, wie sie auch im Zusammenhang von Trauerprozessen beschrieben werden, zum Beispiel von Verena Kast. (vgl. S. 23)

Um diesen Weg nachzugehen und ihn auf eigene Veränderungsprozesse zu beziehen, kann auch die folgende Übung dienen:

Dazu wird – angelehnt an methodische Elemente des Bibliodramas – die Begegnung mit dem Emmaustext in Szene gesetzt. Die Kinder bzw. Jugendlichen hören den Text, gehen den Weg der Jünger nach, verweilen an bestimmten Punkten und kommen dann über ihre Erfahrungen miteinander ins Gespräch. Die Methode eignet sich für Gruppen von fünf bis fünfzehn Personen. Benötigt wird ein entsprechendes Ambiente, ein hinreichend großer Raum, um sich darin frei bewegen zu können und Sitzgelegenheiten. Anschließend sucht man sich den Platz, der den eigenen Zustand angesichts der aktuellen Situation am ehesten kennzeichnet. Bei diesem Impuls kann vieles in emotionale Bewegung kommen… darauf sollte man besonders vorbereitet sein. Wichtig ist, deutlich zu machen, dass es nicht darum geht, eine Aufgabe zu lösen oder sich miteinander zu vergleichen. Es gibt keine Rangordnung auf diesem Weg, kein richtig oder falsch, kein besser oder schlechter. Wichtig ist wahrzunehmen, wo man steht, welchen inneren Weg man bereits gegangen ist und was noch vor einem liegt. Jeder hat seine Position, sein Tempo auf dem Weg!

Das Paradies liegt auf der Hand

MATERIAL | Vaseline, Blüten, Kräuter, kleine leichte Naturmaterialien

Die Vaseline auf die Handoberfläche satt auftragen und der Gestaltung mit den Naturmaterialien freien Lauf lassen. Der Paradiesgarten entsteht relativ schnell, aber die Gespräche im Anschluss darüber sind umso intensiver und tiefgreifender.

Der Wert des Lebens

MATERIAL | alte Münzen, Ein-, Zwei und Fünf-Cent-Stücke Heißkleber, Teelicht

Es sind zwar keine Sterne, die sich in blanke Taler verwandelt haben, aber durch die Münzen wird ein Schälchen kreiert, das als Teelichthalter fungieren kann. In Anlehnung an das Märchen erscheint die Flamme wie der Glanz der Sterne. Philosophieren lässt sich danach über den Reichtum und den Wert des Lebens.

Transformation

MATERIAL | Teebeutel, z.B. Weleda »Bio-Bäuchlein-Tee«, kleiner Teller, Feuerzeug, Stift

Dieser kleine Impuls wirkt auf Kinder und Jugendliche magisch. Es geht darum, einen einfachen Teebeutel mit einem (himmlischen) Wunsch oder Gruß an die verstorbene Person zu versehen, ihn zu entzünden und bei seinem Aufsteigen zuzusehen, wie er sich in Luft auflöst... Aber der Reihe nach! Ich benutze diesen Vorgang gerne mit einer Metapher eines Trauerprozesses:

1. TEEBEUTELHÜLLE AUFREISSEN UND TEEBEUTEL HERAUSNEHMEN | Auch innerhalb der Trauer ist es so, dass etwas in einem »aufgerissen« wird, sobald man beginnt, sich damit auseinanderzusetzen, indem man darüber spricht und das, was man in sich trägt, nach außen kommt.
2. TEEBEUTEL BETRACHTEN UND FÜHLEN | Wenn man sich den inneren Kern eines (trauernden) Menschen betrachtet, wird man feststellen, wie zart und empfindlich er ist. Das gibt uns eine erste Idee davon, wie sorgsam und vorsichtig wir mit uns umgehen müssen.
3. SCHNUR ABREISSEN | Nicht selten reißt uns so manches Mal während der Trauer oder mit anderen und in bestimmten Situation der berühmte Geduldsfaden.
4. TEEBEUTEL VORSICHTIG AUSEINANDERFALTEN | Aber wenn etwas reißt, öffnet sich auch etwas.
5. TEE AUSSCHÜTTEN, BIS NUR NOCH DIE HÜLLE, DAS PAPIER, ÜBRIG BLEIBT | Das Ausschütten an Emotionen, Gedanken und Handlungen lässt uns leer werden. Dies birgt die Chance, dass sich die Leere mit Neuem füllen kann.
6. WUNSCH, GEDANKEN ODER GRUSS FORMULIEREN (AUF DAS TEEPAPIER SCHREIBEN ODER MALEN) | Das, was wir in dem Moment loswerden wollen – sei es für den Verstorbenen, Angehörigen oder für einen selbst – braucht manchmal eine konkrete Formulierung.

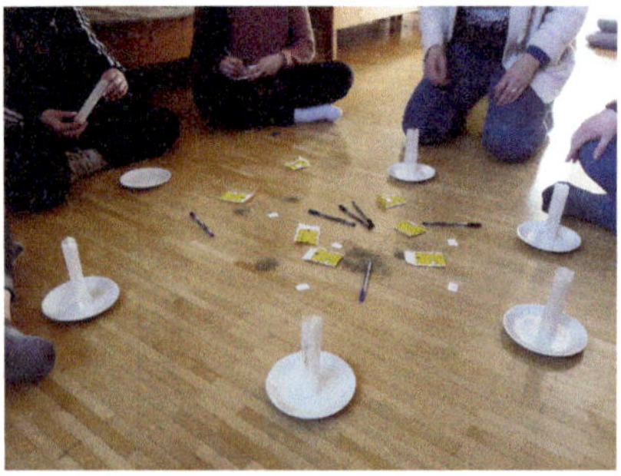

7. TEEPAPIER SENKRECHT AUF DEN UNTERTELLER STELLEN | Je mehr Klarheit wir wieder in uns haben, desto mehr gewinnen wir an Standvermögen. Manchmal noch etwas wackelig, aber mit dem nötigen Fingerspitzengefühl dennoch stabil.
8. OBEN ANZÜNDEN | Innerhalb unserer Fragilität, in der wir am intensivsten lernen, können neue Ideen für ein Weitermachen und -kommen entstehen – uns geht manchmal »ein Licht auf!«
9. AUFSTEIGEN |Veränderung passiert um und in uns. Wir können Vergangenem nachblicken – im besten Falle leicht und losgelöst.
10. AUFLÖSEN UND STAUNEN | Der Teebeutel löst sich beim Aufsteigen in Luft auf. So auch in der Trauer: Es gibt auch Momente, in denen man wieder Luft bekommt!

Brot backen

Zubereiten, Backen und miteinander Teilen ist auch innerhalb der Trauerbegleitung in Gruppen eine schöne und symbolisch sehr kraftvolle Aktion.

ZUTATEN | 300 g Weizenmehl Type 405, 280 g Weizenmehl Type 1050, 1 EL Zucker, 2 TL Salz, 1 Pck. Trockenhefe, 380 ml lauwarmes Wasser, 2 TL Brotgewürz

ZUBEREITUNG
1. Mehl mit Brotgewürz, Zucker und Salz in einer Schüssel mischen. Hefe zugeben. 380 ml lauwarmes Wasser zugeben und alles mit den Knethaken des Handrührgerätes 5 Min. zu einem glatten Teig kneten. Zugedeckt ca. 60 Min. gehen lassen.
2. Teig auf einer leicht bemehlten Arbeitsfläche durchkneten zu einem runden Laib formen. Auf ein mit Backpapier belegtes Blech setzen und zugedeckt ca. 60 Min. ruhen lassen.
3. Backofen auf 220 Grad (Umluft: 200 Grad) vorheizen. Brot üppig mit Wasser bestreichen. 15 Min. im Backofen an-

backen. Danach die Ofentemperatur auf 200 Grad (Umluft: 180 Grad) reduzieren und das Brot 40 Min. fertig backen. Vollständig erkalten lassen.

Vielleicht ergibt sich aus diesen praktischen Angeboten innerhalb der Trauerbegleitung auch so etwas wie ein »Trauer-Stammtisch« – denn miteinander essen, trinken und reden schmeckt nicht nur, sondern tut einfach gut.

Wie formuliert man ein Gebet?

MATERIAL | Zeitschriften für Kinder und Jugendliche, Schere, Kleber, Stifte, Papier

Gebete, Sinnsprüche, spirituelles Gedankengut und persönliche Texte entstehen auf vielfältige Art und Weise. Was bei Kindern und Jugendlichen sehr gut funktioniert, sind Texte, die aus Zeitungsschnipseln entstehen. Sie stellen eventuell einen nicht allzu geläufigen Wortschatz bereit, bringen das Innenleben der Kinder und Jugendlichen aber recht gut auf den Punkt.

Aus den Wörtern oder Bildern entsteht ein Gebet oder ein Text, der mit Wünschen, Sehnsüchten und Bitten zu tun haben soll. Absicht ist es, die Trauer in das Leben zu integrieren. Wie sehr man den religiösen bzw. spirituellen Aspekt mit einbringt, ist abhängig vom Gegenüber. Nichts kann und darf übergestülpt werden. Doch birgt das Angebot an sich enorme Möglichkeiten.

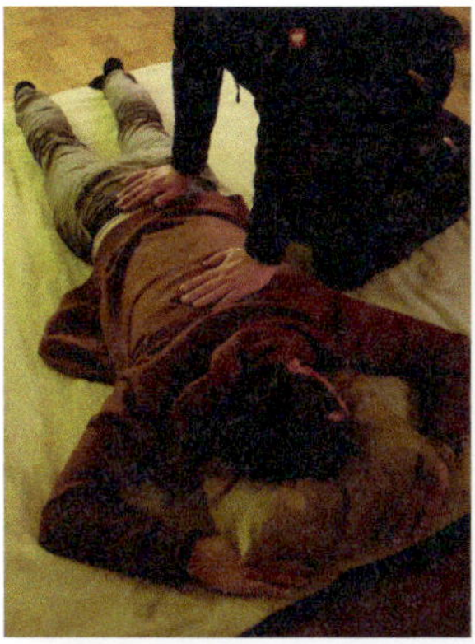

basteln, gestalten
rau
Höhle
leicht
heiße Steine
schwer
Pflanzen pflegen
werfen
Brücke
spielen
Treppe

»Der ganze Lebenslauf eines Menschen ist Verwandlung. Alle seine Lebensalter sind Fabeln derselben, und so ist das ganze Geschlecht in einer fortgehenden Metamorphose«
Johann Gottfried v. Herder

Der Froschkönig oder Der eiserne Heinrich

In den alten Zeiten, wo das Wünschen noch geholfen hat, lebte ein König, dessen Töchter waren alle schön; aber die jüngste war so schön, dass die Sonne selber, die doch so vieles gesehen hat, sich verwunderte, sooft sie ihr ins Gesicht schien.

Nahe bei dem Schloss des Königs lag ein großer dunkler Wald, und in dem Walde unter einer alten Linde war ein Brunnen; wenn nun der Tag recht heiß war, so ging das Königskind hinaus in den Wald und setzte sich an den Rand des kühlen Brunnens – und wenn sie Langeweile hatte, so nahm sie eine goldene Kugel, warf sie in die Höhe und fing sie wieder; und das war ihr liebstes Spielwerk.

Nun trug es sich einmal zu, dass die goldene Kugel der Königstochter nicht in ihr Händchen fiel, das sie in die Höhe gehalten hatte, sondern vorbei auf die Erde schlug und geradezu ins Wasser hineinrollte. Die Königstochter folgte ihr mit den Augen nach, aber die Kugel verschwand, und der Brunnen war tief, so tief, dass man keinen Grund sah. Da fing sie an zu weinen und weinte immer lauter und konnte sich gar nicht trösten. Und wie sie so klagte, rief ihr jemand zu: »Was hast du vor, Königstochter, du schreist ja, dass sich ein Stein erbarmen möchte.« Sie sah sich um, woher die Stimme käme, da erblickte sie einen Frosch, der seinen dicken, hässlichen Kopf aus dem Wasser streckte. »Ach, du bist's, alter Wasserpatscher«, sagte sie, »ich weine über meine goldene Kugel, die mir in den Brunnen hinabgefallen ist.« – »Sei still und weine nicht«, antwortete der Frosch, »ich kann wohl Rat schaffen, aber was gibst du mir, wenn ich dein Spielwerk wieder heraufhole?« – »Was du haben willst, lieber Frosch«, sagte sie; »meine Kleider, meine Perlen und Edelsteine, auch noch die goldene Krone, die ich trage.« Der Frosch antwortete: »Deine Kleider, deine Perlen und Edelsteine und deine goldene Krone, die mag ich nicht: aber wenn du mich liebhaben willst, und ich soll dein Geselle und Spielkamerad sein, an deinem Tischlein neben dir sitzen, von deinem goldenen Tellerlein essen, aus deinem Becherlein trinken, in deinem Bettlein schlafen: wenn du mir das versprichst, so will ich hinuntersteigen und dir die goldene Kugel wieder heraufholen.« - »Ach ja«, sagte sie, »ich verspreche dir alles, was du willst, wenn du mir nur die Kugel wiederbringst.«

Sie dachte aber: Was der einfältige Frosch schwätzt! Der sitzt im Wasser bei seinesgleichen und quakt und kann keines Menschen Geselle sein. Der Frosch, als er die Zusage erhalten hatte, tauchte seinen Kopf unter, sank hinab, und über ein Weilchen kam er wieder heraufgerudert, hatte die Kugel im Maul und warf sie ins Gras. Die Königstochter war voll Freude, als sie ihr schönes Spielwerk wieder erblickte, hob es auf und sprang damit fort. »Warte, warte«, rief der Frosch, »nimm mich mit, ich kann nicht so laufen wie du!« Aber was half es ihm, dass er ihr sein Quak, Quak so laut nachschrie, als er konnte! Sie hörte nicht darauf, eilte nach Hause und hatte bald den armen Frosch vergessen, der wieder in seinen Brunnen hinabsteigen musste. Am andern Tage, als sie mit dem König und allen Hofleuten sich zur Tafel gesetzt hatte und von ihrem goldenen Tellerlein aß, da kam, plitsch platsch, plitsch platsch, etwas die Marmortreppe heraufgekrochen, und als es oben angelangt war, klopfte es an die Tür und rief: »Königstochter, jüngste, mach mir auf!« Sie lief und wollte sehen, wer draußen wäre, als sie aber aufmachte, so saß der Frosch davor. Da warf sie die Tür hastig zu, setzte sich wieder an den Tisch, und es war ihr ganz Angst.

Der König sah wohl, dass ihr das Herz gewaltig klopfte, und sprach: »Mein Kind, was fürchtest du dich, steht etwa ein Riese vor der Tür und will dich holen?« – »Ach nein«, antwortete sie, »es ist kein Riese, sondern ein garstiger Frosch.« – »Was will der Frosch von dir?« – »Ach, lieber Vater, als ich gestern im Wald bei dem Brunnen saß und spielte, da fiel meine goldene Kugel ins Wasser. Und weil ich so weinte, hat sie der Frosch wieder heraufgeholt, und weil er es durchaus verlangte, so versprach ich ihm, er sollte mein Geselle werden; ich dachte aber nimmermehr, dass er aus seinem Wasser herauskönnte. Nun ist er draußen und will zu mir herein.« Und schon klopfte es zum zweiten Mal und rief:

»Königstochter, jüngste, mach mir auf!
Weißt du nicht, was gestern
du zu mir gesagt bei dem kühlen Wasserbrunnen?
Königstochter, jüngste, mach mir auf!»

Da sagte der König: »Was du versprochen hast, das musst du auch halten; geh nur und mach ihm auf.« Sie ging und öffnete die Türe, da hüpfte der Frosch herein, ihr immer auf dem Fuße nach, bis zu ihrem Stuhl. Da saß er und rief: »Heb mich herauf zu dir.« Sie zauderte, bis es endlich der König befahl. Als der Frosch erst auf dem Stuhl war, wollte er auf den Tisch, und als er da saß, sprach er: »Nun schieb mir dein goldenes Tellerlein näher, damit wir zusammen essen.« Das tat sie zwar, aber man sah wohl, dass sie's nicht gerne tat. Der Frosch ließ sich's gut schmecken, aber ihr blieb fast jedes Bisslein im Halse. Endlich sprach er: »Ich habe mich sattgegessen und bin müde; nun trag mich in dein Kämmerlein und mach dein seiden Bettlein zurecht, da wollen wir uns schlafen legen.« Die Königstochter fing an zu weinen und fürchtete sich vor dem kalten Frosch, den sie nicht anzurühren getraute und der nun in ihrem schönen, reinen Bettlein schlafen sollte. Der König aber ward zornig und sprach: »Wer dir geholfen hat, als du in der Not warst, den sollst du hernach nicht verachten.« Da packte sie ihn mit zwei Fingern, trug ihn hinauf und setzte ihn in eine Ecke.

Als sie aber im Bett lag, kam er gekrochen und sprach: »Ich bin müde, ich will schlafen so gut wie du: Heb mich herauf, oder ich sag's deinem Vater.« Da ward sie erst bitterböse, holte ihn herauf und warf ihn aus allen Kräften wider die Wand: »Nun wirst du Ruhe haben, du garstiger Frosch.« Als er aber herabfiel, war er kein Frosch, sondern ein Königssohn mit schönen und freundlichen Augen. Der war nun nach ihres Vaters Willen ihr lieber Geselle und Gemahl.

Da erzählte er ihr, er wäre von einer bösen Hexe verwünscht worden, und niemand hätte ihn aus dem Brunnen erlösen können als sie allein, und morgen wollten sie zusammen in sein Reich gehen. Dann schliefen sie ein, und am andern Morgen, als die Sonne sie aufweckte, kam ein Wagen herangefahren, mit acht weißen Pferden bespannt, die hatten weiße Straußfedern auf dem Kopf und gingen in goldenen Ketten, und hinten stand der Diener des jungen Königs, das war der treue Heinrich. Der treue Heinrich hatte sich so betrübt, als sein Herr war in einen Frosch verwandelt worden, dass er drei eiserne Bande hatte um sein Herz legen lassen, damit es ihm nicht vor Weh und Traurigkeit zerspränge. Der Wagen aber sollte den jungen König in sein Reich abholen; der treue Heinrich hob beide hinein, stellte sich wieder hinten auf und war voller Freude über die Erlösung.

Und als sie ein Stück Wegs gefahren waren, hörte der Königssohn, dass es hinter ihm krachte, als wäre etwas zerbrochen. Da drehte er sich um und rief:

»Heinrich, der Wagen bricht!«
»Nein, Herr, der Wagen nicht!
Es ist ein Band von meinem Herzen,
das da lag in großen Schmerzen,
als Ihr in dem Brunnen saßt,
als Ihr eine Fretsche wast.«

Noch einmal und noch einmal krachte es auf dem Weg, und der Königssohn meinte immer, der Wagen bräche, und es waren doch nur die Bande, die vom Herzen des treuen Heinrich absprangen, weil sein Herr erlöst und glücklich war.

Thematische Brücken

Der Verlust des liebsten Spielzeugs

Die goldene Kugel… für die Prinzessin in diesem Moment ein großer Verlust – vielleicht sogar der größte, den sie bis jetzt erlebt hat. Es wird ja sogar von ihrem »liebsten Spielwerk« gesprochen. Ja, auch das ist eine Verlusterfahrung; und wir finden das keineswegs nur in einem Märchen wieder.

Verluste haben wir im Laufe des Lebens alle erfahren. Als Kind erlebten wir die damit verbundene Traurigkeit häufig im Kleinen, was uns in dem Moment jedoch nicht als »klein« vorkam. Natürlich empfanden wir in unserer kindlichen Wahrnehmung als Drama, wenn die Lieblingstasse zerbrochen war, das mühsam aufgebaute Kartenhaus durch einen Windstoß umfiel oder der große Bruder der Lieblingspuppe den Arm herausriss. Heutzutage können Verluste dieser Art schnell »ersetzt« werden, indem die Möglichkeit besteht, sie ohne Weiteres nachkaufen zu können. Verluste dieser Art werden mit Sicherheit heute weniger »geübt« als früher. Selbst wenn ein Haustier stirbt, kommt ein neues vielleicht schon ein paar Tage danach ins Haus.

Alles lief rund im Leben der Prinzessin… was die Metapher der Kugel vielleicht auch auszudrücken vermag. Nach dem Fall der Kugel in den Brunnen sieht die Prinzessin »keinen Grund mehr«. So heißt es. Sie verliert den Durchblick… und genau das passiert in der Realität nach einem Verlust durch einen Menschen tatsächlich auch häufig. Man sieht nichts mehr klar, ist durcheinander, emotional getroffen und fühlt sich hilflos. Von Jugendlichen oder Erwachsenen, die als Kind einen schweren Verlust erlitten haben, höre ich oft: »Ich war mit dem Verlust nun erwachsen!« oder »Ich musste auf die Weise erwachsen werden!« oder »Plötzlich war ich erwachsen!« und viele ähnliche Aussagen.

An dieser Stelle muss ich jedoch ein deutliches *Veto* einlegen und breche eine (emotionale) Lanze für alle, die eine frühkindliche oder jugendliche Verlusterfahrung gemacht haben. Denn, nein, niemand ist mit einem solchen Erlebnis plötzlich erwachsen! Noch immer ist man Kind, aber eben ein sehr trauriges. Das ist ein Unterschied.

Die Wahrnehmung, wonach durch einen Verlust Kindheit oder Jugend vorbei sind, sollte man allen Heranwachsenden nehmen, ehe sich daraus ein fester Glaubenssatz entwickelt und innerhalb der weiteren Persönlichkeitsentwicklung nichts mehr zusammenpasst. Klar, es fehlt nun ein Mensch, der das eigene Leben geprägt und mitgestaltet hat. Dadurch fühlt man sich allein, verlassen, hilflos und vielleicht der beschützten Kindheit beraubt… aber niemand muss auf eine verzerrte Art »erwachsen« spielen, wozu er noch nicht in der Lage ist. Und die wirklich Erwachsenen sollten darauf achten, so ein Spiel nicht noch zu fördern. Die goldene Kugel ist verloren gegangen – aber zerbrochen ist sie nicht! Ebenso wenig wie eine Kindlichkeit, eine jugendliche Naivität und schon gar nicht die Beziehung zum Verstorbenen.

Die Tränen der Prinzessin

Sie weint schon ziemlich viel und immer wieder, unsere Prinzessin aus dem Märchen; aus Hilflosigkeit, Ekel, Abneigung, Not… Die starke, perfekte und strahlende Fassade der Heldin bröckelt. Ihr Vater, der König, versucht innerhalb so mancher Hilflosigkeit Orientierung zu geben und zwingt ihr seine Entscheidungen auf. Sie gibt zwar nach, aber das wird ihr und ihrer (echten) Not eigentlich nicht gerecht.

»Was du versprochen hast, musst du auch halten!« – dieser ethische (Irr-)Glaube zieht sich bis heute durch Familien, Erziehungsmuster und unsere Gesellschaft. Manchmal sind Versprechungen eben nur schwer oder unmöglich zu halten. Die Krux daran ist, dass man das mitunter erst feststellt, wenn das Versprechen bereits getätigt ist... Vielleicht liegt es daran, dass wir manche Versprechen angespannt und in Notsituationen geben und schließlich merken, dass es für uns nur eine Not-Lösung war, aber nicht die Lösung. Das führt zu Enttäuschung und nicht selten auch zu Tränen. So, wie es der Prinzessin in unserem Märchen ebenfalls ergeht. Dieses Phänomen gibt es auch innerhalb von Trauerprozessen.

Aber nicht nur aufgrund einer Enttäuschung über ein nicht eingehaltenes Versprechen oder eines Verlustes wird geweint – ebenso gibt es rührende Filmszenen, Streit, Heimweh, Schmerzen... und dabei können es sowohl Tränen der Trauer, als auch Tränen der Freude sein. Fakt ist: Sie verraten etwas über eine innere, zutiefst empfundene Gefühlsregung. Frauen und Männer unterscheiden sich hier sehr wahrscheinlich prozentual, aber das liegt nicht daran, dass einer der beiden dazu mehr in der Lage ist oder mehr fühlen kann. Der Grund ist viel banaler: Es liegt an Hormonen, Erziehungsmustern, Prägungen und kulturell-sozialen Regeln. Und immer steht dahinter auch die Frage: Wem gönne ich meine Tränen? Ich persönlich kenne keinen Menschen, dem es egal ist, vor wem er weint und wer daran teilhaben *darf*. Das sollte uns immer wieder bewusst sein, wenn wir uns einem weinenden Menschen gegenübersehen: In diesem Moment ist man privilegiert!

Sei kein Frosch!

Der Frosch ist ohnehin ein Symbol für Gestaltwandel und Veränderungen: aus den Eiern zur Kaulquappe (erst mit seinen Hinter-, dann auch mit den Vorderbeinen) über den Jungfrosch bis zum Frosch, wie wir ihn kennen. Und dieser Frosch, der die Kraft der Entwicklung in höchstem Maße in sich trägt, sitzt im Brunnen fest. Er ist versumpft. Er hilft der Prinzessin und braucht doch selbst so nötig Hilfe. Dies ist innerhalb der Familientrauerbegleitung kein unbekanntes Phänomen. Besonders Kinder und Jugendliche trösten andere zuerst, wie beispielsweise ihre

Eltern, Geschwister oder Freunde… aber sie selbst? Sie nehmen sich häufig zurück und versumpfen dann ebenfalls in ihren Kinderzimmern.

Helfen und Trösten reichen in ihrer Einseitigkeit nicht für Freundschaft oder Beziehung aus. Beide Seiten sollten sich einbringen. Unbedingt. Aber Halt! Es geht nicht darum – so wie es das Märchen vorgibt – zu erwarten, etwas zurückzubekommen. Das würde in eine falsche Richtung laufen. Es sollte ein Geben *und* Nehmen sein, ein Sich-Einbringen und dann wieder Zuhören, ein echtes Hinsehen zum Anderen und gleichzeitig ein Mutfassen, das eigene Herz zu öffnen.

Ansonsten kann es passieren, dass jemand aus dem gemeinsamen Trauerprozess innerhalb der Familie oder während der Begleitung aussteigt und wegläuft – genau so, wie es die Prinzessin tut. Die Gefahr besteht, dann mit all den nicht geweinten Tränen, Sorgen, Ängsten und Nöten in der Tiefe eines Seelen-Brunnens zu versumpfen.

Wie du mir, so ich dir…

Der Frosch tut etwas für die Prinzessin und verlangt dafür konkrete Gegenleistungen. Diese Forderungen bringen Überforderungen mit sich. Viel zu große Worte sind gemacht, Versprechungen getätigt und Dinge in Aussicht gestellt, welche nicht nur wenig ehrenhaft sind, sondern obendrein aus rein egoistischen Motiven vorgenommen werden. Heute nennen wir das modern *Win-Win-Situation,* aber darum geht es nicht; schon gar nicht innerhalb einer Begleitsituation. Das Ego zu füttern, nur weil man jemanden in einer Not- bzw. Krisensituation unter die Arme greift, ist der falsche Ansatz. Daher an dieser Stelle mein Rat an alle Trauernden und Hilfesuchenden: Es mag schon Kraft genug kosten, sich in einem geschwächten körperlichen und emotionalen Zustand der Trauer Hilfe zu suchen. Aber noch wichtiger ist es zu überprüfen, ob der- oder diejenige über die notwendige, vertrauensvolle, fachlich fundierte und glaubhafte Arbeitsethik innerhalb von (Familien-)Trauerbegleitung verfügt.

Der Wutausbruch der Prinzessin

Das Märchen erzählt Grundlegendes über das Konfliktpotential in einer Notsituation. Da kommt dieser Helfer in Form eines Frosches, aber er scheint ihr nicht zu nützen. Denn obwohl er ihr hilft, beraubt er sie gleichzeitig ihrer Freiheit. Das bindet sie ungewollt an ihn. Daher wird es immer mehr zu ihrem Ziel, ihn wieder loszuwerden. Aber nichts von ihren Strategien funktioniert – sie weint, gibt nach, schmollt, läuft weg… als er einen Schritt zu weit geht, ja gar übergriffig wird, spielt sie die letzte Karte. Sie wirft ihn gegen die Wand!

Diese Szene weist auf etwas hin, das man bei Trauernden oft unterschätzt: Da gibt es so etwas wie Kraft, Wut und überschüssige Energie, die sich ihren Weg sucht und dann findet; im Crash, im großen Knall, im Showdown der Auseinandersetzung – mit Mut, Klarheit und Wahrhaftigkeit. Vor allem, wenn die angebotene Hilfe aus triftigen Gründen fehlschlägt. »Ich könnte dich an die Wand hauen!«, so lautet eine gängige Phrase, die in unserem Sprachgebrauch längst ganz selbstverständlich Einzug gehalten hat.

Aber wir wissen auch: Dadurch werden Grenzen geklärt, man wird für den anderen einschätzbarer, Beziehung wird häufig erst dann wieder möglich oder entsteht neu.

… und nur sie ihn hatte erlösen können.

Im Märchen scheint es allein an der Prinzessin gelegen zu haben, dass sich der Frosch zum Prinzen verwandeln konnte. Das sagt er zumindest, und es darf auch so hingenommen werden. In der Arbeit mit Trauernden hingegen könnte eine solche Einseitigkeit schnell zur Abhängigkeit führen. Ich höre das durchaus ab und an: »Immer, wenn wir uns mit dir getroffen haben, geht's uns besser. Vielen Dank, das ist so schön!« Es freut mich natürlich, wenn meine Impulse und Methoden hilfreich sind, aber wenn es den Betroffenen immer nur dann gut geht, wenn ich als Familientrauerbegleiterin vor Ort bin, dann mache ich diese Menschen letztlich von mir abhängig. Das kann und darf nicht das Ziel sein. Trauerbegleitung muss immer auf das Bestreben ausgerichtet sein, dass die

Trauernden, egal ob Klein oder Groß, ihren Lebensweg autonom weitergehen. Bis es dazu kommt, braucht es nicht nur Aufmerksamkeit innerhalb der Begleitung, sondern auch die Kraft der Erfahrung hinsichtlich der Freisetzung eigener Ressourcen, welche über die individuelle Methodik abgerufen werden.

Der eiserne Heinrich

Heinrich mit dem gebrochenen und gefesselten Herzen, des Prinzen Diener, Freund und Begleiter: Im Märchen kann ein solcher fast immer auch als der Schatten oder Doppelgänger des Helden gesehen werden. Im »Froschkönig« bricht er wie der Frosch aus seiner alten Haut.

Wie fühlt er also mit dem verhexten Prinzen mit – drei Bande aus Eisen waren nötig und müssen abspringen, um sein Herz zu halten und zu stabilisieren. Welch ein Schmerz! Welch ein Mitfühlen, vielleicht sogar Mitleiden. Es heißt ja, dass Mitgefühl einen Menschen *handlungsfähig* bleiben lässt, während Mitleid eher dazu auffordert, sich in des anderen Leid *hineinzubegeben*. Mitgefühl scheint also »die bessere Wahl« zu sein, wenn es darum geht, Trauernden zu begegnen.

Das mag innerhalb einer Begleitung so sein, aber als Freundin oder Freund? Ist dieses Quäntchen Abstand vom Mitleid zum Mitgefühl ohne Weiteres möglich? Ich glaube nicht. Wenn man miteinander eng bis hin zu einer empfundenen Seelenverwandtschaft verbunden ist, dann tut es uns einfach leid, dass dem anderen ein solcher Schicksalsschlag widerfahren ist. Man sieht den anderen leiden und fühlt den Schmerz ebenso. Weil man sich gut kennt. Weil man weiß, was der Verlust für den anderen bedeutet. Weil man mit vielen Hintergründen vertraut ist. Je besser man sich kennt, desto schwieriger wird es, in einer Trauer- und Krisensituation den emotionaler Abstand zu halten. Warum auch? Eine Freundin oder ein Freund hat schlichtweg in einer solchen Situation eine anderen Aufgabe!

Das ist gleichzeitig der Grund, warum es nicht zu empfehlen ist, dass ein guter oder gar bester Freund eine (Familien-)Trauerbegleitung im professionell klassischen Sinne vornimmt. Da könnten die

Ebenen tatsächlich verschwimmen, sodass das den Trauerprozess der betroffenen Person sogar erschweren oder behindern könnte.

Das heißt nicht, dass Freundschaft im Trauerkontext wenig hilfreich ist – ganz im Gegenteil! Aber in der Trauer gibt es mehrere emotionale Etappen und die erfordern Zeit, Präsenz und Methoden, als was Freundschaft allein in der Lage ist, kontinuierlich zu bieten. Denn:

- selbstauferlegte eiserne Bande können, sollen und müssen zerspringen.
- Es kommt eventuell zur Trennung von bisher gewohnten Bewältigungsstrategien, weil das Leben wieder Einzug halten will.
- Im Loslassen stirbt jeder für sich, gefühlt, einen weiteren Tod.
- Das Weitermachen ist eine Herausforderung, denn man hat sich verändert und manche Beziehungen, Freundschaften, Rituale, Lebenseinstellungen usw. werden unter Umständen ebenfalls neu sortiert.

Natürlich stellt der Trauerprozess auch langjährige und tiefe Freundschaften auf die Probe. Trauer fordert das ganze System. Erlösungsprozesse sind daher in der Regel eben auch schmerzhaft – Masken fallen, Gefühle aller Art werden freigesetzt, Konflikte im Innen und Außen müssen bewältigt werden, das soziale Netz wird neu überprüft und kann sowohl mit Enttäuschungen, als auch Bestätigungen einhergehen. Im besten Falle steigt man – um im Bild des Märchens zu bleiben – irgendwann gemeinsam mit den Liebsten aus Familie und Freundeskreis in die Kutsche und fährt los zu neuen Zielen, hat das, was geschehen ist, mit im Gepäck, ist (neu) in Bewegung und fährt vielleicht an einem Lindenbaum vorbei, dessen Herzblätter auf einen herabfallen und alle in Liebe segnen.

Aus der Praxis

Nur ein Teddy?

Frühkindliche Verlusterfahrungen können auch wertvoll sein, wie folgendes Beispiel zeigt: Ich bin vielerorts als Fachdozentin in der Erwachsenenbildung tätig und unterrichtete eine Ausbildungsklasse von jungen angehenden Bestatterinnen und Bestattern im Fach »Trauerpsychologie«. Das Fach beinhaltet einen Anteil an Selbsterfahrungsübungen, was bedeutet, dass sich die Auszubildenden mit sich, also mit eventuellen Verlusten aus der eigenen Biografie, exemplarisch auseinandersetzen. Anhand verschiedener Modelle und Methoden gewinnen sie zudem einen analytischen Transfer zur eigenen Persönlichkeit, aber auch zum direkten Arbeitsbezug.

Ich begann eine solche Selbsterfahrungsübung, indem ich die Auszubildenden bat, sich einen Verlust aus ihrer eigenen Biografie auszusuchen und diesen mit in die Übung zu nehmen. Es gab eine Meldung von einem Schüler, der sagte, noch nie einen Verlust erlebt zu haben; er wisse nicht, wie er die Übung mitmachen könne. Ich forderte ihn auf zu überlegen, ob es etwas Vergleichbares in seiner Lebensgeschichte gebe, wie etwa das Ende einer Beziehung, oder vielleicht habe er in seiner Kindheit etwas besessen, das er verlor und darüber traurig wurde. Nach kurzem Überlegen sagte er: »Ja, ich habe meinen Teddy verloren, da war ich etwa vier Jahre alt, das war für mich damals eine große Sache! Aber für so eine Übung ist das vermutlich lächerlich!« Ich fragte ihn, ob er diesen Teddy wiedergefunden und wie er damals reagiert habe. Er sagte: »Nein, der Teddy war weg und ich musste ziemlich heulen und war wütend!« Dann bat ich ihn genau diese Situation in die Übung zu nehmen. Er war zwar skeptisch, ließ sich aber darauf ein.

Innerhalb dieser etwa vierzigminütigen Übung ging es mit Hilfe kreativer Materialien um das Leben *vor* dem Verlust, um den Moment selbst und schließlich um die erste Zeit *danach*. Im Anschluss wertete ich die Übung mit den Auszubildenden aus. Jener Schüler aber, der diese Übung gedanklich mit seinem Teddy durchgemacht hatte, hielt sich während der Nachbesprechung durch Wortbeiträge zurück, bestätigte mir nur kurz, dass die Übung für ihn gut durchführbar war.

Nach dem Unterricht kam er jedoch auf mich zu: »Krass, Frau Eyrich!«, meinte er. »Ich hätte niemals für möglich gehalten, dass ich innerhalb einer solchen Übung meinem Teddy nochmals so nah komme. Ich musste beinahe aufpassen, nicht zu heulen. Ich dachte: Hey komm, war nur ein Teddy!, aber ich hab während der Übung begriffen, dass der Teddy damals für mich wirklich die Welt bedeutet hatte. Und ich hab gleichzeitig festgestellt, welche Bewältigungsstrategien ich nach dem Verlust entwickelt hatte, woraus sogar Ressourcen geworden sind für andere, spätere Krisen. Ich hab keine Ahnung wie das mal wird, wenn ein Mensch aus meinem unmittelbaren Umfeld stirbt, aber ich bin fast schon froh darüber, hinsichtlich einer Verlusterfahrung nicht so gefühlsblank zu sein, wie ich dachte. Ich war bis vorhin echt der Meinung, dass ich noch keinen persönlichen Verlust erlebt habe… ich bin für diese Erfahrung des Gegenteils und die Erkenntnis gerade mega dankbar!«

Als Freund an deiner Seite

Eigentlich ist das ja eine ganz wundervolle Sache, wenn man in einer Freundschaft jemand zur Seite stehen kann. Der Prinz scheint für Heinrich auch ein Freund zu sein, denn dieser braucht drei eiserne Bande, damit ihm sein Herz nicht vor Traurigkeit zerspringt… Die Frage ist, was genau kann solche Bande oder Ketten zum Sprengen bringen? Was braucht es, damit sich etwas (er-) löst? Wann wird es leichter?

Beim achtzehnjährigen Leon waren es tragische Umstände. Sein bester Freund verlor sein Leben bei einem Unfall, zu dem er zufällig dazukam, ihn liegen sah und gleichzeitig erkannte. Mit diesem Bild im Kopf, geschockt vom Erlebten und mit dem tiefen, wenngleich auch nicht erfüllbaren Wunsch nach Vergessen, kam Leon in meine Praxis. Vieles drehte sich um diesen Anblick und das Thema Angst.

Etwa sechs Monate vergingen, in denen wir innerhalb der Trauerbegleitung Schritt für Schritt weiterkamen. Eines aber merkte ich: Der Schock beim Anblick seines toten Freundes war nach wie vor der Mittelpunkt der Bearbeitung. Da gab es auch bei ihm imaginäre eiserne Bande, welche ihn zu straff zusammenhielten. Immer wieder las ich mir alle Notizen und Berichte zum Unfallhergang durch, stellte sie unseren Ergebnissen innerhalb der Begleitung gegenüber und empfand sie mehr und mehr als einseitig. Ich wusste: Wenn es mir gelingen würde, diese »Ketten der Traurigkeit« nur ein bisschen zu lockern, dann bestünde die Chance, verschiedene Sichtweisen auf das Erlebte nicht zu schmälern, aber zu verändern. Denn der Unfall bestand nicht nur einseitig aus dem Anblick des toten Freundes, da gab es noch viel mehr zu beachten, was Leon erlebt hatte. Und ich sollte den richtigen Impuls bekommen!

In Absprache mit dem Jungen stellte ich eine Unfall- und Schockrekonstruktion am Unfallort her. Dazu muss ich Folgendes anmerken: Eine solche Herangehensweise sollte man nur dann einsetzen, wenn man mit therapeutischen Methoden zum Thema »Trauma« vertraut und in der Lage ist, alles auffangen zu können, was innerhalb dieser Erfahrung passieren kann. Es gilt immer: Kein Fass öffnen, welches man nachher nicht schießen kann! Die Rekonstruktion dauerte zweieinhalb Stunden… Es war anstrengend, emotional, aufwendig… aber es passierte das, wovon ich ausging. Leon wurden neue Wege seiner Gedanken, Gefühle und Handlungen ermöglicht. Was aber war passiert?

Während wir bis dahin beinahe ausschließlich mit und an dem Bild des toten Jungen gearbeitet hatten, war hiernach für Leon klar, dass der Unfall und seine damit einhergehenden traumatischen Ängste nicht allein mit dem Anblick des Freundes zu tun hatten. Es waren nach Beendigung dieser Rekonstruktion zwölf »Stationen«, in die wir den Unfall aus seiner Sicht definieren konnten. Mit dieser Erkenntnis setzte sich die Trauerbegleitung noch etwas über ein Jahr fort – weil wir nun jedes Puzzleteil berücksichtigen konnten, kam es zu einer Ganzheitlichkeit des Trauerprozesses. Leon konnte sich mehr und mehr von sämtlichen Ketten befreien, welche sich um sein Herz gelegt hatten. Eine Weile waren diese Ketten auch wichtig, denn sie halfen ihm, vor Traurigkeit nicht zu zerspringen – wie im Märchen. Seinem Freund ist er in schöner und auch schmerzvoller Erinnerung nach wie vor nah – aber die Bande zwischen Leon im Hier und seinem Freund im Irgendwo sind nicht mehr so starr; und Leon bekommt wieder Luft.

Was soll'n denn da die Leute sagen?

Ja, immer diese Erwartungen um einen herum. Die Prinzessin erfährt das durch ihren Vater auch… und sie folgt. Zwar widerwillig, aber sie tut es. Das ist schon anstrengend genug, wenn man in keiner Trauersituation steckt. Und so paradox es sein mag: An Trauernde werden auch Erwartungen gerichtet… und nicht zu knapp; das bestätigt sich immer wieder. Da gibt es nämlich »die Leute«, und man macht sich eben Gedanken darum, was andere denken oder über einen sagen könnten, wer sich wann nach einem umdreht, welche Blicke einen treffen und schnell wieder gesenkt werden, wie man mit den eigenen Handlungen beäugt und bewertet wird. »Dem Grab nach zu urteilen war da schon länger keiner mehr da!« oder »Ich habe da einen neuen Mann ins Haus gehen sehen!« – ohne zu wissen, dass es der Bruder der Witwe ist – oder: »Dafür, dass da gerade jemand verstorben ist, wirkt er aber ziemlich fröhlich!« Dem könnte man noch eine ganze Reihe anderer Zitate hinzufügen.

Trauernde haben so viel mit sich selbst zu tun – aber scheinbar sind »die Anderen« so stark, dass sie sich darum auch noch kümmern, vielleicht sogar mehr als um sich selbst. Das bekam auch eine junge

Frau zu spüren, deren Mann an Krebs verstorben war. Ihre Kinder kamen zu uns in die Trauerbegleitung und deshalb bekamen wir auch mit, dass sie sich auch noch nach Monaten ausschließlich in Schwarz kleidete. Anfangs sagte sie, wie gut ihr das täte und dass sie im ersten Trauerjahr damit auch nach außen ein Zeichen für ihre familiäre Situation und ihre persönliche Emotion setzten wollte. Doch schon nach etwa sieben Monaten hatte sich dieses Gefühl dahingehend etwas verändert. Sie sagte: »Weißt du was? Am liebsten hätte ich mir neulich ein knallrotes Kleid angezogen... aber was soll'n denn da die Leute denken! Nein, lieber nicht.«

Wir sprachen noch die nächsten Wochen immer einmal wieder darüber und ich versuchte ihr aufzuzeigen, wie unterschiedlich innerhalb eines Trauerprozesses die Tage für einen sein können... und dass jeder ein eigenes Tempo hat, mit dem der Alltag langsam zurückkehrt.

Und eines Tages ein Telefonat... ich hörte sie sagen: »Es ist ein so wundervoller Tag und ich genieße ihn so sehr. Ich weiß ja, dass die schlimmen Momente von alleine und leider auch allzu zuverlässig wiederkommen. Aber heute, heute ist ein schöner Tag! Und ich verrate dir was... ich hab grad ein knallrotes Kleid an!«

Ein verbaler Wurf an die Wand

Im Märchen wirft die Prinzessin den Frosch an die Wand – aus Wut, aber auch Hilflosigkeit. Dieses Phänomen spürte ich ganz besonders am eigenen Leib, als ich mit dem elfjährigen Lee zu tun hatte, der nicht nur skeptisch oder vorsichtig war, sondern geradezu verachtend – jedem gegenüber! Sein Vater war nach längerer Krankheit gestorben und durch verschiedene, zusätzliche Umstände multiplizierte sich in ihm ein Aggressionspotential, das unbedingt ein Ventil brauchte. Das war zunächst ich.

Dass Kinder und Jugendliche zu Beginn einer Trauerbegleitung ausgesprochen gerne kommen, ist utopisch. Es ist auch verständlich, denn sie kommen in einer schweren emotionalen Situation zu einem Menschen, den sie noch nicht kennen und mit dem sie ab jetzt etwas sehr Intimes teilen.

Bei manchen macht sich das an einem eher zaghaften Verhalten oder einer spürbaren Unsicherheit bemerkbar, bis hin zu Emotionen, die entweder mit ihnen durchgehen oder die sie krampfhaft versuchen zu unterdrücken. In der Regel legt sich das schnell, aber nicht in diesem Fall. Ich wusste natürlich, dass Lee zu mir »geschickt« wurde und nicht von alleine auf die Idee kam, Hilfe in Anspruch zu nehmen. Das ist häufig so, aber er empfand das tatsächlich als massiv übergriffig.

Er zog bei unseren Zusammentreffen weder seine Jacke aus, noch grüßte er auf gewöhnliche Art. Die Kapuze seines Hoodies über den Kopf gezogen, verschränkte Arme, knappe Antworten im Ja-Nein-Stil. Wenn es überhaupt zu einer Antwort kam. Er wollte keine Hilfe, sondern Konfrontation! Aber wie! Er warf mich kommunikativ an die Wand – in einer Respektlosigkeit, wie ich sie bis dahin selten bei einem Teenager erlebt hatte.

Aber für Respektlosigkeit und gewollt aggressive Provokation bin ich nicht zu haben. Da halte ich nach wie vor daran fest, Trauer hin oder her... So galt es für mich, eine Basis aufzubauen, auf der ich arbeiten und begleiten konnte – ohne glasklare Worte war das nicht möglich. Ich trat ihm dabei verbal genauso angstfrei gegenüber wie er mir und das überraschte ihn. Unweigerlich entstand Reibung, die mir zwar nicht recht war, aber gleichzeitig unumgänglich schien. Ich dachte bereits nach dem ersten »Crash«, dass er sicher nicht wiederkäme. Aber er kam. Immer wieder! Zunächst mit konstant ähnlicher Laune, aber irgendetwas ließ ihn zu mir kommen. Ich dachte: In Ordnung, er kommt mittlerweile *freiwillig*. Das war der springende Punkt! Das hatte sich bei ihm verändert und gleichzeitig entwickelt. Ich wusste somit, dass er etwas von dem brauchen konnte, was ich ihm anbot und bisweilen entgegenhielt!

Ich sprach ihn in einer der darauffolgenden Sessions darauf an. Ich hätte das Gefühl, sprach ich, dass ihn die Trauerbegleitung – mit meiner gewählten Methode – überfordere. Zu meiner großen Überraschung füllten sich die Augen mit Tränen und er schaute nach oben. So, dass keine einzige Träne seine Augen verließ. Ich erklärte ihm sehr ruhig und klar, dass innerhalb einer Begleitung natürlich die Trauer und die damit verbundenen Umstände im Vordergrund stünden und es nicht schlimm sei, wenn er dafür vielleicht gerade noch nicht die nötige Kraft habe und es ihn emotional überfordere. Ich wollte wissen, ob es ihm andererseits peinlich sei, er aber meinte: »Nein, das erste ist es.« Wow! Die nötige Kraft fehlte also. Das war das erste Mal, dass er etwas indirekt formulieren konnte, was mit seinem unmittelbaren Gefühlshaushalt zu tun hatte. Folgendes wurde nun zu unserem Deal: Respekt! Tempo runter! Kraftaufbau! Ehrlichkeit! Trauerbewältigung!

Und plötzlich zog er die Kapuze vom Kopf, zog die Jacke aus und erzählte so viel wie noch nie zuvor... Ja, weil Reibung eben doch auch Wärme erzeugt!

Emanzipation inmitten der Trauer

Der Wurf des Froschs an die Wand hat nicht nur etwas mit Wut zu tun, sondern auch mit einer Form der Emanzipation. Auch das fordert die Trauer manchmal ein.

Emanzipation steht für Selbständigkeit und Gleichstellung. Der Wortteil »manu« kommt aus dem Lateinischen und bedeutet »Hand«. Ja, aus eigener Hand... handlungsfähig... und in meinem Beispiel: *wieder* handlungsfähig!

In der Begleitung einer jungen Frau von Mitte Zwanzig regierte bei unserer ersten Begegnung vordergründig die Wut. Ihr Mann war tot aufgefunden worden und sie war von jetzt auf gleich mit allem alleine. Sie erzählte unter anderem, dass sie mit ihm immer einmal wieder über die Regelung ihrer Angelegenheiten nach dem Ableben von einem der beiden sprechen wollte. Als Krankenschwester bekam sie auf den Intensivstationen regelmäßig mit, wie schnell das Lebensende eintreten kann. Er wollte das aber nicht, wiegelte regelmäßig ab und belächelte hier und da die Idee. Somit war also nichts geregelt und alles wurde zusätzlich kompliziert. Denn durch die Tatsache, dass es für ihn die zweite Ehe war, gab es eine bereits existierende Familie und somit auch zusätzliche Erbberechtigte. Angst, Einsamkeit, Schock, Trauer, Existenzsorgen, Überforderung, finanzielles Chaos, Probleme, Wut – *das* war seine Hinterlassenschaft an sie. Das sagte sie immer wieder. Am liebsten hätte sie sich zurückgezogen, um ihrer Trauer den nötigen Raum zu geben, aber es stand etwas ganz anderes an: Organisation, Organisation, Organisation! Mit dem Bestatter, der Stadtverwaltung, den Ärzten und Anwälten... und eben auch mit der ersten Familie ihres Mannes. Sie fühlte sich – sicherlich auch geschwächt von der Situation – sehr unterlegen. Und das mischte sich mit großer Angst und Trauer, eine mehr als ungünstige Mischung. Die machte sie unglaublich wütend. Ihr Mann ist ihr wichtige Antworten schuldig geblieben.

Ein paar Monate dauerte es und der Weg durch sämtliche Herausforderungen glich mitunter einem Irrgarten. Während der Trauerbegleitung konnten wir den Irrgarten zu einem Labyrinth umgestalten und die Wege wurden sicherer, klarer und fließender. Und irgendwann sagte sie dann zu mir: »Weißt du, ich wurde von ihm mit so vielem im Regen stehengelassen... aber ich finde mehr und mehr die Kraft, ihm zu vergeben. Und gleichzeitig merke ich, dass ich über seinen Tod hinaus nicht bereit bin, die Endlosschleife an Unsicherheit und Abhängigkeit aufrecht erhalten zu wollen. Aber die Demütigungen seiner ersten Familie tragen genau dazu bei. Als ich das erkannte, fühlte ich mich frei und habe nun eine Entscheidung getroffen – aus Liebe zu ihm und auch zu mir: Das Haus wird verkauft... und ich lass los!«

Freundschaftsbande

Ich möchte noch einmal anhand eines ganz anderen Beispiels auf die »eisernen Bande« Bezug nehmen – Bande einer Freundschaft, welche nicht nur gelöst werden können, sondern welche man aufgrund eines Todes sogar ganz bewusst enger und enger zurren möchte. Niemals ist es leicht, einen Freund zu verlieren. Die komplette Dynamik eines Freundeskreises kann sich dadurch verändern.

Wenn jedoch ein Mitglied einer Jugend-Clique aufgrund eines Gewaltverbrechens aus dem Leben gerissen wird, gibt es aufgrund der extremen Todesumstände, in meinem Beispiel, auch extreme Reaktionen: Irritation, Ärger, Genervt-Sein, Ungeduld, Wut, Provokation und und und… Keine dieser Reaktionen waren falsch, es kam lediglich ein Suchlauf zustande, welcher zu verschiedenen Ausdrucksformen führte. Eine Suche nach Sinn. Obwohl die Welt still zu stehen schien, bewegte sich so viel in ihnen. Da war eine Gruppe junger Erwachsener, die den Mord an ihrer Freundin verkraften mussten – und das im ständigen Spagat zwischen Autonomie, Zugehörigkeit und Verantwortung. Der gesamte Kern dieser Clique kam zu uns in die Trauerbegleitung. Diesen »Fall« begleiteten wir zu viert.

Der Tod der jungen und lebenslustigen Frau hatte in dem Freundeskreis das Ende einer Ära ausgelöst – ohne, dass ihnen das anfangs klar war. Wir stellten uns die Frage: Was erwartet die Gruppe von uns innerhalb der Begleitung? Vielen Wünschen konnten wir entgegenkommen und ließen das regelmäßig mit einfließen. Was wir aber genauso spürten, war die Tatsache, dass sie für ein Weiterleben und Weitermachen ohne diese Freundin noch nicht bereit waren.

Sie entwickelten daher eine interessante Choreographie, sodass sich zunächst nichts veränderte. Ich konnte es sogar verstehen, denn nichts macht so viel Angst wie Veränderung! Da stand also das nicht verbalisierte »Nein!« dem Konzept der Trauerbegleitung entgegen… aber ein Trauerprozess ohne Veränderung? Ich habe es noch nicht erlebt! Trauerbegleitung ist Teil der Gesundheitserhaltung – aber die Entscheidung, inwieweit sie sich darauf einlassen können und wollen, liegt trotzdem bei den Menschen, die zu uns kommen.

Gleichzeitig wussten wir auch: Wir müssen mit ihnen durch manche Täler in *ihrem* Tempo gehen, auch durch die Gerichtsverhandlung, in der sie dem Täter immer wieder direkt gegenüberstanden, bevor es zu einem neuen Cliquengefühl ohne ihre Freundin kommen kann. Ihnen etwas nehmen zu wollen von dem, an was sie glauben, wäre unethisch gewesen. Unseren eigentlichen Auftrag verloren wir dabei nicht aus dem Blick. Es war mit fast zwei Jahren eine außergewöhnliche, tiefgreifende, komplexe und auch lehrreiche Zeit, die wir miteinander erlebten. Mit dieser Zwickmühle arbeiteten wir und machten nach und nach doch notwendige Türen auf. Wut wäre eine gute und wichtige Ressource für all das gewesen – auf die Situation, den Täter oder was auch immer… aber lange Zeit war nicht einmal im Ansatz etwas davon zu spüren. Vielmehr konzentrierte sich alles darauf, die Erinnerungen an die lebende Freundin mit in die Trauerbegleitung einzubringen. Das ist nicht ungewöhnlich und sicher auch ein guter Bestandteil eines solchen Prozesses, aber die Clique funktionierte dadurch nicht autonom und neu, sondern hatte noch immer dieselbe »Anführerin«, in Form der toten Freundin! Wir arbeiteten damit. Vorerst.

»Sie hätte es auch so gewollt!« Das war ein immer wiederkehrender Satz. Diese Aussage als vermeintliche Meinung ihrer Freundin war maßgeblich und absolut. Sie bestimmte nach wie vor die Bedeutung der Gruppe samt ihrer Verhaltensweisen und Überzeugungen. Darin bestand das große Risiko, sich von ihr zu verabschieden – die Gruppe wäre einer Veränderung entgegengegangen. Gefährlich also.

Aber eines wussten wir auch: Der Mensch steckt voller Ressourcen und: Beziehung trägt! Entscheidend war also nicht, *was* die Freunde mit diesem Einschnitt erlebt hatten, *sondern welche Bedeutung sie ihm gaben*. Und das ergab mit der Zeit einen kleinen Richtungswechsel innerhalb der Begleitung. Denn je mehr sie versuchten, ihre Freundschaftsbande festzuziehen, indem sie alles Mögliche anstellten, desto mehr eröffneten wir ihnen die Möglichkeit, sich damit auseinanderzusetzen, welchen Platz die tote Freundin in der lebenden Biographie jedes Einzelnen bekommen könnte. Das hatte nichts mit dem Lösen der Freundschaftsbande zu tun, sondern mit Wertschätzung. Echte Wertschätzung ist nämlich mehr als pure Freundlichkeit. Es ist ein Geschenk der eigenen Offenheit.

Einerseits existierte die Gruppe weiter, andererseits – und das war während des Trauerprozesses irgendwann neu – kam jeder Einzelne ins Blickfeld, das Individuum. Die Bande dieser Clique sind nie gelöst worden und sie werden in eine weite Zukunft reichen – zum Glück! Aber niemand zieht und zerrt mehr so daran und auch sind sie nicht »eisern«, starr oder unbeweglich. Aus dem »Sie hätte es auch so gewollt!« ist ein »Ich mache es jetzt so!« geworden.

Verwandlung

Am Ende verwandelt sich der Frosch in einen Prinzen – und was sind wir darüber froh! Verwandlung hat im Märchen immer etwas mit Erlösung und Lösung zu tun… dabei vergisst man jedoch oft, was die Märchenhelden vorab dafür alles leisten und mitunter auch aushalten mussten. Mit einer Verwandlung verändert sich etwas, aber Verwandlung ist nicht gleich Veränderung! Wir wissen, dass es in der deutschen Sprache keine Wörter gibt, die genau das gleiche meinen. »Veränderung geschieht, wenn etwas Altes endet und etwas Neues beginnt. Verwandlung hingegen, wenn wir uns im Prozess der äußeren Veränderung innerlich verändern!«, meint der Buchautor und Künstler Jan Wille. Das allein zeigt uns schon deutlich, dass Zeit ein wesentlicher Faktor ist, damit Verwandlung passieren kann – Zeit, die es in der Trauer ebenso braucht.

Als ich Ellen zum ersten Mal begegnete, war sie dreizehn Jahre alt. Sie hatte in ihrer Familie mehrere Verluste innerhalb kürzester Zeit und unter tragischen Umständen zu betrauern, sodass diese Umstände auch für mich zunächst jegliche Vorstellung überstiegen, was hinter ihr lag. Und vor ihr… Ich weiß noch – sie weinte und weinte und weinte… und ich tat nichts, um es zu stoppen. Es war so tragisch und Trost war ein viel zu großes Wort für diese Situation. Es wäre an dieser Stelle zu viel, die über Jahre dauernde Begleitung im Einzelnen zu schildern, aber bei diesem Mädchen - die heute eine junge Frau ist - kann man wirklich von einer Verwandlung sprechen. Weil sie so viel emotional geleistet hat und weil sie sich den damit verbundenen Herausforderungen bis heute immer wieder aufs Neue stellt. Hier ihre Geschichte in einem Zeitraffer:

Mitten in der Pubertät – Tod der ersten Person – Schock – zwei Wochen Trauer – Tod der zweiten Person – Schock – Trauma – Gelähmt sein – zwischen Krankenhaus und Zuhause – Entscheidungen aushalten – der Hund stirbt – Trauer, die alle anderen Verluste emotional noch einmal multipliziert und da sein lässt – bevorstehender Schulabschluss – Zukunftsängste – Tod der dritten Person – Totalzusammenbruch – Umzug – zum ersten Mal bei mir in der Trauerbegleitung – Rechtssystem und Erbrecht begreifen lernen – erste Liebe – Auseinandersetzungen und Streitpunkte – eine neue Umgebung – wer und was ist Familie? –emotionale Berg- und Talfahrten – Freunde und Tiere als Helfer in der Not – Ziel Fachabitur – Friedhof und Grabgestaltung – Berufsausbildung – neue Freundschaften – Perspektiven – Trennung vom Freund – Autonomie – neue Liebe – Erbe (in vielerlei Hinsicht) annehmen – verändern – zurück im Leben – verwandelt!

Dieses »Verwandelt« ist natürlich nicht das Ende oder gar der Abschluss der Trauer. Das ist auch im Märchen nicht anders. Es endet mit einer Hochzeit, einer Hoch-Zeit, einem glücklichen Höhepunkt... aber danach geht es ja weiter – wie auch immer! Das wissen wir nicht.

Auch die Trauer begleitet einen Menschen weiter, egal wie viel es einen schon an Nerven, Tränen, Gefühlen, Fragen, Müdigkeit und Kraft gekostet hat. Das wird für immer zu Ellens Leben gehören und da führt auch kein Weg daran vorbei. Aber überhaupt erlebt zu haben, dass Veränderung und Wandel möglich sind, hilft ihr, bei den nächsten emotionalen Einbrüchen auf die ein oder andere Strategie innerhalb der Trauerbewältigung zurückzugreifen. Diese stehen ihr jetzt als Erfahrungswerte zur Verfügung. Auch nach Jahren bin ich noch Ansprechpartnerin für sie, wenn es darum geht, nicht etwa die Trauer zu verringern, sondern passende Wege zu finden und mitzugestalten, die sie mal mit und mal ohne Stützräder getrost entlangfahren kann. Bis zum nächsten anstehenden Wandel...

»Veränderung geschieht, wenn etwas Altes endet und etwas Neues beginnt. Verwandlung hingegen, wenn wir uns im Prozess der äußeren Veränderung innerlich verändern!«
Jan Wille

Kreative Impuls

Trauer hat viele Gesichter

Dass der Gefühlshaushalt innerhalb einer dramatischen Situation viele Gesichter hat, zeigt auch das Märchen. Traurigkeit, Wut, Liebe, Trotz, Provokation, Angst, Freude, Unsicherheit... alles finden wir darin. Die folgende und leicht durchführbare Origami-Falttechnik ist bei unseren Kindern sehr beliebt, da sie spielerisch etwas ausdrücken und zeigen können, wofür sie manchmal noch keine Worte haben.

Eine Kugel... mehr als Gold

Kann es etwas geben, was wertvoller ist als eine Kugel aus Gold? Ja! Nämlich eine Kugel, die in ihrem Inneren etwas aufbewahrt, was an die verstorbene Person erinnern lässt.

> Material | Stofftaschentuch, Stoffmalstifte, Plexiglas/ Plastik-Kugel (teilbar in zwei Hälften), kleine Zettel in rot und blau

Vorbereitend bietet es sich an, dem Kind oder Jugendlichen verschiedene Impulse über die Verlusterfahrung zu geben, worüber man in

Kontakt und ins Gespräch kommt, entweder im Einzelkontakt oder innerhalb einer Trauergruppe. Dafür bieten sich folgende Sätze an:

- Wenn du an deine verstorbene Person denkst – was ist deine schönste Erinnerung an sie zu deren Lebzeiten?
- Erzähle – so gut es gerade geht – von dem Moment, in dem du erfahren hast, dass diese Person verstorben ist!
- Was war in der Zeit danach hilfreich?
- Wie geht's dir am heutigen Tag?
- usw.

Das Stofftaschentuch wird nun hinsichtlich des am intensivst empfundenen Impulses und den damit verbundenen Gefühlen mit Stoffmalfarben gestaltet. Dies gibt sehr wahrscheinlich den Anlass für weitere Dialoge. Die Kugel wird nun geteilt und das Taschentuch darin eingebettet. Die Zettelchen in den beiden unterschiedlichen Farben dienen symbolisch Trauertränen (blau) und Freudentränen (rot).

Auf diesen werden nun jeweils all jene Erinnerungen notiert (kleinere Kinder können auch symbolisch etwas malen), die in ihnen Trauer – was man besonders vermisst, auf wen oder was man wütend ist, besonders schlimme Momente – oder Freude auslösen – schön oder lustige Erinnerungen, was einem gut tut.

Die Kugel wird geschlossen und umgibt diese empfindlichen, intimen und wichtigen Erkenntnisse und Erinnerungen wie einen Schutz. Diese wertvolle Kugel sollte einen guten Platz zuhause erhalten… darauf gilt es hinzuweisen!

Familien-Bande

Wenn wir das Wort Familienbande in zwei Worte teilen, Familie und Bande, dann ergibt das ein ziemlich gutes Bild davon, wie Verbindungen innerhalb der Familie auch in einer Trauersituation zusammenhängen. »Wie gehen wir mit der Trauer in unserer Familie um?«, könnte die Frage dahinter lauten.

> MATERIAL | Stoff- und Geschenkbänder aller Art, Tapetenkleister oder DekoSteif-Kleister; es eignen sich auch unterschiedliche Stoffe, die man in Streifen schneiden kann.

Aus den Bändern werden drei Jonglage-Bälle entstehen:

1. ICH
2. DIE VERSTORBENE PERSON
3. DIE FAMILIE

Für jeden Ball (jeder soll am Ende etwa gleich groß sein) braucht es all jene Bänder, die zu den Personen passen, die unter 1., 2. und 3. vorgegeben sind. Diese Bänder werden geknüllt bzw. gewickelt und mit dem angerührten Kleister jeweils zu einem Ball geformt und festgedrückt. Nach dem Trocknen sind aus den Familien-Banden drei Jong-

lage-Bälle entstanden, mit denen über die Technik der Jonglage metaphorisch über das (Un-) Gleichgewicht innerhalb der Familie seit dem Verlust gesprochen werden kann. Die methodische Vorgehensweise mit der Jonglage lässt manchen Moment, Konflikt oder Erkenntnis in ein Bild fassen: Ungeduld, Spaß, Erfolg, Auffangen und Aufgefangen-Werden usw. Die drei Aspekte ICH-DIE VERSTORBENE PERSON-DIE FAMILIE innerhalb eines Trauerprozesses in die Balance zu bringen, bedeutet für so manchen Trauernden eine große Herausforderung.

Natürlich kann man auch kleine fertige Jonglagebälle aus Kunststoff benutzen und verschiedene Dinge auf den Ball schreiben. Die Bänder drücken jedoch zusätzlich aus, was bei wem wie berücksichtigt wurde, und geben dadurch die Chance, noch differenzierter ins (Trauer-) Gespräch zu kommen.

Der Wut-Wurf

In der Trauerarbeit mit Kindern, Jugendlichen und Familien ist es nicht nötig, Frösche an die Wand zu werfen, aber um mit den Themen wie Wut, Kraft, Energie usw. zu arbeiten, eignet sich sicherlich eine auf die Trauerarbeit zugeschnittene und abgeänderte Variante vom Spiel »Dosen werfen«.

> MATERIAL | Zehn Dosen pro Person, Stifte, Papier, Kleber, Farbe, Ball

Die Dosen werden beklebt, beschriftet oder bemalt mit Dingen, Situationen oder Personen, auf die man innerhalb der persönlichen Trauersituation wütend ist, die einen nerven oder zu viel Kraft kosten – alles ist erlaubt. Beispiele sind: Schule, Ärzte, Beerdigung, eventuell sogar sogar der oder die Verstorbene selbst.

Spielregeln:

- Die Dosen werden von unten nach oben mit 4, 3, 2, 1 aufeinander gebaut
- Man hat zunächst einen Wurf zur Verfügung. Der Abstand

vom Werfer zu den Dosen sollte altersspezifisch festgelegt Werden.
- Die Dosen, die umfallen, werden inhaltlich zum Thema gemacht, woraus sich über die Gespräche hinaus evtl. noch weitere Ideen der Aufarbeitung entwickeln.

Vorab könnte auch ein kleiner Fragen-Katalog dazu entstanden sein, der erste Impulse zu einem ressourcenorientierten Dialog gibt. Diese Impulse könnten zum Beispiel folgende sein:

- Was genau stört dich daran?
- Wie äußert sich das genau?
- Wann konkret hast du damit schlechte Erfahrung gemacht?

Sonnenfänger

Material | Baumscheibe einer Linde, Muggelsteine in verschiedenen Farben, Stanzer für Holz

Der Brunnen aus unserem Märchen steht unter einer Linde. Dieser Baum ist der einzige, dessen Blätter die Form eines Herzens hat und somit auch im Volkskontext »Der Baum der Liebe« genannt wird. Er ist damit wie geschaffen für die Trauerarbeit.

Man kann zunächst allgemein Bezug nehmen auf die Jahresringe, das Holz und seine Maserung, den Baum in seiner Grundstruktur, die Herzblätter... um ins Gespräch über Leben und Vergehen zu kommen. Die Muggelsteine symbolisieren die Farben des Verstorbenen. Mit welcher Farbe verbindet man diesen Menschen am ehesten? Welche Erinnerung ist vorrangig an welche Farbe geknüpft? Wenn man diese Baumscheibe ins Fenster hängt und die Sonne durchscheint, soll dieser Sonnenfänger die Farben der Erinnerung zum Strahlen bringen.

Ich bring dir Glück!

Am Ende des Märchens geleiten acht weiße Pferde den erlösten Prinzen und die Prinzessin zum Schloss. Es sind Wegbegleiter, von denen man

auch im Volksmund sagt: »Das Glück dieser Erde liegt auf dem Rücken der Pferde!« Das Hufeisen hat sich längst als Glückssymbol etabliert. Ein Hufeisen als Bilderrahmen mit einem Foto der verstorbenen Person, vielleicht auch zu Lebzeiten abgelichtet mit dem nun Hinterbliebenen, soll und könnte sagen: Ich bin dabei auf all deinen Wegen, beschütze dich, begleite dich mit zu deinen Zielen und bringe dir Glück! Mit einer Paketschnur kann man diesen besonderen Bilderrahmen auch an die Wand hängen.

»Königstochter jüngste, mach mir auf…«

Türschilder eignen sich ganz wunderbar für Kinder, Teenies oder Jugendliche, um nach außen ein Zeichen zu setzen, ob sie gerade Kontakt möchten oder nicht. Hinsichtlich des Materials sind hier natürlich keine Grenzen gesetzt – ob aus Holz, Papier, Plastik… lediglich auf die Beschriftung kommt es an. Und auch hier kommen die Ideen meistens ganz von allein, was darauf stehen soll.

Ein Türschild kann zwei Seiten haben oder noch viel aufwendiger gestaltet sein. Daraus kann sogar ein ganzes Gefühlsbarometer entstehen, das an die Tür gehängt wird – so hätte die Familie eine noch differenziertere Vorstellung von der Gefühlslage des trauernden Kindes.

»Drei Dinge sind grenzenlos: Der Himmel mit seinen Sternen, das Meer mit seinen Tropfen und das Herz mit seinen Tränen.«
Gustave Flaubert

Das Totenhemdchen

Es hatte eine Mutter ein Büblein von sieben Jahren, das war so schön und lieblich, dass es niemand ansehen konnte, ohne mit ihm gut zu sein, und sie hatte es auch lieber als alles auf der Welt. Nun geschah es, dass es plötzlich krank ward, und der liebe Gott es zu sich nahm; darüber konnte sich die Mutter nicht trösten und weinte Tag und Nacht.

Bald darauf aber, nachdem es begraben war, zeigte sich das Kind nachts an den Plätzen, wo es sonst im Leben gesessen und gespielt hatte; weinte die Mutter, so weinte es auch, und wenn der Morgen kam, war es verschwunden. Als aber die Mutter gar nicht aufhören wollte zu weinen, kam es in einer Nacht mit seinem weißen Totenhemdchen, in welchem es in den Sarg gelegt war, und mit dem Kränzchen auf dem Kopf, setzte sich zu ihren Füßen auf das Bett und sprach: »Ach Mutter, höre doch auf zu weinen, sonst kann ich in meinem Sarge nicht einschlafen, denn mein Totenhemdchen wird nicht trocken von deinen Tränen, die alle darauf fallen.« Da erschrak die Mutter, als sie das hörte, und weinte nicht mehr.

Und in der anderen Nacht kam das Kindchen wieder, hielt in der Hand ein Lichtchen und sagte: »Siehst du, nun ist mein Hemdchen bald trocken, und ich habe Ruhe in meinem Grab.« Da befahl die Mutter dem lieben Gott ihr Leid und ertrug es still und geduldig, und das Kind kam nicht wieder, sondern schlief in seinem unterirdischen Bettchen.

Thematischen Brücken

Das Totenhemd

Bereits der Titel unseres Märchens bezieht sich auf das »letzte Kleidungsstück« in seiner ursprünglichen Form und muss gleichzeitig im Kontext der Zeit gesehen werden, in welcher das Märchen von den Brüdern Grimm aufgeschrieben wurde. An dieser Stelle deshalb ein kleiner historischer Einblick in die Entwicklung der Totenkleidung:

Das Totenhemd wurde durch die christliche Jenseitsvorstellung geprägt. Die ursprüngliche Farbe für Trauer und Bestattungsriten war nämlich weiß – als Farbe der Auferstehung. In einigen Orten wurde das Totenhemd sogar von den Angehörigen genäht, jeder tat einen Stich. In den früheren Zeiten galt es oftmals als Aussteuer und war ein beliebtes und wichtiges Geschenk bei Hochzeiten oder anderen großen Lebensfesten. Denn der feine Leinenstoff war teuer und schließlich wollte jeder irgendwann »gut gekleidet« vor dem Allerhöchsten erscheinen.

Von Totenkleidung im engeren Sinne kann erst seit dem 14. Jahrhundert gesprochen werden und in der seit dem 16. Jahrhundert zunehmend diesseitsorientierten und individualisierten Gesellschaft galt es, den festlichen Charakter des Abschieds zu unterstreichen. Es entstanden statusbezogene, geschlechtsspezifische Kleiderordnungen. Bis heute greift die Bestattungswäscheindustrie westeuropäischer Staaten auf Entwürfe dieser Zeit zurück: eine festliche Bluse für die Dame, ein Hemd mit Binder für den Herrn. Erst seit dem 18. Jahrhundert kann man in eigener Kleidung begraben werden. Im Bestattungsrecht zahlreicher Bundesländer finden sich mittlerweile Vorgaben zur Totenkleidung, die schwer Verrottbares untersagen. Das immer noch gültige Feuerbestattungsgesetz aus dem Jahr 1934 schließt – Länderrecht übergreifend – solche Materialien aus, deren Verbrennung Schadstoffe freisetzt. Die Notwendigkeit solcher Vorgaben ist aber umstritten.

Die bürgerlich formelle Totenkleidung in Form des festlichen Kleids oder des guten Anzugs wird mittlerweile zunehmend durch das Lieblingskleidungsstück verdrängt. Mit dem Wandel der Seh- und Konsumgewohnheiten verändert sich unter dem Einfluss der Textilindustrie auch der Totenkult und damit die Totenkleidung.

Trauer früher und heute

Unser Märchen handelt vom Ende des Lebens und von einer damit notwendigen Bewältigung der Trauer. Es beschreibt das Ruhefinden im Diesseits und setzt die Welt der Lebenden mit der Welt der Toten ins Verhältnis. Das Grab des verstorbenen Kindes weckt keine unheimlichen Assoziationen, sondern ist jener Ort – im Märchen als sein unterirdisches Bettchen bezeichnet – in dem es im Jenseits Ruhe findet.

Im Spiegel des Märchens wird deutlich: Die Toten können nur dann ihren Platz und ihren Frieden finden, wenn sich die Lebenden wieder ganz dem Leben zuwenden und dennoch die Toten in ihren Gräbern nicht vergessen.

Sich heutzutage mit den Themen Tod und Sterben zu befassen, fällt den meisten Menschen nicht leicht. Besonders, wenn es um Tod und Sterben im persönlichen Umfeld geht, wissen viele Menschen überhaupt nicht, wie sie damit umgehen sollen. Früher war das noch anders, denn da wurden die Menschen im Schnitt ohnehin nur 35 Jahre alt, wobei der Durchschnitt vor allem deshalb so niedrig war, weil Kinder und besonders Säuglinge häufig an Krankheiten und Hunger starben.

Doch das ausschlaggebendste, was das Früher vom Heute unterscheidet, liegt an der Reihe vieler Rituale: Lag jemand im Sterben, wurden feierliche Zeremonien durchgeführt. Fenster und Türen wurden geschlossen, Kerzen entzündet und Verwandte und Freunde versammelten sich um das Bett des Sterbenden. Zum Abschied, Entschuldigen oder Erinnern. Außerdem wurde häufiger gebetet und ein Priester erteilte dem Sterbenden eigens die Absolution zur Vergebung seiner Sünden. Trat der Zeitpunkt des Todes ein, öffnete man das Fenster, damit die Seele des Verstorbenen entweichen konnte. Letzteres hat sich bis heute gehalten und wird noch häufig als Ritual vollzogen! Der Verstorbene blieb für einige Tage auf seinem Totenlager liegen, sodass Verwandte, Freunde, Bekannte und Nachbarn ihn noch einmal besuchen und gemeinsam für ihn beten konnten. Das war damals normal und niemand fand es gruselig, einen Toten im Haus zu haben. Die Totenwache dauerte bis zum Tag der Beerdigung und endete damit, dass der Sarg des Verstorbenen gemeinsam zum Friedhof getragen wurde. So merkwürdig es klingen mag: Der Tod war in früheren Zeiten so etwas wie ein Gemeinschaftserlebnis. Man starb nicht allein und auch in der Trauer um einen Angehörigen war man nicht auf sich gestellt.

Diese Sichtweise wandelte sich im Laufe der Zeit. Großfamilien wurden seltener und das zog es nach sich, dass weniger Familienmitglieder eine stärkere gefühlsmäßige Bindung zueinander entwickeln. Natürlich veränderte sich damit auch ihre Einstellung zum Tod und das Ausmaß ihrer Trauer, wenn ein geliebter Mensch starb. Ein Todesfall ist heute nicht mehr alltäglich, sondern ein Schicksalsschlag. Ein selbstverständlicher Umgang mit Tod und Sterben ist heute kaum mehr denkbar, man hat ihn schlicht und einfach *verlernt*.

Heutzutage wissen viele Menschen schon nicht so recht, wie sie mit kranken oder alten Menschen umgehen sollen, und gehen deshalb bereits in diesem Stadium des Lebens unbewusst auf Abstand.

Früher war nicht alles besser, das wäre zu einfach gedacht. Denn natürlich ist es gut, dass Menschen heute lange leben oder bei guter Gesundheit sind und wir uns normalerweise erst spät in unserem Leben mit dem Tod auseinander-

vgl. dazu das Handwörterbuch des Deutschen Aberglaubens, hrsg. von Hanns Bächthold-Stäubli und E. Hoffmann-Krayer.10 Bde. Berlin 1927-1942; Metken, Sigrid (Hrsg.), Die letzte Reise. Sterben, Tod und Trauersitten in Oberbayern, Hugendubel Heinrich, München 1988 sowie Aries, Philippe, Geschichte des Todes, dtv Verlagsgesellschaft, 11. Aufl., München 2005 setzen müssen. Doch kann es bestimmt nicht schaden, ab und zu daran zu denken, dass der Tod ein ganz natürlicher Bestandteil des Lebens ist. Das fällt schwer, wenn es um den Tod eines geliebten Menschen geht, denn der Gedanke daran ist unfassbar traurig. Es ist verständlich, dass man sich damit nicht *zu viel* beschäftigen möchte. Aber solche Gedanken komplett zu verdrängen, kann keine Lösung sein. Es hilft, im Alltag miteinander häufiger über Tod und Sterben, auch über seinen eigenen, zu reden und sich bewusst mit dem Thema auseinanderzusetzen.

Verwaiste Eltern

Jährlich sterben rund zwanzigtausend Kinder und Jugendliche an den unterschiedlichsten Ursachen. Mit Sicherheit geht dieser Schicksalsschlag bei den Eltern mit einer existentiellen Erfahrung der eigenen Machtlosigkeit einher. Der Sinn und die Fülle eines Lebens werden zutiefst erschüttert; über die Trauerreaktionen hinaus geht es nicht selten und ggf. auch langfristig um Ängste, emotional akute Verstimmungen, Eheprobleme oder starke Schuldgefühle. Geschlechtsspezifische Unterschiede der Trauerbewältigung können dabei eine große Rolle spielen und es bahnen sich unter Umständen Paarprobleme durch mangelndes Verständnis für die Art der Trauer des anderen Elternteils ihren Weg.

In unserem Märchen ist nur von der Mutter die Rede, den Vater scheint es nicht zu geben oder er spielt für den Verlauf und die Botschaft dieser Geschichte keine ausreichende Rolle. Möglich auch hier: Er ist in seinem Trauerprozess schon an einem anderen Punkt als die Mutter des Kindes.

Mit dem Tod eines Kindes kann auch die Zukunft einer Familie sterben, was bedeutet, dass sich die Eltern als Paar neu finden und definieren müssen. Und neben den am nächsten Betroffenen, den Eltern, Geschwistern und Familienangehörigen, zieht sich die Trauer auch bis in das soziale Umfeld, zu Freunden, Nachbarn, Kollegen, Mitarbeiter, zu den involvierten Berufsgruppen wie den Trauerbegleitern, Ärzten, Therapeuten, Hebammen, Lehrern und Erziehern, sowie zu den ehrenamtlichen und professionellen Stellen, wie Seelsorgern und Kriseninterventionskräften, der Feuerwehr und Polizei.

Man weiß um die Kraft von Ritualen, kreativen Methoden und modellorientierten Herangehensweisen, welche eine gute Unterstützung für den Gesamtprozess bieten können – in Kombination mit kompetenten Menschen, die sich als Wegbegleiter zur Verfügung stellen. So ist das zumindest heute...

Zu den Zeiten, in denen die Märchen ihren Ursprung fanden, bis in die frühen achtziger Jahre, gab es zwar zu dieser Thematik diverse Forschungen, doch waren kreative Angebote einer Familientrauerbegleitung und fernab einer Therapie dünn gesät oder überhaupt nicht vorhanden. Wen wundert es also, dass die Mutter aus dem Märchen zunächst keine andere Idee hat als *nur* zu weinen...?!

Eine Verbindung über das Diesseits hinaus

Der Mutter im Märchen erscheint ihr kleiner, verstorbener Sohn immer wieder in der Nacht. Dieses Phänomen findet sich keineswegs nur in Märchen wieder, sondern wird von vielen Trauernden berichtet, die nach ihren Erzählungen eine Art »Begegnung« mit einem nahestehenden Verstorbenen hatten. Und ja: Wenn jemand stirbt, der uns viel bedeutet, dann hinterlässt das eine unglaublich große Leere. Tröstend kann die Vorstellung sein, dass die Seele dieser Person immer noch in unserer Nähe ist. Die Trauernden wissen, dass sich die verstorbene Person im selben Raum befindet – das ist eine ganz gängige Aussage. Auch können Träume von Verstorbenen sehr realitätsnah wirken – sowohl in metaphorischer Hinsicht als auch auf konkrete Personen bezogen.

Der Sterbeforscher Bernard Jakoby – www.sterbeforschung.de – ist davon überzeugt, das der Betroffene buchstäblich die spezifische Ausstrahlung des Verstorbenen spüre, und zwar in Form von Wärme und eines befreienden Gefühls von Geborgenheit und Liebe. Verstorbene erschienen oft in Verbindung mit Licht und wirkten sogar dann gesund und heil, wenn sie in ihrem Leben eine Behinderung oder körperliche Beeinträchtigung hatten. Diese Begegnungen mit Toten im Schlaf oder auch im Wachzustand zählen im fachlichen Trauerkontext zu Illusion und Halluzination und sind demnach erst einmal normale Traueranzeichen, nicht im Sinne von »Einbildung«, sondern von überdimensionaler Wahrnehmung und Sensibilität für Energie, Wärme und Licht. Dabei sei angemerkt: Diese drei sind innerhalb der Physik erforscht und nachgewiesen, was das Fragezeichen hinsichtlich einer klassischen »Einbildung« noch größer werden lässt!

Die Meinungen über Jenseitsbegegnungen, Nahtoderfahrungen oder die Kontaktaufnahme mit Verstorbenen über ein sogenanntes »Medium« gehen indes sehr weit auseinander. Man könnte darüber ein eigenes Buch verfassen, doch steht eines fest: Als schwierig bzw. krankhaft gelten diese Phänomene erst dann, wenn mit ihnen eine übermäßig lange Dauer und eine extreme Intensität einhergehen und keine Fortschritte im Verlauf der Trauerbewältigung erkennbar sind.

vgl. Markolf H. Niemz „Lucy im Licht – Dem Jenseits auf der Spur", Droemer, München 2007

Von der Ewigkeit der Tränen

»Und was ist, wenn ich nie wieder aufhören kann zu weinen?« Diese Frage bekomme ich von Jugendlichen oder jungen Erwachsenen oftmals dann gestellt, wenn sie stark dazu neigen, ihre Gefühle zu unterdrücken – aus Scham, Rücksichtnahme, basierend auf einer bewusst getroffenen Entscheidung. Diese Frage ist keineswegs überzogen, sondern eine ernstzunehmende Sorge der Betroffenen. Sie haben die Vorstellung, dass, wenn sie ihren Tränen einmal nachgegeben haben werden, ein Schneeballsystem ins Rollen kommt, das sie emotional nicht mehr aufhalten können. So ergeht es nicht wenigen Trauernden ab dem Teenager- und Jugendalter.

Die Mutter des Jungen aus unserem Märchen bestätigt diese Theorie, in dem sie »gar nicht mehr aufhören konnte zu weinen«. Aber: Weinen ist ein natürlicher Instinkt. Es ist eines der ersten Dinge, die Neugeborene tun. Menschen weinen ihr Leben lang. Weinen kann eine emotionale oder verhaltenstechnische Antwort auf etwas sein, was man sieht, hört oder denkt. Und dass man sich beim Weinen oft zurückziehen will, ist nur natürlich, normal und kann sehr befreiend sein. Intensives und sehr langes Weinen kann hingegen körperlich stressig werden, für das Herz-Kreislauf-System und auch für die Psyche.

Es gibt so viele Gründe, warum wir weinen. In der Regel versucht der Mensch zu ergründen, was mit einem passiert und was der Antrieb dafür ist, wenn man *unaufhörlich* weint. Aber warum nicht einfach mal ausheulen und allem freien Lauf lassen, was einem auf der Seele liegt? Es ist ja ein in der Regel nur vorübergehender Zustand, der seinen Raum und seine Aufmerksamkeit braucht. Wenn das jedoch öfters auftritt und der eigene Alltag damit immer mehr oder ausschließlich davon beeinträchtigt wird, bis hin zum Nervenzusammenbruch, dann könnte es sein, dass eine alleinige (Familien-)Trauerbegleitung nicht mehr ausreicht. Ein Hausarzt kann nach genauer Schilderung der emotionalen Ausnahmesituation zusätzlich beraten und ggf. an therapeutische Stellen weiterleiten, zum Beispiel dann, wenn durch seine Untersuchungen eine Diagnose nach ICD-11 vorliegt, wie etwa eine Depression oder Angststörung. Denn Körper und Seele halten auf Dauer die Belastung nicht aus, wenn einem beständig unterdrückten Hilferuf nicht nachgegeben wird.

Auch wenn Weinen eines der essentiellsten, wichtigsten und aufrichtigsten Dinge ist, zu welchem der Mensch fähig ist – an dieser Stelle ein paar kleine Tipps, was jeder tun kann, um das Weinen zu regulieren, sobald das Gefühl aufsteigt: »Es wird zu schwer«:

1. Tief atmen
2. Die Gründe der eigenen Traurigkeit erkennen und benennen
3. Schreiben, kritzeln oder malen
4. »Tapetenwechsel«: Musik hören oder machen, Spa zierengehen, Wasser ins Gesicht…
5. Körperhaltung verändern: sich aufrichten, strecken usw.
6. Entspannungstechniken anwenden
7. Sprich mit anderen!

Die falsche Reihenfolge

Kindsein heißt im Idealfall...

- spielen
- lachen
- entdecken
- Sorglosigkeit
- träumen
- lernen
- Freiheit

Diese Form des Kindseins bleibt den laut der Deutschen Palliativstiftung schätzungsweise sechzigtausend in Deutschland lebenden Kindern mit einer lebensverkürzenden und gleichzeitig diagnostizierten Erkrankung verwehrt. Denn bei ihnen gibt es keine realistische Hoffnung auf Heilung. Die Kinder und Jugendlichen sterben mutmaßlich vor dem Erreichen des Erwachsenenalters. Man kann es drehen und wenden wie man will: Das ist hinsichtlich eines Lebens einfach die falsche Reihenfolge, wenn Kinder und junge Menschen vor den Alten sterben! Interessant ist an dieser Stelle eine Tabelle der Deutschen Gesellschaft für Pflegewissenschaft, die uns die Fähigkeiten und Möglichkeiten innerhalb eines Krankheitsprozesses aufzeigt, welche der jeweiligen Altersgruppe mit lebensverkürzender Diagnose zugeordnet werden können.

Kleinkind	Grundschulkind	Jugendlicher	junger Erwachsener
		Bewusstes leben wollen	Bewusstes leben wollen
		Entwickeln einer eigenen Sicht auf das Leben	Entwickeln einer eigenen Sicht auf das Leben
	Ausbalancieren von Fremdbestimmung und Handlungsmacht	Ausbalancieren von Fremdbestimmung und Handlungsmacht	Ausbalancieren von Fremdbestimmung und Handlungsmacht
Pendeln zwischen guten und schlechten Tagen	Pendeln zwischen guten und schlechten Tagen	Pendeln zwischen guten und schlechten Tagen	Pendeln zwischen guten und schlechten Tagen

Innerhalb eines lebensverkürzenden Krankheitsprozesses in jungem Alter geht es für die Betroffenen häufig darum, Restriktionen hinzunehmen, sich »nicht unter kriegen zu lassen«, sich selbst zu schützen, für die eigenen Rechte einzutreten, aber auch karge Anreizstrukturen und Einsamkeit hinzunehmen. Die Angehörigen – in diesem Fall beziehe ich mich auf die Eltern – unterstützen, kämpfen und setzen derweil sämtliche Lebensenergien frei, wo bei ihren sterbenden Kindern diese langsam entweicht.

Dieser Kraftakt wandelt sich nach dem Tod des Kindes in einen ebenso starken Kraftakt des inneren Kampfes und einem emotionalen Ausnahmezustand. Oftmals ist das einzige Ventil eine Mischung aus Rückzug und zunächst unaufhörlich tränenreicher Trauer.

Ein Kränzchen auf dem Kopf

Im Märchen hat der Junge ein Kränzchen auf dem Kopf. Das resultiert höchstwahrscheinlich aus einer uralten Handhabung, die mir aus traditionell besetzten Riten zu früheren Jahreszeitfesten bekannt ist.

Einem Kind wurden zur Geburt oder Taufe drei Gaben mit auf den Lebensweg gegeben:

Ein blaues Band als sichtbare An- und Verbindung zur Ahnenlinie, aber auch zum Himmel und Wasser. Dieses Band diente zur Erinnerung, während des Lebens Verantwortung zu übernehmen und als ehrenhafter Mittler zwischen dem Göttlichen und den Erdkräften zu agieren. Die Farbe Blau galt als Farbe des Edlen und des Adels, aber auch des schützenden Mantels Marias.

Ein Löffel, in der Regel aus Silber, war die zweite Gabe. Als Symbol für Nahrung auf physischer und psychischer Ebene und eine damit verbundene gesunde Körperlichkeit war er tatsächlich gedacht zum alltäglichen Gebrauch bei der Nahrungsaufnahme. Aus diesem Brauch resultiert der Spruch »den Löffel abgeben», sobald einen das Zeitliche segnet. Dieser wurde dem Verstorbenen auch als Grabbeilage mit in den Sarg gelegt.

Ein Kränzchen als Zeichen der Unvergänglichkeit der Seele. Er sollte die Kraft der Natur und des Wachstums anzeigen und wurde im Lauf der Zeit auf viele Varianten erweitert, zum Beispiel den Adventskranz, den Trauer- oder Siegerkranz. Das Grün stellt die Farbe des Lebens dar und der Kreis symbolisiert die mit der Auferstehung gegebene Ewigkeit. Dass der Junge in unserem Märchen also ein Kränzchen auf seinem Kopf trägt, hängt mit großer Wahrscheinlich an genau diesem Brauch.

Aus der Praxis

Ganz nah

Mit dem kindlichen Bewusstsein zwischen Zeit und Raum habe ich während verschiedener Begleitungen immer mal wieder zu tun.

Als der Unfall passierte, bei dem ihre Mama starb, war Lena vier Jahre alt. Auch sie saß damals mit in dem Auto und erlitt lebensgefährliche Verletzungen. An den Unfall selbst erinnert sie sich nicht, ihr Wissen darum beruht auf Erzählungen. Sie kam etwa ein halbes Jahr nach dem Unfall zum ersten Mal in die Trauerbegleitung und damals wie heute, mittlerweile ist sie sieben Jahre alt, hält sie an einem ganz bestimmten Detail des Unfallhergangs fest. Dies gab sie in Wort und Bild über die Jahre kontinuierlich übereinstimmend wieder: »Als der Unfall vorbei war, lag Mama neben dem Auto tot auf der Straße mit einem Tuch… und ich lag bei Mama… ganz nah!«

Nun kenne ich den Unfallhergang und den weiteren Verlauf vor Ort aus Gesprächen mit ihrem Vater ebenfalls … der Platz, an dem Lenas Mama tot auf der Erde lag, und Lenas Ort, an dem sie aufgefunden wurde, lagen etwa fünfzig Meter auseinander. Doch aufgrund der Tatsache, dass Lena vor Ort reanimiert werden musste, hat sie vielleicht gar nicht so unrecht damit, wenn sie erzählt, dass sie in dem Moment ihres Zwischenzustandes ganz nah bei ihrer Mama war.

Das gehört dir nicht!

Nachdem die kleine Schwester von Till (5 Jahre) tot geboren wurde, blieb das Kinderzimmer, in das die Kleine einziehen sollte, fortan verschlossen. Niemand betrat es – weder die Mutter, noch der Vater… und für Till galt dasselbe. Auch ich hatte mich in meiner Rolle als Familientrauerbegleiterin an diese Entscheidung gewöhnt, denn zum Thema machte es Till immer wieder; vor allem deshalb, weil ich während der Begleitung überwiegend bei der Familie zuhause war.

Für rund drei Monate blieb das Kinderzimmer der verstorbenen Tochter verschlossen. Einmal jedoch, als ich bei der Familie wieder einen Hausbesuch vornahm, wurde ich überrascht. Denn als wir schon ziemlich am Ende mit unserem Beisammensein waren, sagte die junge Mutter: »Ich glaub es ist in Ordnung, wenn wir jetzt das Kinderzimmer unserer Tochter öffnen!« Ich hatte damit überhaupt nicht gerechnet, auch nicht, dass ich eines Tages selbst dabei sein würde, wenn dieser Moment für die Familie gekommen war. Aber nun war er da und sie waren sich so sicher, diesen Schritt *jetzt* gehen zu wollen. Auch Till sollte dabei sein.

Wir gingen in den ersten Stock des Hauses, den Schlüssel des Mädchen-Kinderzimmers holte die Mama selbst und sperrte auf. Alle gingen hinein – ich zuletzt. Ja, da wartete ein Zimmer auf einen kleinen Menschen, das sah man sofort an der liebevollen Einrichtung, die davon erzählte, dass man sich darum viele Gedanken gemacht hatte. Es roch nach Babycreme und neuem Holz; alles war so unberührt. Genauso, wie die Eltern versuchten, an den dramatischen Erlebnissen nicht rühren zu wollen.

Es wurde sehr emotional, nachdem die kleine Familie das Kinderzimmer betreten hatte. Aber es passierte noch etwas! Für Till war dieses Kinderzimmer nämlich wie ein kleines Paradies mit all den neuen Spielsachen und Kindermöbeln. Ehe man sich versah, sammelte er verschiedene Stofftiere ein, um sie dann in *sein* Zimmer zu tragen. Die Eltern sagten nichts dazu, konnten es gar nicht, denn sie waren mit sich beschäftigt. Tills Papa saß neben dem Schrank am Boden und wirkte sehr in sich zurückgezogen und seine Mama strich weinend immer wieder mit ihren Händen über den Wickeltisch. »Darf er das?«, sprach ich sie schließlich an und zeigte gleichzeitig auf Till: Sie sah zu ihm hin, der mittlerweile mindestens sieben Stofftiere auf seine kleinen Arme geladen hatte, und sagte lächelnd: »Ja, ja... kein Problem!« – und winkte sogar ab. Ich kannte sie nun seit drei Monaten und ich wusste ganz genau, dass das alles andere als »kein Problem« war. Mir kam meine Frage plötzlich zu »klein« vor und ich formulierte es dann noch einmal anders: »Es kann sein, dass du hier drin noch nichts verändern kannst oder willst und dass dir dieser erste Schritt überhaupt hier ins Zimmer vorerst genügt. Es ist total in Ordnung, wenn alles andere erstmal stehenbleibt.« Sie sah mich an, lächelte unter ihren Tränen und räumte ein: »Also, dann möchte ich lieber, dass alles hier in ihrem Zimmer bleibt.« Das sagte sie zu *mir*, nicht zu ihrem Sohn. Das war ihr nicht möglich, dafür reichte die Kraft nicht, sich mit ihm in dieser Situation auseinanderzusetzen. Das musste sie auch nicht explizit sagen, das spürte ich genau.

Also übernahm ich an diesem Punkt die Regie. Unaufgeregt und der Situation angemessen ging ich zu dem Jungen und sagte: »Till, das alles gehört dir nicht! Stell es bitte wieder an seinen Platz und lass die Stofftiere im Zimmer deiner Schwester.« Natürlich war er damit nicht einverstanden und reagierte vehement mit einem Nein. Ich wiederholte es noch einmal und noch einmal... und mein sehr ruhiger, aber klarer Unterton ließ ihn schließlich erkennen, dass das ernst gemeint war und die Stofftiere definitiv nicht das Zimmer wechseln würden. Er ließ sie fallen, räumte mit mir jedoch alles wieder an seinen ursprünglichen Platz, was seine Mama dankbar verfolgte. Anschließend stampfte er in sein Zimmer nebenan und man hörte ihn vor sich weinerlich hin schimpfen. Später, nachdem ich das Gefühl hatte, die Eltern im Kinderzimmer ihrer Tochter auch ein bisschen alleine lassen zu können, ging ich zu ihm und seine Gewitterwolken waren sehr schnell verzogen.

Ja, das war frustrierend für ihn – aber gleichzeitig wollte ich in dieser besonderen Situation seinen Eltern die größere Priorität einräumen. Weil es wichtig war. Weil es für die beiden um mehr ging als für Till. Weil die Spielsachen einem Kind gehörten, das nicht mehr lebte und gleichzeitig trotzdem noch da war.

Sonnenblumen

Manchmal kann es passieren, dass eine Lebensgeschichte an ihrem Ende eine Art von Frieden erfährt, die Grenzen zu sprengen vermag…

Wenn ich neben der (Familien-)Trauerbegleitung mitunter auch als Trauerrednerin agiere, geht es darum, nicht nur eine schöne Rede zu formulieren. Es geht darum, Worte zu suchen, die den Verstorbenen in seinen Facetten einfangen. Es geht um Gespräche und auch um Beziehungen.

Ich beschäftige mich mit einem Menschen, den ich erst kennenlerne, wenn er gestorben ist. Und dazu gibt es ein Familiensystem, in dem es wiederum ganz viele eigene Geschichten gibt. Meine Rolle ist dabei die Kunst, Sprache zu bedienen, wenn Angehörige oft keine Worte mehr zur Verfügung haben. Da kann ich ihnen Worte anbieten.

Oftmals möchten sie eine Geschichte erzählen und es geht nicht. Wenn Tränen der Trauer sie übermannt, wenn der Atem stockt, sich Situationen auftun, die das unmöglich machen. Auch dann bereite und gehe ich den Weg mit. Es ist die Chance, die Geschichte eines Menschen zu erleben, aufzubereiten und zu erzählen.

Ich wurde also für eine Trauerfeier als Trauerrednerin gebucht. Der Mann war über neunzig Jahre alt, hatte ein recht erfülltes Leben und verstarb ohne einen langen Krankheitsprozess.

Das Vorgespräch führte ich mit seinen Kindern. Es wurde deutlich, dass er als Ehemann und Vater vorbildlich und liebenswert war und dass es eine Menge Erinnerungen gab, die die Anwesenden während ihrer Erzählungen immer wieder traurig und zugleich glücklich machten. Aber sie erzählten auch davon, dass es noch eine ganz andere Seite an ihm gab, die die Familie kontinuierlich belastet hatte, beschämte und gar erschütterte: Er war bis zuletzt ein bekennender Nazi. Nun hatte der Mann für den Fall seines Todes eine Liste verfasst, die unter anderem Wünsche für die Trauerfeier umfasste – so auch, dass es für sein letztes Geleit unbedingt Sonnenblumen sein sollten!

Es war aber Januar und allzu viele Hoffnungen machten wir uns nicht, den gewünschten Blumenschmuck in der notwendigen Größenordnung herzukriegen. Zwei Tage später rief mich die Tochter des Verstorbenen an und sagte: »Ich habe die Sonnenblumen – aber ich war mir nicht sicher, ob ich sie wirklich kaufen sollte …« Ich dachte daran, dass die Blumen zu dieser Saison wohl massiv überteuert waren, aber sie sprach weiter: »… ich konnte nur ein einziges Blumengeschäft finden, die die Sonnenblumen bestellen und rechtzeitig liefern können – und diese Sonnenblumen kommen nun aus … Israel!«

Ob sich seine Angehörigen während der Trauerfeier dachten: »Geschieht dir grad recht!« oder ob sie für sich das Bild aufmachen konnten, dass sich hier zwei Seiten die Hand reichten, weiß ich natürlich nicht. Aber die Frage nach Schicksal oder Zufall kann ich für mich schon beantworten: Es war Zufall – wenn man Zufall so übersetzt, dass einem zufällt, was fällig ist.

Das bin ich ihr schuldig!

In meine Praxis kam eine junge, einundzwanzigjährige Erwachsene, deren Mutter infolge einer längeren Krankheit gestorben war. Besonders auffallend war an ihren Erzählungen, dass sie mit ihrer Mutter in einem inneren Dialog stünde und diese so stolz auf sie sei, dass sie nun alles in ihrem Sinne weitermache: das Haus in Schuss halten, den Garten pflegen, für Papa kochen, seine Wäsche machen, putzen und auch die Grabpflege. Die Tochter gab dafür verschiedene Mitgliedschaften in Vereinen auf, reduzierte ihr Nachtleben mit Freunden auf ein Minimum und lebte immer mehr das Leben ihrer Mutter.

»Das bin ich ihr schuldig!«, hörte ich sie oft mit einem Lächeln und gleichzeitig mit Tränen in den Augen sagen. »Sie hat einfach alles für mich gemacht – jetzt bin ich dran!« Dieses Phänomen ist nicht selten.

Der Wunsch, die verstorbene Person stolz zu machen und verstärkt in ihrem Sinn zu handeln, vielmehr das zu tun, was man glaubt, dass der fehlende Mensch passend finden würde, begegnet mir häufig. Im Grunde genommen geht es dabei darum, das Gefühl, in Verbindung zu sein und zu bleiben, hervorzurufen. Denn das passiert automatisch, wenn ich den Alltag des Verstorbenen lebe – man erhält die verlorene Person am Leben. Alles wie immer. Nichts, dem man anmerkt, dass etwas anders geworden ist. Jemand versucht, die leeren Fußstapfen zu füllen. In diesem Fall die Tochter die ihrer Mutter.

Oftmals bedarf es der »Erlaubnis« des Verstorbenen, es *anders* machen zu dürfen. Auch hier setzt Trauerbegleitung an – ausdrücklich nicht in Form einer Séance, also einer spiritistischen Sitzung unter Anleitung eines Mediums, um mit Toten und Geistern in Kontakt zu treten, »Nachrichten« aus dem Jenseits zu empfangen oder mit Verstorbenen kommunizieren zu können. Vielmehr geht es um unterschiedlich erprobte Methoden bezüglich der Selbstwahrnehmung und -einschätzung des eigenen Lebensraumes und den damit verbundenen Zielen im öffentlichen, privaten und persönlichen Kontext.

Die in der beschriebenen Form stark existierende Bindung zu der verstorbenen Person wird unbedingt respektiert und im Gesamtverlauf des Trauerprozesses ernst genommen.

Mehr als Schwarz

Das Thema »Kleidung« spielt in der (Familien-)Trauerbegleitung eine größere Rolle, als man denkt. Denn um das Outfit geht es sowohl für die verstorbene Person als auch für die Trauergäste.

Im ersten Fall geht es nach altem Brauch darum, wie man im Jenseits vor dem Allerhöchsten stehen wird. Die Trauergäste hingegen möchten dem Verstorbenen die letzte Ehre erweisen und auch ihre Kleidung als Zeichen dessen nehmen. Die Farbe Schwarz ist dabei für viele Menschen nach wie vor sehr stimmig.

Mittlerweile gibt es von der Kleidung und ihrer Farbe jedoch individuellere Wünsche und Vorstellungen. An dieser Stelle gebe ich daher einige prägnante, schöne und besondere Einblicke aus meinen Praxiserlebnissen:

Die verstorbene Person

- Ein junger Mann verstarb nach relativ kurzer Krankheit. Die Angehörigen meinten, sie fänden es merkwürdig, den Sarg mit Rüschenkissen und weißem Satin auszustatten. Es sei ohnehin alles schon so skurril, aber das würde es noch skurriler machen, sagten sie. Der junge Mann war nämlich ein leidenschaftlicher Bergsteiger, Camper, Outdoor-Fan und Naturbursche durch und durch. Schließlich lag der Verstorbene in seinem Schlafsack im Sarg, in welchem er auf seinen Reisen in hunderten von Nächten unter dem Sternenhimmel gelegen hatte. Ohne weißen Satin und Rüschen... dafür vermutlich mit großer Glückseligkeit.
- Eine alte Dame lag in einem knallroten Pullover im Sarg. Aber warum? Die Verwandten sagten, dass sie auch in ihrer letzten, von Demenz bestimmten Lebensphase immer auf diesen roten Pullover bestand – ansonsten sei sie mit dem Personal des Seniorenheims sehr ungemütlich geworden. Was sie im dementiellen Zustand jedoch nicht mehr wusste, war, dass sie diesen Pullover bereits häufig zu ihren besten Zeiten angezogen hatte – mit einer ganz bestimmten Absicht: Sie lebte in einer Wohnung in Parterre mit einem Fenster hinaus auf die Straße. Vor diesem Fenster verliefen Parkplätze nur für Anwohner. Dort, an ihrem Fenster, saß sie stundenlang, beobachtete, maßregelte, schimpfte und rief mitunter die Polizei – im roten Pulli! Sie war der Meinung, dass dadurch die Falschparker sofort erkennen konnten: Hier passt jemand auf! Die Angehörigen meinten mit einem Augenzwinkern: »Damit sie nun auch im Himmel den Verkehr regeln kann...«
- Manchmal passieren besonders tragische Dinge. Wenn ich höre, dass eine junge Frau in ihren Flitterwochen ihr Leben verlor, zähle ich das uneingeschränkt dazu. Die Familie entschied sich, sie in ihrem Brautkleid beizusetzen. So gut wie alle Anwesenden hatten sie so das letzte Mal genau darin ge-

sehen: während ihrer Hochzeitsfeier. Es war stimmig, wenngleich auch über die Maßen traurig.

- Es ist mitunter nicht nur von Bedeutung, was ein Verstorbener anhat, sondern auch, was in den Kleidungsstücken mit eingesteckt ist. Ein älterer Herr wurde ganz klassisch in seinem besten Anzug in den Sarg gelegt, seine gefaltenen Hände umschlossen einen Rosenkranz und um ihn herum standen angezündete Kerzen, als die Familie ein letztes Mal bei ihm war, ehe die Beisetzung auf dem Friedhof stattfand. Nachdem die Beerdigung nur wenige Zeit später vorbei war, kam der Azubi des Bestatters zu ihm und legte ihm mit folgenden Worten mehrere Münzen auf den Tisch: »Das habe ich noch bei Herrn M. in der Anzugtasche gefunden, das können Sie ja den Angehörigen zurückgeben!«

Alle, die schon einmal etwas vom sogenannten »Fährengeld« gehört haben, dürften jetzt auflachen. Für alle anderen, einschließlich dem Bestatter-Azubi, sei Folgendes gesagt: Manche Angehörigen geben ihrem Verstorbenen für den letzten Weg ein paar Münzen in die Tasche – das Fährengeld. Ursprünglich hatten Römer und Griechen in der Antike vom Leben nach dem Tod dieselbe Vorstellung. Die Seele des Verstorbenen musste den Fluss Styx überqueren, um in die Unterwelt zu gelangen. Das Totenreich des Hades konnten die Verstorbenen nur erreichen, indem sie den Fluss Styx überwanden. Dank der Beförderung durch den Fährmann Charon war dies möglich. Als Entgelt für die Dienste des Charon legten die Menschen den Toten eine Münze unter die Zunge. Sollten die Verstorbenen den Obolus nicht bezahlen können, würden ihre Seelen hundert Jahre an den Ufern des Flusses umherflattern, bis ihnen Charon die Überfahrt doch noch erlaube. Dieser Brauch existiert bis heute, allerdings nicht mehr angelehnt an die antiken Vorstellungen, sondern mit einem modernen Verständnis der Flussüberquerung auf die »andere Seite«.

Nicht umsonst redet man im sprichwörtlichen Sinne bis heute davon, »über den Jordan gehen« zu müssen. Also bitte: Lasst den Toten sicherheitshalber ihr Fährengeld!

Die Trauergäste

- Bei einer großen Trauerfeier für einen passionierten Jäger erschienen nahezu alle Trauergäste in Jäger- oder Trachtenoutfit. Das war unglaublich feierlich und eindrücklich. Jagdhörner übernahmen den musikalischen Part und in einem bestimmten Moment der Trauerfeier legten alle »Den letzten Bruch« mit winterlichen Früchten vor die Urne. Im Anschluss stand auf dem Vorplatz der Trauerhalle ein Chor ebenfalls in Tracht, der langsame Jodel-Balladen sang und der Urne bis zur Grabstätte das letzte Geleit gab. Und so ist die Tracht keineswegs nur passend für ein Oktoberfest, sondern durchaus auch ein ehrerbietender Ausdruck einer Zugehörigkeit in Region, Tradition und Gilde.
- Ein kleines Mädchen war gestorben und bereits in der Traueranzeige der Zeitung wurde darauf hingewiesen, dass jeder Trauergast ein rosafarbenes Accessoire tragen sollte, weil rosa ihre Lieblingsfarbe war. Daran hielten sich alle, auch die anwesenden Männer und Jungen. Wenn man über den Platz blickte, sah es aus wie viele Blumenblüten, die hier und da durchblitzten. Als alle am Grab der Kleinen standen, wehte plötzlich der Wind und viele kleine rosa und weiße Apfelbaumblüten flogen durch die Luft und über die Köpfe der Trauernden hinweg. Niemand zweifelte daran, dass das Mädchen soeben selbst an alle einen letzten Gruß geschickt hatte.
- Weil er ein Motorradunfall hatte, starb ein Mann mittleren Alters. Als Harley Davidson-Liebhaber wurde ihm in dieser Manier die Feier ausgerichtet. Und weil das so war, störte es zu keiner Zeit, dass so gut wie alle Trauergäste in Lederkluft, mit Stirnbändern, Sonnenbrillen und teilweise Springerstie-

feln erschienen. Sein Sarg wurde nach der Feier parallel zum Hauptparkplatz über einen Vorplatz umgeleitet. Da saßen nun alle Harley-Brüder auf ihren Maschinen und drehten, manche weinend, noch ein letztes Mal die Motoren hoch. Das war einer der imposantesten Momente, die ich als Trauerrednerin je erlebt hatte – und übrigens: Auch ich hatte eine schwarze Lederhose an!

Zu manchen Beerdigungen wird von den Angehörigen tatsächlich ein Dress-Code vorgegeben. Ich persönlich stoße dabei immer wieder auf die Vorgaben »bunt« oder »alles, nur kein schwarz«. In der Regel kommt man diesen Wünschen nach, auch dann, wenn man sich dabei nicht wohlfühlt. An dieser Stelle habe ich das Bedürfnis nach einer persönlichen Stellungnahme: Ich verstehe den Wunsch nach optischer Leichtigkeit innerhalb eines sehr dunklen Abschiedsmoments. Und ich kann mir auch viele Varianten vorstellen, in welchem Outfit man bei einer Trauerfeier erscheint, solange es mit einer nachvollziehbaren Pietät einhergeht. Ich glaube trotzdem, dass es an solchen Tagen vielen Menschen einfach nur nach Schwarz zumute ist. Und wie schwer ist es dann, wenn sie sich in Weiß, Gelb, Blau oder Grün zwängen müssen, weil Schwarz »nicht erlaubt« oder »nicht erwünscht« ist. Trauer ist bunt, sagt man. Und Schwarz ist eben auch ein Teil davon!

Oma lag nicht im Sarg

Die Oma war plötzlich verstorben und für die fünfjährige Luisa war das ein sehr schwerer Verlust. Durch eine eigene Krankengeschichte war das Mädchen bereits mehrmals wiederbelebt worden und man kann sagen, dass sie »die andere Seite« kannte. Bei einem unserer Treffen unterhielten wir uns unter anderem über die Beerdigung ihrer Großmutter und ich fragte, wer denn alles dabei war. Sie zählte alle aus ihrer Familie auf, ein paar Bekannte und… ihre Oma. Klar, dachte ich, und wollte wissen, wo genau denn der Sarg war, in dem Oma lag.

»Oma im Sarg?«, lachte sie, »nein, doch nicht im Sarg! Ich konnte sie sehen, sie war neben mir und saß da! Sie lag in keinem Sarg!« Das ließ ich unkommentiert stehen. Als ich mich später mit ihrer Mutter austauschte und ihr davon erzählte, sagte sie nur: »Was? Nein, Luisa hat während der ganzen Beerdigung geschlafen!«

Ein Engel auf der Landstraße

Wenn in einer Familie ein Suizid passiert, ist das immer eine dramatische Angelegenheit. Die Frage nach dem Warum bleibt nicht selten unbeantwortet. Entweder besteht eine große Sehnsucht nach einem Abschiedsbrief, wenn keiner aufzufinden war, oder diejenigen, die einen besitzen, wünschen sich, am liebsten keinen zu haben. Manchmal bekommt man jedoch etwas, was viel mehr bedeutet als ein Abschiedsbrief.

Der siebzehnjährige Tom sprang von einer Brücke in den Tod, von jener Brücke, unter der er zusammen mit seiner Mutter schon als Kind jeden Tag hindurch fuhr, um in die Schule gefahren zu werden. Damals sagte er immer: »Mama schau, da oben stehen Engel!« Das war sein Standardsatz, den er als festes Schulweg-Ritual über viele Jahre beibehielt. Und nun wurden seine Mutter und seine Schwester in der späten Abenddämmerung eines August-Tages zu eben jener Brücke gerufen.

Als die beiden dort eintrafen, war die Landstraße um die Brücke herum bereits großzügig gesperrt. Sie gingen auf die weiße Abdeckplane zu, wohlwissend, was sie darunter sehen würden. Und so war es: Die Polizei entfernte die Plane und da lag er – Tom. Im Gesicht ziemlich unversehrt und ansehnlich.

Dramatische Minuten begannen, ehe Toms Mutter nach einiger Zeit einen Impuls bekam, dem sie nachgab, und die Polizisten bat, sie mit Tom alleine zu lassen. Die Polizei zog sich diskret zurück, und ich muss sagen, dass ich das von den Beamten als »groß« empfand und das keineswegs eine Selbstverständlichkeit ist.

Die beiden gingen also zu Tom und es ergab sich, dass sie sich rechts und links neben ihn mitten auf die Straße legten. Sie blickten in den

Himmel, erzählten sich Geschichten aus der Vergangenheit und waren ein letztes Mal körperlich verbunden. Es begann ein wenig zu nieseln, aber die beiden blieben neben Tom liegen. Nach einer halben Stunde – das Nieseln hatte inzwischen aufgehört – lösten sie sich von Tom und standen vom Boden auf. Und dann sahen sie es… dort, wo sie rechts und links neben Tom gelegen hatten, war der Asphalt hell und trocken geblieben, während die Straße ansonsten vom Regen nass und dunkler eingefärbt war. Durch die beiden hellen Abdrücke von Mutter und Schwester, die Tom umgaben, hatte er augenscheinlich Flügel bekommen!

Kreative Impulse

Schutzengel

MATERIAL | Holzstücke aus der Natur, Holzleim, Acrylfarbe (weiß und gold), kleine Nägel, Hammer, goldene Styroporkugeln, nach Bedarf weitere Materialien, abhängig von Altersgruppe, Zielsetzung und zeitlichen Möglichkeiten

Diese Engel sind absolute Unikate, da jedes Holzstück verschieden ist und die Teile unterschiedlich aneinandergeklebt werden können. Nicht nur zur Weihnachtszeit ist dieser kreative Impuls in der Trauerbegleitung passend, denn viele Kinder und Jugendlichen setzen ihre Verstorbenen oftmals mit Schutzengeln gleich. Diese kleinen oder auch größeren Skulpturen inspirieren zu Gesprächsanlässen, lassen über das Diesseits und Jenseits nachdenken, dienen als Grabschmuck oder Deko zuhause, sie lassen viel Raum für Interpretation und sehen einfach schön aus.

Mich ruft mein Stern…

Was sich in der Trauerbegleitung immer wieder bewährt, ist die Arbeit mit Liedtexten. Sie bieten häufig eine erste Inspiration für einen Gesprächsanlass und einem damit einhergehenden kreativen Angebot. Innerhalb dieses Kapitels möchte ich das anhand des Songtextes »Mich ruft mein Stern« aus dem Musical »Der kleine Tag« von Rolf Zuckowski aufzeigen. Zum einen wählen viele Familien dieses Lied aus, wenn sie

ihr Kind beerdigen müssen; zum anderen hat uns Rolf Zuckowski vor ein paar Jahren persönlich und anlässlich unseres jährlich stattfindenden Promi-Talks bei ZwischenGeZeiten besucht. Ganz persönlich, sehr nahbar, ehrlich, mutig. Es war *kein* Mensch anwesend, der *nicht* mit Rolf aufgewachsen war und deren Kinderzimmer nicht gefüllt gewesen wäre mit seinen Liedern wie »Die Weihnachtsbäckerei«, »Wie schön, dass du geboren bist« oder »…und ganz doll mich«.

Rolf Zuckowski ist viel mehr als nur ein Kinderliedermacher. In seiner Musik gibt es keine banalen Geschichten, sondern echte Botschaften – für Klein und Groß in sämtlichen Lebenslagen und sensibel für die Momente des Lachens und Weinens. Für unsere Familien wählte er intuitiv die richtigen Worte und Liedauswahl. Manchmal sangen wir mit, ein anderes Mal hörten wir zu und nicht nur einmal waren wir alle sehr angerührt von dieser Stimme, die einem seit Kindheitstagen so vertraut ist. Besonders bei den Texten von »Drüben» oder »Gemeinsam unterwegs» formten sich Erinnerungen und Bilder der jeweils Verstorbenen in den Köpfen und Herzen aller... Wir werden diese besondere Begegnung niemals vergessen. Hier eine seiner Inspirationen:

Mich ruft mein Stern
Es geht nicht, dass ich bleib – mich ruft mein Stern.
Die Zeit ging schnell vorbei, mein Ziel ist fern.
Vielleicht denkt ihr an mich, wenn ich schon auf der Reise bin,
Ich muss zurück – mich ruft mein Stern.
Das Weltall ist so groß, ich bin so klein.
Und auf dem dunklen Weg bin ich allein.
Ich träum, ein helles Licht,
Ein helles Licht erwartet mich,
Und wenn ich komm – dann feiern wir!
Abschied heißt: Was Neues kommt,
Denn anderswo gibt's ein Hallo.
Abschied heißt: Was Neues kommt,
Abschied heißt: Hallo!
Und ich darf erzähl'n, wie die Reise war, und die andern hör'n zu.
Es geht nicht, dass ich bleib – mich ruft mein Stern.
Die Reise ist noch weit – ich gehe gern.
Gleich gibt's ein Wiedersehn
Mit all den Lieben, die ich mag,
Und morgen kommt ein neuer Tag.
Abschied heißt: Was Neues kommt,
Denn anderswo gibt's ein Hallo.
Abschied heißt: Was Neues kommt,
Abschied heißt: Hallo!
Etwas Neues kommt, etwas anderes, etwas Neues zum freu'n!
Abschied heißt: Was Neues kommt,
Denn anderswo gibt's ein Hallo.
Abschied heißt: Was Neues kommt,
Abschied heißt: Hallo!
Es geht nicht, dass ich bleib – mich ruft mein Stern.

Rolf Zuckowski

Und als kreative Ergänzung gibt es die Möglichkeit, Sterne aus Papier zu basteln, die im Wasser aufgehen.

MATERIAL | Papier, Stifte, Schere, Schale mit Wasser

Die Sterne werden ausgeschnitten und mit Wünschen oder einem Gruß für den Verstorbenen beschriftet. Alle Ecken werden nach innen gefaltet und das Papier wird in die Wasserschale gesetzt. Hierzu kann man noch einmal das Lied laufen lassen und über alles ins Gespräch gehen, was die Sterne einem langsam während ihres Aufgehens zeigen.

Tränenmeer

Alle geweinten Tränen haben ihre Berechtigung. Im Märchen *und* in der Realität. Dass aus Tränen auch neue, ungeahnte, überraschende und sogar schöne Dinge entstehen können, zeigt folgende kreative Metapher, die schon mehrmals bei ZwischenGeZeiten ihren Einsatz fand.

MATERIAL | kleine Luftballons, am besten eignen sich Wasserbomben, da die Ballons nicht zu dick sind, Wasser, Lebensmittelfarbe, Pinnnadeln, Sprühflaschen, Leinwand – Größe nach Bedarf und individueller Vorstellung–, Dart-Pfeile

Die Wasserbomben werden mit unterschiedlich farbigem Wasser befüllt, mit den Sprühflaschen geht das am leichtesten, und zugeknotet

an einer weißen Leinwand mit Pinnnadeln aufgehängt. Vorab kann man mit den Trauernden verschiedene Situationen besprechen, in denen sie besonders traurig waren oder was sie besonders traurig macht. Die Aussagen werden stichpunktartig auf die Ballons geschrieben. Nun geht es weiter mit den Dartpfeilen. Man hat drei Würfe zur Verfügung. Trifft man nicht, kommt der nächste dran, natürlich mit einem Wurf auf die eigene Leinwand! Bei einem Treffer passieren zwei wesentliche Dinge:

1. Das Kind oder der Jugendliche darf zu seinem Stichwort, das auf dem Ballon steht, etwas sagen und darüber erzählen;
2. Beim Platzen des Ballons spritzt die Farbe heraus und läuft über die Leinwand.

Das Tränenmeer-Kunstwerk nimmt immer weiter Gestalt an, während gleichzeitig die eigenen Traurigkeiten in Wort und Bild zum Ausdruck kommen. Eine sehr effektive Methode mit viel Dynamik im emotionalen Innen und Außen.

Vom Lastentragen und Leichtwerden

Material | körpergroße Papierrolle oder alternativ DIN A3-Papier, Wachsmalstifte, Isomatte, Decken, bunte Tücher

Der Trauernde legt sich auf die Papierrolle und der Körper wird mit einem Wachsmalstift umzeichnet. Alternativ zeichnet der Trauernde einen Körper auf ein DIN A3-Blatt. Sobald die Umrisse auf das Papier gebracht sind, werden emotionale, durch die Trauer entstandene

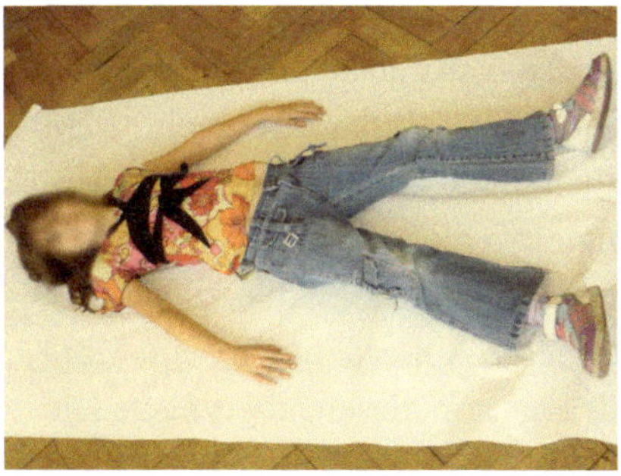

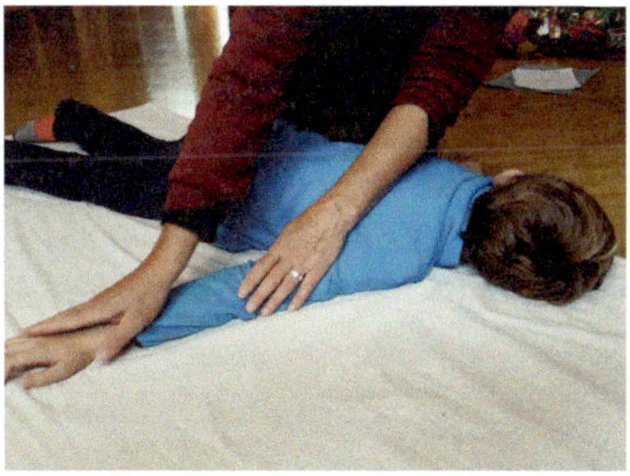

Schmerzstellen mit Hilfe der bunten Wachsmalkreiden markiert. Ob durch Worte, Symbole, Bilder o.ä. ist dabei egal. Ein anschließender Austausch ist wichtig, um Verständnisfragen zu klären und um Aufschluss darüber zu erhalten, wie die Trauer mit körperlichen »Schmerzen« zusammenhängt.

Für die folgende Erweiterung bedarf es ein grundlegendes Vertrauen innerhalb der Gruppe und zum Begleiter. Eine Selbst- und Fremdeinschätzung ist unbedingt erforderlich.

Der Trauernde darf sich entspannt auf Bauch oder Rücken legen. Bunte Tücher dienen dazu, den Körper Stück für Stück abzudecken. Besonders Kinder mögen das sehr und entscheiden gern, welches Tuch wohin kommen soll. Die »Schmerzstellen« werden besonders berücksichtigt. Es geht um leichte Streich- oder Drucktechniken, die sowohl mit den Händen, als auch mit kleinen Hilfsmitteln durchführbar sind. Dazu eignen sich zum Beispiel Igelbälle. Das kann von einer einzelnen Person, aber auch von der Kinder- bzw. Jugendgruppe übernommen werden. Last und Leichtigkeit – innerhalb dieses Angebotes wird beides thematisiert, erspürt und in Bezug gesetzt. Bisher kann ich sagen, dass jedes Kind entspannter nach Hause gegangen ist als es gekommen war.

Märchenhaft kreativ

MATERIAL | Grob zugeschnittenes Jutestück oder Sackleinen, Märchenwolle in vielen Farben

Jeder in der Gruppe hat die Aufgabe, aus dem gewählten Märchen eine Szene auszuwählen, die er oder sie am eindrücklichsten empfand und erlebte. Das kann sowohl positiv als auch negativ ausfallen! Diese Szene wird nun mit der Märchenwolle auf die Jute-Vorlage gebracht. Man muss dafür weder Vorkenntnisse haben, noch ein besonders künstlerisches Talent mitbringen. Jeder kann leicht mitmachen. Hierbei muss man lediglich berücksichtigen, eher *wenig* Märchenwolle zu nutzen, da sie dann besser an der Jute hängenbleibt. Außerdem wird die Märchenwolle immer mit der Linie des Strangs von diesem abgezogen. Die

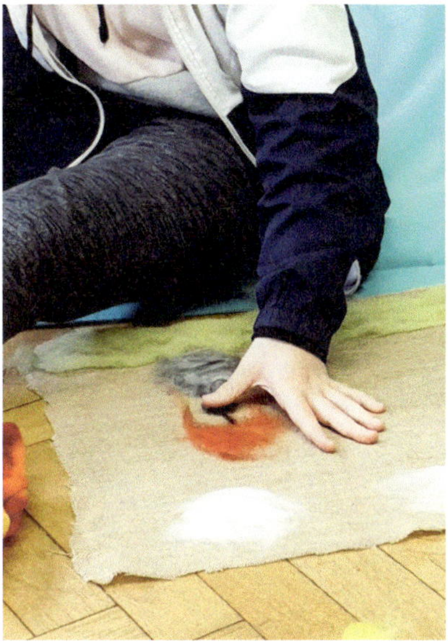

Märchenwolle wird in die gewünschte Form gebracht und auf die Jute-Vorlage »eingerieben«. Fertig!

Mit diesem Material kann man sehr meditativ arbeiten, was während des Tuns unterbewusste Vorgänge aktiv in Gang setzen kann. Im Anschluss geht es über die ausgewählten Szenen und Kunstwerke näher ins Gespräch. Dieses wird sicherlich auch einen Bezug zur jeweilig erlebten Trauersituation haben.

Seelengärtchen

Material | breite Holzstiege, Zeitungen, Blumenerde, Blumensamen, kleine Setzlinge, Dekomaterial wie kleine Steine, Holzstäbchen, Federn u.v.m.

Die Frage nach einem Leben nach dem Tod und eine damit verbundene Jenseitsvorstellung ist für einen Menschen essentiell. Das ist mit Wünschen verbunden, Sehnsüchten, Glaubensfragen und auch Zweifeln. Die Vorstellung eines Himmels oder Paradieses setzt sich bei Kindern und überwiegend auch noch bei Jugendlichen durch. Und so ist die Idee

eines Seelengärtchen entstanden. Manche bepflanzen es symbolisch anhand der Charakterzüge der verstorbenen Person, andere pflanzen sich ein Paradies, das ihren eigenen Vorstellungen entspricht und manche veranschaulichen dabei ihr eigenes Familien-system.

Für den Weg in die Ewigkeit

Warum stellt man den Verstorbenen Lichter auf ihre Gräber? Dafür gibt es sicher mehrere Gründe, aber eine kurze bayerische Sage empfinde ich als Antwort für Kinder, Jugendliche und Familien als inspirierend. Denn die Notwendigkeit davon besonders an Allerheiligen und Allerseelen lässt sich ganz einfach erklären:

> *Vor vielen, vielen Jahren starb einmal ein Mensch. Und dieser fand sich nach seinem Tode in einer merkwürdigen Zwischenwelt wieder, in der alles ganz finster war. Er wusste nicht wohin er gehen sollte, hatte er doch Angst den falschen Weg einzuschlagen – und statt dem Himmel entgegen zu gehen, vielleicht in der Hölle anzukommen. So setzte sich der Mensch schließlich hin, war ratlos, weinte und wartete.*

Stunde um Stunde, Jahr um Jahr... Nach einiger Zeit aber sah er ein Licht auf sich zukommen und bemerkte bald eine seltsame Alte, die in ihren Händen eine Laterne hielt, deren Flamme in ihrem Inneren brannte. Daher kam das Licht... Und als die Alte den Menschen fragte, was mit ihm los sei, erzählte er ihr von seiner Angst, den Weg nicht zu finden. Da gab sie ihm das Licht. Und mit diesem Licht in der Hand machte er sich auf den Weg. Ich weiß nicht, wo und ob er angekommen ist – aber seit dieser Zeit stellen Menschen an Allerheiligen/ Allerseelen Lichter auf die Gräber in der Hoffnung, dass ihre Lieben in der Ewigkeit ihren Weg finden mögen....

Ja, auf dass alle ihren Weg finden mögen – und dafür gestalten wir ein kreatives Windlicht.

MATERIAL | Einmachglas, Schere, Kleber, gesammelte Blätter, Wolle, weiteres Kreativmaterial wie Fäden, Perlen, Federn usw.

Eventuell gestaltet jedes Kind oder jeder Jugendlicher zwei Windlichter – eines für das Grab und eines für sich zuhause. Diese Idee gefällt vielen sehr, da dadurch eine zusätzliche Verbindung zur verstorbenen Person initiiert wird.

»Vergiss das Märchen von dem starken Mann, der kommt und dich auf Händen trägt – denn es ist einer da, der dich versteht und dir die Tränen trocknet und in dir den Wandrer sieht, der ewig sucht, sich nie zufriedengibt. Er drückt dir warm die Hand und geht des Wegs und war doch alles, was du auf der Welt begehrst.«
Renate Rasp

Dornröschen

Vor Zeiten waren ein König und eine Königin, die sprachen jeden Tag: »Ach, wenn wir doch ein Kind hätten!« – und kriegten immer keins. Da trug sich zu, als die Königin einmal im Bade saß, dass ein Frosch aus dem Wasser ans Land kroch und zu ihr sprach: »Dein Wunsch wird erfüllt werden, ehe ein Jahr vergeht, wirst du eine Tochter zur Welt bringen.«

Was der Frosch gesagt hatte, das geschah, und die Königin gebar ein Mädchen, das war so schön, dass der König vor Freude sich nicht zu lassen wusste und ein großes Fest anstellte. Er lud nicht nur seine Verwandte, Freunde und Bekannte, sondern auch die weisen Frauen dazu ein, damit sie dem Kind hold und gewogen wären. Es waren ihrer dreizehn in seinem Reich, weil er aber nur zwölf goldene Teller hatte, von welchen sie essen sollten, so musste eine von ihnen daheim bleiben. Das Fest ward mit aller Pracht gefeiert, und als es zu Ende war, beschenkten die weisen Frauen das Kind mit ihren Wundergaben: die eine mit Tugend, die andere mit Schönheit, die dritte mit Reichtum, und so mit allem, was auf der Welt zu wünschen ist. Als elf ihre Sprüche eben getan hatten, trat plötzlich die dreizehnte herein. Sie wollte sich dafür rächen, dass sie nicht eingeladen war, und ohne jemand zu grüßen oder nur anzusehen, rief sie mit lauter Stimme: »Die Königstochter soll sich in ihrem fünfzehnten Jahr an einer Spindel stechen und tot hinfallen.« Und ohne ein Wort weiter zu sprechen, kehrte sie sich um und verließ den Saal. Alle waren erschrocken, da trat die zwölfte hervor, die ihren Wunsch noch übrig hatte, und weil sie den bösen Spruch nicht aufheben, sondern nur ihn mildern konnte, so sagte sie: »Es soll aber kein Tod sein, sondern ein hundertjähriger tiefer Schlaf, in welchen die Königstochter fällt.« Der König, der sein liebes Kind vor dem Unglück gern bewahren wollte, ließ den Befehl ausgehen, dass alle Spindeln im ganzen Königreich verbrannt werden. An dem Mädchen aber wurden die Gaben der weisen Frauen sämtlich erfüllt, denn es war so schön, sittsam, freundlich und verständig, dass es jedermann, der es ansah, liebhaben musste.

Es geschah, dass an dem Tage, wo es gerade fünfzehn Jahr alt ward, der König und die Königin nicht zu Haus waren, und das Mädchen ganz allein im Schloss zurückblieb. Da ging es allerorten herum, besah Stuben und Kammern, wie es Lust hatte, und kam endlich auch an einen alten Turm. Es stieg die enge Wendeltreppe hinauf, und gelangte zu einer kleinen Türe. In dem Schloss steckte ein verrosteter Schlüssel, und als es umdrehte, sprang die Türe auf, und saß da in einem kleinen Stübchen eine alte Frau mit einer Spindel und spann emsig ihren Flachs. »Guten Tag, du altes Mütterchen«, sprach die Königstochter, »was machst du da?« – »Ich spinne«, sagte die Alte und nickte mit dem Kopf. »Was ist das für ein Ding, das so lustig herumspringt?«, sprach das Mädchen, nahm die Spindel und wollte auch spinnen. Kaum hatte sie aber die Spindel angerührt, so ging der Zauberspruch in Erfüllung, und sie stach sich damit in den Finger. In dem Augenblick aber, wo sie den Stich empfand, fiel sie auf das Bett nieder das dastand, und lag in einem tiefen Schlaf. Und dieser Schlaf verbreite sich über das ganze Schloss: der König und die Königin, die eben heimgekommen waren und in den Saal getreten waren, fingen an einzuschlafen und der ganze Hofstaat mit ihnen.

Da schliefen auch die Pferde im Stall, die Hunde im Hofe, die Tauben auf dem Dache, die Fliegen an der Wand, ja, das Feuer, das auf dem Herde flackerte, ward still und schlief ein, und der Braten hörte auf zu brutzeln, und der Koch, der den Küchenjungen, weil er etwas versehen hatte, in den Haaren ziehen wollte, ließ ihn los und schlief. Und der Wind legt sich, und auf den Bäumen vor dem Schloss regte sich kein Blättchen mehr. Rings um das Schloss aber begann eine Dornenhecke zu wachsen, die jedes Jahr höher ward, und endlich das ganze Schloss umzog und darüber hinaus wuchs, dass gar nichts davon zu sehen war, selbst nicht die Fahne auf dem Dach. Es ging aber die Sage in dem Land von dem schönen schlafenden Dornröschen, denn so ward die Königstochter genannt, also dass von Zeit zu Zeit Königssöhne kamen und durch die Hecke in das Schloss dringen wollten. Es war ihnen aber nicht möglich, denn die Dornen, als hätten sie Hände, hielten fest zusammen, und die Jünglinge blieben darin hängen, konnten sich nicht wieder losmachen und starben eines jämmerlichen Todes.

Nach langen Jahren kam wieder einmal ein Königssohn in das Land, und hörte, wie ein alter Mann von der Dornenhecke erzählte, es sollte ein Schloss dahinter stehen, in welchem eine wunderschöne Königstochter, Dornröschen genannt, schon seit hundert Jahren schliefe, und mit ihr der König und die Königin und der ganze Hofstaat. Er wusste auch von seinem Großvater, dass schon viele Königssöhne gekommen wären und versucht hätten, durch die Dornenhecke zu dringen, aber sie wären darin hängengeblieben und eines traurigen Todes gestorben. Da sprach der Jüngling: »Ich fürchte mich nicht, ich will hinaus und das schöne Dornröschen sehen.« Der gute Alte mochte ihm abraten, wie er wollte, er hörte nicht auf seine Worte. Nun waren aber gerade die hundert Jahre verflossen, und der Tag war gekommen, wo Dornröschen wieder erwachen sollte.

Als der Königssohn sich der Dornenhecke näherte, waren es lauter große schöne Blumen, die taten sich von selbst auseinander und ließen ihn unbeschädigt hindurch, und hinter ihm taten sie sich wieder als Hecke zusammen. Im Schlosshof sah er die Pferde und scheckigen Jagdhunde liegen und schlafen, auf dem Dach saßen die Tauben und hatten das Köpfchen unter den Flügel gesteckt. Und als er ins Haus kam, schliefen die Fliegen an der Wand, der Koch in der Küche hielt noch die Hand, als wollte er den Jungen anpacken, und die Magd saß vor dem schwarzen Huhn, das sollte gerupft werden. Da ging er weiter und sah im Saale den ganzen Hofstaat liegen und schlafen, und oben bei dem Thron lag der König und die Königin. Da ging er noch weiter, und alles war so still, dass einer seinen Atem hören konnte, und endlich kam er zu dem Turm und öffnete die Türe zu der kleinen Stube, in welcher Dornröschen schlief. Da lag es und war so schön, dass er die Augen nicht abwenden konnte, und er bückte sich und gab ihm einen Kuss. Wie er es mit dem Kuss berührt hatte, schlug Dornröschen die Augen auf, erwachte, und blickte ihn ganz freundlich an. Da gingen sie zusammen herab, und der König erwachte und die Königin und der ganze Hofstaat, und sahen einander mit großen Augen an. Und die Pferde im Hof standen auf und rüttelten sich; die Jagdhunde sprangen und wedelten; die Tauben auf dem Dache zogen das Köpfchen unterm Flügel hervor, sahen umher und flogen ins Feld; die Fliegen an den Wänden krochen weiter; das Feuer in der Küche erhob sich, flackerte und kochte das Essen; der Braten fing wieder an zu brutzeln; und der Koch gab dem Jungen eine Ohrfeige, dass er schrie; und die Magd rupfte das Huhn fertig. Und da wurde die Hochzeit des Königssohns mit dem Dornröschen in aller Pracht gefeiert, und sie lebten vergnügt bis an ihr Ende.

Thematische Brücken

Fürsorge schützt vor Schaden nicht

Da haben Eltern also ihr Wunschkind und sind bemüht, alles richtig zu machen – nach bestem Wissen und Gewissen. So ergeht es den Eltern Dornröschens auch, vor allem dem König. Das eigene Kind zu behüten, ist natürlich nichts Falsches; es sollte als eine Selbstverständlichkeit gelten. Wenn elterliche Fürsorge jedoch in *Über*fürsorge ausartet, hilft das dem Kind in der Regel nicht weiter.

Eltern merken meist nicht, dass sie ihr Kind durch zu viel Fürsorge und Kontrolle erdrücken. Das Märchen macht es vor: Der König versucht von seiner Tochter jede Gefahr abzuwenden und greift zu extremen Maßnahmen: Alle Spindeln werden verbrannt! Es hat aber doch nichts genützt, denn im entscheidenden Moment wird das Königspaar unaufmerksam und ist nicht da.

In pädagogischen Fachkreisen spricht man heutzutage von »Helikopter- oder Rasenmäher-Eltern«, wenn es um Überbehütung und die größtmögliche elterliche Wegbereitung zu allen Zielen geht. Kontrolle und Angst sind meistens der Motor dazu. Das passiert auch ohne eine vorhandene Trauersituation; doch ein Verlust innerhalb einer Familie kann dazu führen, dass diese Art der Fürsorge entweder erst in Gang kommt oder sogar noch verstärkt wird. Eine kleine Auflistung von dazugehörigen typischen Merkmalen:

- Sie bringen die Kinder zur Schule, zum Sport oder Musikunterricht und holen sie auch wieder ab (oder warten dort), auch wenn die Kinder alleine gehen könnten;
- Sie überwachen die schulischen Leistungen und suchen sehr oft das Gespräch mit den Lehrkräften;
- Sie stellen hohe Ansprüche an ihr Kind, schließlich soll es einen guten Schulabschluss machen und später erfolgreich sein;
- Sie erfüllen ihrem Kind jeden Wunsch;
- Sie mischen sich in die Wahl der Freunde des Kindes ein;
- Ihr Kind steht für sie immer im Mittelpunkt;
- Im Haushalt müssen ihre Kinder nicht mithelfen, und auch sonst werden ihnen sämtliche Aufgaben abgenommen;
- Sie sind überängstlich und greifen vorzeitig in Situationen ein, in denen ihr Kind sich selbst behaupten sollte;
- Auf dem Spielplatz spielen sie immer mit ihrem Kind, statt es mit anderen Kindern toben zu lassen;
- Sie organisieren den Tagesablauf ihrer Kinder bis ins kleinste Detail, so dass wenig Freizeit zum Spielen bleibt.

Natürlich ist nicht alles davon verwerflich. Es geht um die Summe und das Maß und überdies um den jeweiligen Zeitpunkt. Unbenommen ist es nämlich so: Es braucht diese *Ent*wicklung von der Spule der Lebensfäden, so dass Veränderung, Inspiration und Zukunft möglich wird. Um es mit dem Bild des Märchens auszudrücken: Die Vernichtung sämtlicher Spinnräder bewirkt gar nichts. Und ob nun »Helikopter-Eltern«, »Rasenmäher-Eltern« oder Eltern, für deren Erziehungsstrategien man noch keine Bezeichnung gefunden hat… ich wünsche mir in erster Linie von all jenen, die entweder als Eltern oder beruflich mit kleinen und schon größeren Heranwachsenden, auch trauernden, zu tun haben, die angemessene Portion eines *gesunden Menschenverstandes*!

Die Kraft der Worte

Segen und Fluch liegen oft nahe beieinander, nicht nur im Märchen. Worte sind grundlegend wichtig – das letzte oder das erste innerhalb einer bestimmten Situation erhält in der Regel viel Gewicht. Bei Dornröschen sind es die *Weisen Frauen*, denen die ausschlaggebenden Worte obliegen, die den weiteren Verlauf der Geschichte beeinflussen und prägen.

Wie schön für ein Kind, wenn es gesegnet wird – und das von den Ältesten der Gesellschaft, die damit gute und hilfreiche Energien für den bevorstehenden Lebensweg einläuten. Ein wirklich kraftvolles Bild! Weise Frauen sind beileibe keine Hexen, Zauberinnen oder Feen, obwohl man gerne von den dreizehn Feen in diesem Märchen spricht. Es sind erfahrene Frauen, die um das Leben, die Natur und den Tod wissen und somit das aussprechen können, was einen Menschen lebensfähig macht.

In unserer heutigen Zeit fehlen nicht selten diese weiblichen Vorbilder fortgeschrittenen Alters. Gerade in Zeiten, in denen virtuelle Realitäten auf dem Vormarsch sind, bekommen Wörter wie Selbstwert, Mut, Zielfindung und Authentizität eine immer größere Bedeutung. Es geht dabei um all jene Lernentwicklungen, die einem beim Übergang vom Mädchen zur Frau bzw. vom Jungen zum Mann begegnen, helfen, mitunter im Weg stehen, die Fragen aufwerfen und letztlich doch alle auf die Zielgerade des Erwachsenwerdens und -seins führen.

Mädchen und Jungen brauchen Vorbilder mit Erfahrungsschatz, als Fantasiemotor und für einen gesunden Seelenzustand. Wo sind die älteren und alten Frauen und Männer, die Mädchen und Jungen verstärkt im Teenager- und Jugendalter an die Hand durchs Leben nehmen, sie vertraut machen mit den Herausforderungen, Antworten auf Fragen geben, Spiritualität und die Vielfalt des Seins vermitteln? Die therapeutischen Wartezimmer werden immer voller, während die Lebensschule von Mentoren und Mentorinnen immer häufiger fehlt.

Ein wohltuender Beistand ist die eine Seite – man kann es heranwachsenden Trauernden einfach nur wünschen! Doch die Kraft der Worte kann auch in eine andere Richtung gehen. Trauernde sind besonders durchlässig, was Gedanken, Worte, Gefühle und Taten betrifft

– sowohl im positiven, wie im negativen Sinne. Es kommt also auch darauf an, was *nicht* gesagt oder getan wird.

Im Märchen wird die Dreizehnte ausgeladen. Weil ein einziger goldener Teller fehlt. Etwas ist unvollständig. Genau so, wie es plötzlich ein Familiensystem ist, wenn jemand stirbt. Nun entsteht daraus eine besondere Form von Stress und hieraus können wiederum Handlungen entstehen, zu denen man unter anderen Umständen nicht ohne Weiteres greifen würde. Immer wieder kommt es vor, dass man Familienangehörige oder Bekannte von einer Beerdigung auslädt, weil »alte Geschichten« aufs Tablett kommen. Es wird geschimpft und geflucht. Und zur eigentlichen Trauer kommen Ärger, Frust, Unverständnis und Kampf noch hinzu. Auch in diesem Fall gilt: Es bedarf in dieser Welt zuverlässiger Mentorinnen und Mentoren , die einem von früh an beibringen, sich der Kraft der Worte bewusst zu sein.

Die Wendeltreppe – Sterben – Das geschieht

»Das Schicksal führt den Willigen, den Unwilligen zieht es!«, sagte einst Seneca. Und so ist es wohl: Mit Beginn unserer Existenz finden wir uns in der Spirale des Lebens wieder, die wir im Lauf der Jahre neugierig und mitunter auch mutig entdecken wollen. Mit der Geburt beginnt genau genommen auch unser Sterbeprozess, denn von diesem Moment an wachsen wir, werden älter und gehen gleichzeitig dem Ende entgegen. Bei den meisten dauert es Jahrzehnte und eventuell sogar ein knappes Jahrhundert, bis der Tod an die Tür klopft, aber alles, was davor an Leben passiert, ist gleichermaßen auch: Sterben.

Die Wendeltreppe drückt es aus: Stufe um Stufe geht es von unten nach oben in Richtung einer anderen Ebene, die uns erwartet, sobald das Schicksal den Zeitpunkt dafür bestimmt. Wie gut, dass wir vorab nicht wissen, wann wir die letzten Stufen unserer persönlichen Wendeltreppe emporsteigen, es würde uns so viel an Neugier, Lebens- und Liebeslust nehmen. Hier ein Versuch zu verdeutlichen, was jeweils passiert:

	Märchen	Sterbesituation
Angehörige	Der König gerät in Panik, da er den Zeitpunkt des Todes weiß. Alles konzentriert sich auf das Aufhalten der Zeit und des Schicksals. Er geht mit anderen und im Prinzip auch mit sich selbst hart ins Gericht.	Besonders in Hospizen ist es oft zu beobachten, dass die Angehörigen viel mehr am Sterbenden festhalten, als es die/der Sterbende am Leben tut. An dieser Stelle könnte es durchaus Parallelen zum Verhalten unseres Königs geben.
Sterbende/r	Dornröschen hat keine Ahnung von der mit einem Fluch besetzten Zukunft, die gleichzeitig ihr frühes Ende bereithält. Daher bewegt sie sich fröhlich, naiv, unbekümmert, neugierig und vertrauensvoll durch ihr Leben.	Die Sterbenden werden krankheitsbedingt zusehend schwächer und geben sich meistens immer mehr einer Ruhe hin, welche schließlich in den Tod mündet. Wird hingegen jemand unvermittelt aus dem Leben gerissen, ist die Ruhe eher im Sinne von Unbekümmertheit, Alltag, Zielorientierung und Souveränität zu sehen.

Der Stich – Tod – Das schmerzt

Der Tod ist ein winzig kleiner Moment des Lebens. Sterben und Trauer können hingegen um ein Vielfaches länger andauern. Der Tod aber ist wie dieser Stich an der Spindel: kurz, unspektakulär und schmerzhaft, vor allem für die Hinterbliebenen. Im Märchen gibt es die Dreizehnte, welche im interpretatorischen Kontext bereits auf das Totenreich hindeutet. Denn alles, was mehr als zwölf ist, wird dem Übersinnlichen zugeordnet. Die Zwölf ist hingegen Zeichen der Vollkommenheit hier auf Erden. In der Dreizehnten sind alle Attribute auch der anderen

Zwölf zu finden – und eben doch noch ein entscheidendes Quäntchen mehr. Schlussendlich ist es nicht nur ein Racheakt, den man in unserem Märchen zu finden glaubt. Es ist die Lehrmeisterin des Todes selbst, welche an der Wiege der Prinzessin steht – so, wie jede und jeder von uns auch von Beginn an vom Tod begleitet wird.

Der Schlaf inmitten der Dornen – Trauer – Das heilt

Hier haben wir es mit einem sehr kraftvollen Bild zu tun: der Schlaf und die Dornenhecke. Auf den ersten Blick scheinen sich beide zu widersprechen, ist der Schlaf doch eher etwas Entspannendes, während die Dornen als schmerzend und grob wahrgenommen werden. Aber alles hat seinen Sinn – sowohl im Märchen als auch in der Realität im Hinblick auf die Trauer.

Mit dem Schlaf erleben wir eine Zeit des Rückzugs für die Seele, in der sie Zeit bekommt sich auszuruhen, um dann gestärkt einem neuen Tag oder gar neuen Lebensabschnitt, einer Zukunft, entgegenzugehen. In der Trauer ist es ähnlich: Sobald der Trauerprozess an einen Punkt kommt, an dem man sich dem Leben wieder mehr zuwendet als dem Verlust, öffnen sich die Dornenhecken von allein. Die Wahrnehmung der Zeit ist hierbei besonders wichtig. Vermutlich sind es keine einhundert Jahre, aber gefühlt eben doch.

In unserem Märchen schläft das ganze Königreich mit – wie in manchen Familien und deren Umfeld es aus Gründen der Trauer und des Schocks mitunter ebenso geschieht. Dabei kommt der Begriff der »Kollektiven Trauer« ins Spiel. Wenn wir von Trauer reden, verstehen wir darunter meist das intensive Leid der engsten Hinterbliebenen. Trotzdem kann auch der Tod eines entfernteren Familienmitglieds oder sogar einer fremden Person große Wellen der Trauer auslösen. Dieser soziale Aspekt ist im Hinblick auf die menschliche Suche nach Sicherheit und der Forderung nach Aufklärung bis hin zur Bestrafung von Schuld und würdigem Gedenken nicht wegzudenken. Beispiele für Anlässe kollektiver Trauer sind:

- TRAUER IN KITAS UND SCHULEN | Tod einer Lehrkraft, eines Erziehers oder einer Erzieherin, eines Kindes oder Jugendlichen. Je nach Umstand des Todes gestaltet sich die Zeit, Intensität und auch die Ausrichtung von Gedenkmöglichkeiten in den Einrichtungen.
- ÖFFENTLICHEN TRAUERFEIERN VON PROMINENTEN | Lady Diana, Michael Jackson, Fürstin Gracia Patricia von Monaco, Robert Enke, Papst Johannes Paul II., Diego Maradonna usw.
- MASSENKATASTROPHEN | An ihnen nimmt die breite Öffentlichkeit durch die einhergehende Berichterstattung Anteil, zum Beispiel in der Corona-Krise, nach dem Flugzeugabsturz der Germanwings-Maschine am 24. März 2015, nach dem Amoklauf in Winnenden am 11. März 2009, nach den Terroranschlägen in New York am 11. September 2001 usw.

Der österreichische Blogger Martin Borger schreibt dazu auf fischundfleisch.com: »Medien – und vor allem Massenmedien – schaffen es unabhängig vom politischen oder institutionellen Rahmen in dem sie wirken, bei konzertierter, gleichlautender Berichterstattung – aus welchen Gründen auch immer – über Tage hinweg kollektive Trauer bis hin zur Massenpsychose auszulösen.« (vgl. https://bit.ly/3d7w96a) Das Wort »Psychose« wird hier als Oberbegriff eines meist vorübergehenden Zustandes verwendet und beinhaltet sämtliche Unterkategorien dieses Begriffs. Das Phänomen betrifft Menschen, deren Reaktionen über ein definiertes normales Trauern hinausgehen, sei es in Panik, bei Ohnmacht und Psychosomatik. Damit geht noch nicht eine festgelegte Diagnose im Sinn der internationalen statistischen Klassifikation der Krankheiten und verwandter Gesundheitsprobleme ICD-11einher.

Aber was ist der Unterschied zwischen kollektiver Trauer und einer Massenpsychose? Ich möchte hier eine Gegenüberstellung wagen. Kollektive Trauer scheint umso wahrscheinlicher zu sein, je plötzlicher und lebenszeitlich früher der Tod erfolgt. Bei verstorbenen Stars, die eine medial verstärkte kollektive Trauer auslösen, handelt es sich um

Personen, deren Biografien sehr häufig von unerreichten Höhen als auch tiefsten Abstürzen gekennzeichnet sind. Dass sich also Menschen in ihrer Trauer spontan in Gruppen zusammenfinden, muss neben ei-

Kollektive Trauer	Massenpsychose
Schock und Trauer meistens gleichberechtigt und ausbalanciert findet öffentlich, aber auch nicht öffentlich statt soziale Medien auf internen Seiten steuerbar Empathie – Mitfühlen – Mitleiden oftmals langfristig begleitet	mediale Berichterstattungen, v.a. durch Bilder exzessive Wiederholungen soziale Medien öffentlich und privat ständige Konfrontation Ansteckungseffekt Trauer und Psychose durch Schock kaum steuerbar Trauer oft zusätzlich definiert über einen fremden Lebensinhalt

ner entsprechenden Bekanntheit auch mit den Eigenschaften des Verstorbenen zusammenhängen, die ihn zu einer medialen Bezugsperson für verschiedenste Altersgruppen und Subkulturen werden ließen.

Insofern hat auch Dornröschen eine kollektive Trauer im Königreich verursacht. Es herrscht Stillstand auf allen Ebenen – aber nie sollte man vergessen: Dornen tragen bereits in sich auch schon die Rosen!

Alles zu seiner Zeit

Prinzen treten oft als Helden auf, als Retter oder Erlöser – Prinzessinnen hingegen gern als der »Preis«, den ein einfacher junger Mann, oder eben der Prinz, nach Bestehen typischer Märchenprüfungen als Ehepartner gewinnt. Mitunter trifft das auch in umgekehrter Form zu, aber überwiegend finden wir dieses Motiv eher klassisch wieder.

Ob nun als jugendlicher Held, Liebender oder Retter... der Prinz steht für ein bestimmtes Bild. Er bringt mit seiner Liebe die Wende, und zwar zum richtigen Zeitpunkt und mit einer Haltung, die Mut, Entschlossenheit und Durchhaltevermögen ausdrückt.

Und so hat alles seine Zeit: Einpflanzen und Ausreißen, Weinen und Lachen, Wehklagen und Tanzen, Finden und Verlieren, Aufbewahren und Wegwerfen, Schweigen und Reden, Leben und Sterben. Nur die Liebe ist ein Teil der Ewigkeit!

Rosen der Liebe – Trost – Das bleibt

Im Märchen wie im Trauerprozess geht es um den »richtigen« Zeitpunkt. Wann kann der Schutz der Dornenhecke wegfallen? Sie wird nicht mehr benötigt, wenn das Leben neu erwacht und wieder voranschreitet.

Im Märchen ist es die Liebe, die erlöst. In der Trauer steht stellvertretend dafür die *Erinnerung* an die verstorbene Person und eine damit einhergehende Kompetenz, nun das zu leben, was die Entwicklung in der Krisenzeit mit sich brachte, nämlich die Eigenverantwortung und das Vertrauen, die Zukunft zu leben.

»Alles, was verloren ist, findet sich wieder
in einer anderen Form auf eine neue Art.

Alles, was verletzt ist, wird wieder geheilt
zu einer anderen Zeit an einem neuen Tag.«

Aus der Praxis

Von Brieftauben, Topmodells und Mozarts Vermächtnis

Die Palliativ- und Hospizarbeit streift meine Arbeit als Familientrauerbegleiterin nur am Rande. Doch wenn ich dann doch in diese Situation komme, ergeben sich oftmals sehr besondere Begegnungen. Hier ein paar meiner eindrücklichsten Erinnerungen im Rahmen eines Sterbeprozesses:

Der Taubenzüchter

Da war ein Großvater eines Jungen, der aufgrund seiner Krebserkrankung auf der Palliativstation lag. Einmal gingen der Junge und seine Familie mit mir dorthin und so lernte ich den Großvater persönlich kennen, von dem ich bis dato nur vom Hörensagen ein Bild hatte.

Er war an diesem Tag in einem relativ guten und wachen Zustand. Als ich mich vorstellte und mich mit an sein Bett setzte, fing er plötzlich an von seiner Taubenzucht zu erzählen. Und das tat er am Stück für fast eine Stunde! Zwischenfragen waren fast nicht möglich, er wollte einfach nur reden, reden, reden. Das überraschte sogar seine Familie. Ich wusste bis dahin gar nicht, wie viel es über Tauben und Brieftauben zu erzählen gab, und war dementsprechend fasziniert. Es hat mich in diesem Moment sehr berührt mitzuerleben, wie ein Mensch für etwas brennt und was ihm wirklich etwas bedeutet. Ich merkte, dass diese Tauben seinem Leben einen Sinn gaben.

Als er schließlich alles über Ausstellungen, Federnfett, Taubenhäuser, Lüftungsvorgänge und Konkurrenzbetriebe losgeworden war, sah er seinen zehnjährigen Enkel an und sagte: »Wenn's dann demnächst mit mir so weit ist, Junge, dann soll es eine schöne Beerdigung werden. Und du musst mir dabei helfen, damit sich dieser Wunsch erfüllt. Lass meine Tauben frei.«

Nach seinen Erzählungen und dieser Wunschäußerung ging unser Besuch in eine konkrete Planung für die Trauerfeier über. Einerseits führte die Familie dieses Gespräch mit großer Traurigkeit, andererseits hatten sie das Gefühl, für den Sterbenden noch etwas tun zu können, wenngleich es medizinisch nichts mehr zu tun gab.

Zwei Wochen später war es soweit. Während der Trauerfeier standen einige Taubenkäfige um seinen Sarg. Die Tauben wurden genau in dem Moment freigelassen, indem der Sarg zu einer Instrumentalversion von Reinhard Meys »Frei!« in die Erde gelassen wurde. Ein unglaublicher Moment, für den ich sehr dankbar bin, ihn miterlebt zu haben.

Model-Casting im Hospiz

Ich hatte mit einem sechzehnjährigen Jungen im Hospiz zu tun, der zwar körperlich immer mehr abbaute, geistig aber noch sehr fit war. Er konnte verbal kommunizieren, seine Wünsche klar äußern und hatte neben seiner Attraktivität eine gute Portion Humor.

Er konnte seine Arme und Beine nicht mehr eigenständig bewegen und so wurde es mitunter zu meiner Aufgabe, ihm eine »Bravo« mitzubringen und für ihn die Seiten dieser Aufklärungszeitschrift umzublättern. Hinzu kam, dass ich in einer Zeit zu ihm kam, als gerade eine Staffel von »Germany´s next Topmodel« jeden Donnerstagabend über den Bildschirm lief. Es wurde zu einem festen Ritual, dass wir es entweder gemeinsam schauten oder im Nachgang ausführlich darüber sprachen: über die Fotoshootings, den Catwalk, die Jury, die Entscheidung, wer die Show am Ende verlassen musste. Er liebte es, sein Urteil über die Mädchen abzugeben – zwar ziemlich oberflächlich und im

Grunde genommen nur optisch ausgerichtet, aber auch sehr amüsant. So oft dachte ich: Klar, er wird niemals auf eine Party gehen können, kein Mädchen zu einem Abschlussball begleiten, der erste Kuss und »das erste Mal« sind für ihn nichts als eine romantische Vorstellung in seinem Kopf. Dieses Fernsehformat kam dafür so unglaublich gelegen! Wunderschöne junge Frauen mit Beinen bis zum Himmel und manchmal ausreichend nackte Haut, um ein wenig ins Träumen zu kommen. Manchmal dachte ich, das sei nicht ganz passend... einerseits eine Aufklärungszeitschrift, mit der man ihn aufgrund seiner Unfähigkeit, sich zu bewegen, nicht alleine lassen konnte, samt der Fernsehabende mit der Castingshow. Andererseits: ich als Frau...

Ich wollte ihn nicht in eine peinliche Situation bringen. Deshalb sprach ich es irgendwann konkret an, ob ihm die Gesellschaft mit einem Mann nicht lieber wäre. Darauf sagte er nur: »Nee, ich interessiere mich ja nicht für Männer! Und wenn ich über Mädchen reden will, dann ist es doch besser, mit einer Expertin wie dir zu reden. Du bist ja eine Frau, also weißt du auch viel mehr darüber als ein Mann! Schick mir bloß keinen Typen!« Wir lachten beide.

Ich hoffe aus ganzem Herzen, dass ihm dort – als er schließlich gestorben war –, wo er hin ging, tausende Models Spalier standen und ihm den Weg in seine persönliche Ewigkeit gebahnt haben!

Schlussakkord einer Lebenssymphonie

Neben unzähligen Komponisten, deren Werke er als Pianist interpretierte, war es unangefochten Wolfgang Amadeus Mozart, den er als Tonschöpfer am meisten liebte, verehrte und bewunderte. Und obwohl der Achtundzwanzigjährige unaufhaltsam auf seine finale Lebensphase zuging, lief sein Intellekt auf Hochtouren. Ich konnte nur staunen, welches musikalische Wissen aus ihm herauskam. Wenn ich da war, wollte er sich ausschließlich über Mozart unterhalten. Und weil auch ich in vielerlei Hinsicht musikalisch mitreden kann, war das für mich eine schöne Aufgabe. Irgendwann zitierte er den Komponisten wie folgt:

»Heiteren Sinnes muss man sein, zu was einem die Vorsehung bestimmt hat. Wie war das Leben schön.«

Danach seufzte er ein wenig und wiederholte »... wie war das Leben schön!«, was gleichzeitig zur Folge hatte, dass er mir aus seinem Leben erzählte und davon, was für ihn am schönsten war und was er im Nachhinein für sich als Vorsehung deutete. Ein ganz wunderbares Gespräch kam zustande – dabei wusste ich noch nicht, dass es noch drei weitere dieser Art geben sollte.

Aus Mozarts Zitatenschatz folgten nämlich noch weitere Impulse, die uns immer wieder spannende Anlässe gaben, über das Leben im Allgemeinen und sein eigenes im Besonderen zu plaudern. Beinahe kam es zu einer – nie ausgesprochenen – Vereinbarung, wonach wir uns an Mozarts Worten bedienten, um diese zu unserem eigenen kommunikativen Leitfaden zu machen.

»Wer aufrichtig und solid lebt,
kann der seine Geliebte verlassen?«

Dieses Zitat Mozarts stand am Beginn eines mehr als spannenden Gesprächs über seine große Liebe. Es ging um Suchen und Finden, Streit und Versöhnung, Alltagsmacken und Zukunftspläne. Es tat ihm so leid, sie bald zurücklassen zu müssen und dennoch schmiedete er gleichzeitig mit ihr – immer, wenn sie ihn besuchte – Pläne für die Zukunft. Wenn er mir davon erzählte, bekam ich das Gefühl, er versuche, ihr ein Bild von der Zukunft zu geben, das *ihr* gefiele, sodass sie dadurch größeren Mut bekäme, daraufzuzugehen und es ohne schlechtes Gewissen oder Zweifel zu verwirklichen. Da war er wirklich heldenhaft tapfer!

»Den Himmel zu erringen ist etwas Herrliches und Erhabenes,
aber auch auf der lieben Erde ist es unvergleichlich schön.
Darum lasst uns Menschen sein.«

Dieses Zitat Mozarts unterbreitete *ich* ihm am darauffolgenden Tag, als ich am Abend noch für ein Stündchen bei ihm vorbeikam. Er erzählte – nun schon geschwächter – von den Vorzügen des Erdenlebens; gleichzeitig machte er sich eine Vorstellung von der Ewigkeit. Ich dachte dabei die ganze Zeit, welch beeindruckenden Philosophen die Welt verlieren würde. Das bedauere ich bis heute! Als ich zwei Tage später zu ihm kam, war er nicht mehr in der Lage zu sprechen. Mit seinen Augen deutete er mir jedoch an, dass etwas auf seinem Nachttisch lag, was er haben wollte. Erst dachte ich an die Schnabeltasse, aber als ich dort hinsah, wusste ich genau, was er meinte. Dort lag ein Zettel, auf dem handschriftlich geschrieben, entweder von seiner Freundin oder einer Person aus dem Pflegedienst, das Folgende stand:

»Da der Tod der wahre Endzweck unseres Lebens ist,
so habe ich mich mit diesem wahren, besten Freund
des Menschen so bekannt gemacht, dass sein Bild
nichts Schreckliches mehr für mich hat.«

Dieses Mal sprach keiner von uns... alles war gesagt. Er starb vier Tage später und die Familie bat mich, für ihn die Trauerrede zu halten. Das tat ich wirklich gern und die Mozart-Zitate, welche ihn durch seine letzten Tage begleiteten, wurden zum roten Faden meiner Ansprache. Es würde mich freuen, wenn sein persönlicher (Klavier-) Ton in der Symphonie des Lebens bleibt, mit welchem ihn all seine Lieben in Erinnerung behalten. Und ich.

Zeit

Im Märchen lassen die Dornen viele Prinzen nicht zum Schloss hindurchkommen. Es braucht eben Zeit. Und so manches Mal eben richtig viel davon. Die achtzehnjährige Pia kam zu mir in die Begleitung, weil sich ihre Mutter suizidiert hatte. Da ihr Vater als »unbekannt« galt und sie volljährig war, wurde sie für die Polizei automatisch zur ersten Ansprechpartnerin, die ihre Untersuchungen durchführten und Pia an den jeweiligen Ergebnissen teilhaben lassen wollten. All das war Pias persönliche Dornenhecke. Da wollte und konnte sie (noch) nicht durch.

Weder wollte sie den genauen Todeszeitpunkt ihrer Mutter wissen, noch ob es einen Abschiedsbrief gab oder nicht. Und unter keinen Umständen wollte sie erfahren, wo genau im Wald der Suizid vollzogen worden war. Es war zu viel. Es war zu schmerzhaft. Es war zu früh.

Es dauerte etwa anderthalb Jahre, ehe Pia die Akten ein erstes Mal überflog. Das Kuvert mit dem existierenden Abschiedsbrief rührte sie nicht an. Und was mich immer wieder wunderte, war die Tatsache, dass sie noch immer nicht wusste, wo genau der Suizid stattgefunden hatte. Denn in der Familie und im ganzen Dorf wusste man es. Doch zu ihr drang es nicht durch. Weil sie es nicht wollte – und das wusste man eben auch.

Mittlerweile ist die Selbsttötung der Mutter vier Jahre her. Pia findet sich in ihrem Leben sehr gut zurecht – beruflich und privat. Sie hat viel an sich und ihrer Trauer gearbeitet, ist eine selbstbewusste und auch stabile Persönlichkeit. Aber sowohl der Abschiedsbrief als auch der Vermerk in der Polizeiakte des genauen Suizid- und Fundortes sind nach wie vor verschlossen.

Kaum Luft zum Atmen

Das Phänomen der Überbehütung innerhalb der Kindererziehung gibt es zuhauf – unabhängig einer Trauersituation. Diese Tendenz kann sich jedoch durch einen Verlust zusätzlich verstärken und so erlebte ich davon ein besonders auffälliges Extrem.

Durch einen Suizid schied ein junger Familienvater aus dem Leben und hinterließ neben seiner Frau seinen vierjährigen Sohn. Als ich zum ersten Mal mit den beiden zu tun hatte, waren seit dem Suizid gerade einmal zwei Monate vergangen. Der Junge hing an seiner Mama, ging nicht von ihrem Schoß oder aus ihren Armen. Zu Beginn ist das prinzipiell nichts Ungewöhnliches. Aber das blieb so – auch bei jedem weiteren Treffen. Ich hatte wirklich ein wenig gebraucht, um zu erkennen: Nicht der Junge hing an seiner Mutter, sondern die Mutter hing an ihm!

Das wurde von Mal zu Mal deutlicher. Wenn er auf ihrem Schoß saß, dann umklammerte sie ihn auf eine Art, dass man nur noch die jeweiligen Enden seines Körpers sah, alles andere war von ihren Armen, ihrem Kopf und Oberkörper verdeckt. Wenn sie mit ihm redete, dann schmiegte sie ihr Gesicht von hinten an sein Ohr und flüsterte mehr, als dass sie sprach. Selbst wenn ich mit ihm etwas Kreatives machte, tat er es nur, wenn seine Mutter ihn dabei auf ihrem Schoß hatte. Mit ihm einzeln zu arbeiten, war keine Option, eher hätte seine Mama den Termin abgesagt.

Durch die Umklammerung schwitzte das Kind immer recht stark, einerseits wegen der Körperwärme seiner Mutter, andererseits wegen der Anstrengung durch die Konzentration auf meine Fragen und die damit verbundenen Aktionen.

Es war nur sehr langsam möglich, diese wiederkehrende Szenerie zu verändern. Mit einem »Bitte lassen Sie doch mal ihr Kind los!« wäre es nicht getan gewesen. Es erforderte so viel Einfühlungsvermögen und kommunikatives Know-how, dass sich meine Aufmerksamkeit auf die Mutter zu der des Jungen kaum unterschied.

Innerhalb einer Verlustsituation sollte man solch extremen Verhaltensweisen stets mit Geduld und auch Verständnis begegnen, anstatt sich darüber aufzuregen, genervt zu sein oder sich abschätzig darüber zu äußern. Die Dinge sind in der Regel erklärbar und dementsprechend souverän sollte man als begleitende Person in der Lage sein, damit zu arbeiten. Eltern möchten für ihre Kinder immer das Beste, auch wenn es manchmal nicht so gut gelingt, wie erhofft.

Dornröschen in der Intensivpflege

Innerhalb von Intensivpflege- und Hospizeinrichtungen für Kinder und Jugendliche ist man immer wieder mit dem Thema Abschiednehmen konfrontiert. Dann stehen alle Mitarbeitenden und die Angehörigen des jeweiligen Kindes vor ganz besonderen Herausforderungen. Anhand einiger Auszüge des Märchens »Dornröschen« in Gegenüberstellung mit dem Sterbeprozess eines Mädchens und der Trauersituation ihrer Angehörigen sowie des Personals möchte ich verdeutlichen, wie verschiedene Symboliken eines Märchens im Zusammenhang mit dieser Thematik stehen und fungieren können.

Die Wendeltreppe – Leben und Sterben – Das geschieht

Die spiralförmige Treppe ist im Märchen das Symbol für Wandel und Veränderung, so wie es das Leben selbst ist. Spiralen stehen symbolisch für Geburt, Leben und Tod. Die Wendeltreppe zeigt bildhaft an, dass Dornröschen ihrem angekündigten Tod entgegengeht – im Konkreten, da Dornröschens Schicksal durch den Todesfluch besiegelt scheint, und im Allgemeinen, da das Leben an sich als Sterbeprozess angesehen werden kann. Konkret:

> *Zwölf Jahre lebte eine Jugendliche in einer Intensivpflege- und Hospizeinrichtung im Bamberger Umland. Während dieser Zeit mochte sie besonders Wärme, ruhige Angebote jeglicher Art und Besuche vom Therapiehund. All das passte auch zu ihrem tiefenentspannten Wesen und ihrem Lächeln, welches ebenso stets Ruhe und Entspanntheit ausstrahlte. Plötzlich verschlechterte sich ihr Gesundheitszustand zusehends. Es fiel das Wort »Abschied«. Doch ihre gesundheitliche Verfassung verbesserte sich wieder…*

Der Spindelstich – Der Tod – Das schmerzt

Der Moment, in dem Dornröschen sich sticht, wird in Fachkreisen sehr unterschiedlich interpretiert. Ich gebe hier einen eigenen Erklärungsversuch: Der Stich läutet den Tod ein, eine Millisekunde bestimmt über Leben und Tod.

Egal wie sehr man sich auf das Lebensende vorbereitet oder durchaus ahnungsvoll darauf zusteuert – die Endgültigkeit hinterlässt nicht selten trotzdem einen Schockmoment, einen gefühlten Stich ins Herz.

Konkret:

> *… Ein paar Wochen später gab es eine erneute Abwärtsbewegung innerhalb ihrer Erkrankung, jedoch nicht so bedenklich wie noch zwei Monate zuvor. Am frühen Nachmittag alarmierten jedoch die Geräte. An sich ist das nichts Ungewöhnliches im Kontext der Einrichtung, aber trotzdem wurde dieses Mal entschieden, die Eltern zu informieren. Der behandelnde Arzt kam hinzu und besprach mit*

der Mutter am Telefon das weitere Vorgehen. Drei Stunden später hörte ihr Herz auf zu schlagen. Die Reanimation blieb erfolglos. Sie war tot.

Der Schlaf – Die Trauer – Das heilt

»Leg dich hin! Ruh' dich aus! Schlaf dich gesund!« – nicht selten sagt man das zu jemandem, der sich auskurieren soll – ob nun körperlich oder seelisch, es hilft sicher in beiden Fällen. Innerhalb empfundener Trauer braucht es auch die nötige Zeit, bis sich schließlich erste Anzeichen von »Heilung« zeigen. In der Regel keine einhundert Jahre, aber mitunter fühlt sich die Zeitspanne durchaus so an. Konkret:

Die verstorbene Jugendliche wurde vom Pflege- und Pädagogikpersonal, welches ihr über all die Jahre so vertraut war, gewaschen, gekämmt und angezogen. Sie wurde aufgebahrt und sah sehr friedlich aus. Im Eingangsbereich der Einrichtung wurde ein Gedenktisch aufgestellt und allen war klar, dass das nicht nur ein Abschied von der Jugendlichen, sondern auch von ihrer Familie und den gemeinsam verbrachten Jahren war. Den anderen Kindern wurde in der Zwischenzeit feinfühlig erklärt, was passiert war und warum so viele traurig sind. Es kam sämtliches Personal aus den Bereichen der Therapie, Schule und Ehrenamt, um sich ebenfalls zu verabschieden. Auf Wunsch der Eltern übernahm die Religionslehrerin die Gestaltung einer internen Trauerfeier. Hier mischten sich Traurigkeit, Stille, Zusammensein und sogar heitere Momente.

Die Rosen, Der Kuss – Der Trost – Das bleibt

Wenn die Zeit reif ist (und manchmal eben nach gefühlt einhundert Jahren!), ist die Trauer über den Verlust eines Lieb gewonnenen Menschen zwar nicht vorbei, aber sie wird etwas leichter. Erinnerung spielt hierbei eine große Rolle. Und auch wenn immer wieder Tränen in die Augen kommen – gleichzeitig ist es auch Dankbarkeit, mit der verstorbenen Person ein Stück Weg gegangen zu sein. Konkret:

Die Gewissheit, dass die Jugendliche in ihrer vertrauten Umgebung mit vertrauten Personen, Stimmen und Geräuschen sterben durfte, wurde sowohl von ihrer Familie, als auch vom Personal der Einrichtung als sehr tröstend empfunden. Wenige Tage nach ihrem Tod hätte sie Geburtstag gefeiert. Weil die Ereignisse zeitlich so nah beieinander lagen, schien es stimmig zu sein, Luftballons steigen zu lassen. Ein Gruß in den Himmel, der ebenso noch einen Platz finden sollte als etwas, das bleibt.

Weise Frauen der Gegenwart

Innerhalb einer Trauerbegleitung erlebe ich es immer wieder, dass sich die eigene Rolle erweitert und deutlich wird, dass Trauerbegleitung noch mehr als die Arbeit mit der Trauer sein kann. Besonders hinsichtlich Mädchen im Teenager- oder Jugendalter, welche ihre Mütter verloren haben.

»Und zu wem soll ich gehen und was fragen, wenn ich mal meine Tage kriege?« Das fragte mich wie aus dem Nichts die elfjährige Leni. Denn natürlich gibt es die Sehnsucht nach Gesprächen unter Frauen und damit verbundenen Ratschlägen oder der Weitergabe von Erfahrungen. Denn auch das geht mit dem Tod einer Mutter verloren – die Möglichkeit genau dieser Art der Kontaktaufnahme. Gespräche über das Verliebtsein, Liebeskummer, den ersten BH, Wachstumsschmerzen oder gar Verhütung. Und wichtig ist es dann, eine Vertraute zu haben, eine Wegbegleiterin, eine Mentorin, eine Erfahrene, eine Fürsprecherin, eine Beraterin. Eine weise – nicht zwingend alte – Frau, welche um das Leben schon mehr weiß als die Heranwachsende.

Leni habe ich mit meinen Antworten sicherlich nicht ihre Mutter ersetzt, aber für diesen Moment war mir einmal mehr klar, wie facettenreich Trauerbegleitung mit Kindern, Teenagern und Jugendlichen sein kann. Sind weise Frauen also noch zeitgemäß? Ja! Für jedes Mädchen. Und mit dementsprechend männlichen Vorbildern auch für jeden Jungen.

Dornen auf dem Schulweg

Im Märchen werden trotz verschiedener Warnungen viele Prinzen nicht müde, sich auf den Weg zu Dornröschen zu machen. Ja sicher, nur der Eine kommt wirklich ans Ziel, aber das Sich-auf-den-Weg-machen ist an sich das Maßgebliche. Ich möchte von einem Beispiel berichten, welches beileibe keinen Einzelfall darstellt:

Die neunjährige Yvonne hatte ihren Papa durch einen plötzlichen Herzstillstand verloren. Dieser Schock bewirkte, dass sie nicht zurück in die Schule gehen wollte. Sie hatte nämlich durch den Vorfall extreme Trennungsängste gegenüber ihrer Mutter entwickelt. Und nicht nur das: Der Schulweg bestand für sie plötzlich aus so vielen Herausforderungen, welchen sie sich nicht (mehr) gewachsen fühlte. Da ging es zum Beispiel um

- andere Schülerinnen und Schüler sowie deren Eltern, denen sie begegnete und die sie auf ihre Situation ansprechen könnten,
- die Lehrerschaft, vor der sie keinesfalls als »Sonderfall« gelten wollte,
- ihre Klasse, die bestimmt über sie redete, aber wegschaut, sobald sie hinsieht,
- die Angst, es konnte etwas Lustiges passieren und sie könnte lachen – denn das wäre »nicht richtig«, wie sie sagte.

Ihre Mutter kam ihrem Wunsch, zuhause zu bleiben, nach und aus Tagen wurden schließlich drei Wochen – inklusive mehrerer Krankschreibungen durch den Kinderarzt.

Hier kam ich als Familientrauerbegleiterin ins Spiel. Ich riet dazu, das Mädchen auf jeden Fall wieder zur Schule zu schicken, denn allzu schnell gewöhnt man sich an ein Ausschlafen, den Rückzug, die Komfortzone. Natürlich kann es sein, dass das nicht auf Anhieb reibungslos klappt, aber die feste Struktur und der Tagesablauf helfen grundlegend, um langsam wieder Fuß zu fassen.

Ich besprach mit der Mutter ein genaues Vorgehen in Struktur, Zeit, kreativer Kompromissfindung und Kommunikation. Denn es ging ja nicht nur um den Alltagsrhythmus, in den sie zurückkehren sollte, sondern auch darum, wie sie ihre »Prüfungen« am Wegesrand bestehen konnte. Wir fanden Lösungen und mögliche Wege und alles, was es schließlich brauchte, war dann nur noch Zeit.

Natürlich war es zu Beginn so, dass Yvonne morgens aufstand, sich fertigmachte und kurz vor dem Verlassen des Hauses doch nicht zur Schule gehen wollte bzw. konnte. Das war auch in Ordnung, denn das implizierte ich ihrer Mutter ebenso: dass sie nur nach und nach wieder in die Struktur finden würde. Hauptsache, das Ritual der zeitlichen Abfolge des Tages kam wieder in Gang.

Ein anderes Mal schaffte sie es bis kurz vor der Schule und kehrte dann nach Hause zurück, darauffolgend irgendwann der Gang in die Schule hinein bis zur ersten Pause, bevor es dann nicht mehr ging und Mama sie abholen kam. Mitunter gab es auch kleine Rückschritte und es ging nur bis zur Morgentoilette, aber wichtig war: Es ging überhaupt wieder in Richtung Tagesstruktur.

Ihre ganz »persönliche Dornenhecke« im Sinne ihrer erklärten Herausforderungen ging sie immer mutiger entgegen, bis sich nach etwa drei Monaten die Hecke wieder von ganz alleine auftat und Yvonne zu einem Rhythmus zurückgefunden hatte.

Rosen in Zeiten von Corona

»Na, Frau Eyrich, Sie haben doch die besten beruflichen Connections in die Märchenwelt… ist da gerade keine gute Fee am Start, die diese dramatische Corona-Zeit nicht sofort beenden könnte?«

Diese Frage stellte mir im April 2020 ein Veranstalter am Telefon, mit welchem ich innerhalb verschiedener Bühnenproduktionen über die Jahre immer wieder zu tun hatte.

»Ich fürchte nicht«, sagte ich mit Bedauern und gleichzeitig mit einem Lächeln, weil ich diesen betagten, blitzgescheiten und sehr an Fakten orientierten Geschäftsmann *noch nie* in märchenhaften Metaphern habe sprechen hören, geschweige denn von einer guten Fee. Und anstatt, dass sich unser Gespräch wieder wie ursprünglich auf Daten, Fakten und Zahlen bezog, entwickelten sich zunächst spontane märchenhaft-philosophische zehn Minuten.

»Wissen Sie, Frau Eyrich, ob nun eine gute oder eine böse Fee – bei Dornröschen gab es beide, aber die Dornenhecke konnte niemand verhindern. Schicksal, verstehen Sie? Und wir haben jetzt genau denselben Salat. Durch dieses Virus-Drama schlafen die Städte und Dörfer, alles ist still und wer die Dornen unterschätzt, der wird von ihnen verschlungen. Nur eine Bitte hätte ich: nicht für einhundert Jahre das Ganze!«

»Einhundert Jahre wohl nicht«, entgegnete ich, »aber auch hier geht's um den richtigen Zeitpunkt, damit sich die Dornenhecke wieder von alleine öffnen kann, indem man die nötige Geduld innerhalb dieser Ohnmacht mitbringt und sich an diverse Regeln hält. Von einem Stich getroffen und gefühlt unbekannten Mächten ausgeliefert setzt man uns obendrauf noch einen gewaltigen Spiegel vor, dessen Betrachtung offenbar seine Zeit erfordert, um Wesentliches zu erkennen – im Allgemeinen und bei einem höchstselbst.«

»Und dieser Spiegel kann heilsam sein!», pflichtete der Geschäftsmann mir bei. »Auch wenn so mancher Blick hinein wehtun wird... für kluge Menschen wird er heilsam sein!«

Wir redeten noch eine ganze Weile weiter, gingen dann aber wieder in unsere Veranstaltungsplanung über. Kurz bevor wir nach dem Verabschieden auflegten, meinte er noch: »Da kann man ja von Dornröschen wirklich noch was lernen... und wie gut, dass man sich sicher sein kann, dass an dieser verdammten Dornenhecke am Ende die lang ersehnten, herrlichen Rosen erblühen werden.« Recht hat er!

Kreative Impulse

Rose der Erinnerung

Eine einfache Bastelanleitung für eine Papierrose, die man leicht herstellen kann. Innerhalb der Trauerarbeit eignet sich dieses Angebot wie folgt: Auf dem spiralförmigen Streifen, der durch das Ausschneiden zustande kommt, schreibt man sämtliche Erinnerungen an die verstorbene Person, man kann Symbole zufügen, typische Worte oder Sätze, die einen an diese Person erinnern. Erst danach wird die Rose aufgerollt und kann einen Platz finden, auf den man immer wieder seinen Blick richten kann.

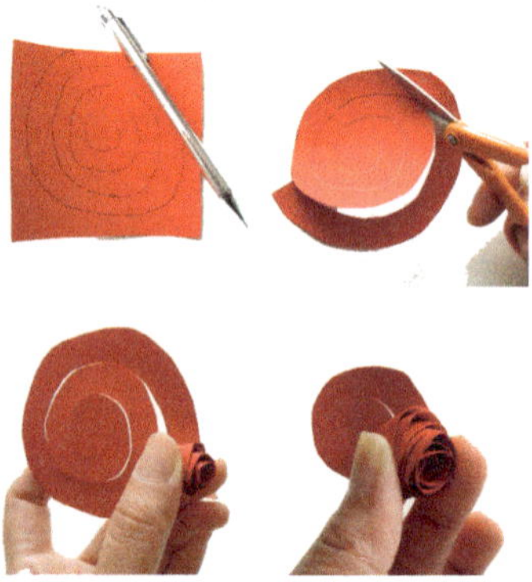

Natürlich können auch mehrere Rosen nach diesem Prinzip entstehen – in verschiedenen Größen, Formen und Farben.

Schicksalsfäden

MATERIAL | Zwei Holzstäbchen, Wolle.

Das Wickel-Prinzip mit Wolle ist ursprünglich als »Magisches Auge« oder »Auge Gottes« bekannt. Die Technik geht ganz leicht (vgl. die Abbildung auf S. 127) und hat einen meditativen Charakter.

Im Märchen haben wir es ebenso mit einem Schicksalsfaden der besonderen Art zu tun und so passt das gut zusammen. In der Trauerarbeit mit Kindern und Jugendlichen setze ich das hin und wieder ein, indem ich vorab eine Art »Prioritätenliste« erstellen lasse, die von »am wichtigsten« bis zu »am unwichtigsten« reicht. Dabei geht es um Personen, Situationen, Hobbies und so weiter. Die Liste dient als Vorgabe, um all das in den »Schicksalsfaden« optisch mit aufzunehmen und es somit ein Stück selbst in der Hand zu haben, wieviel Raum bzw. Wolle man all dem gibt, was das eigene Leben gerade bestimmt und ausmacht. Daraus ergeben sich häufig sehr wertvolle Gespräche.

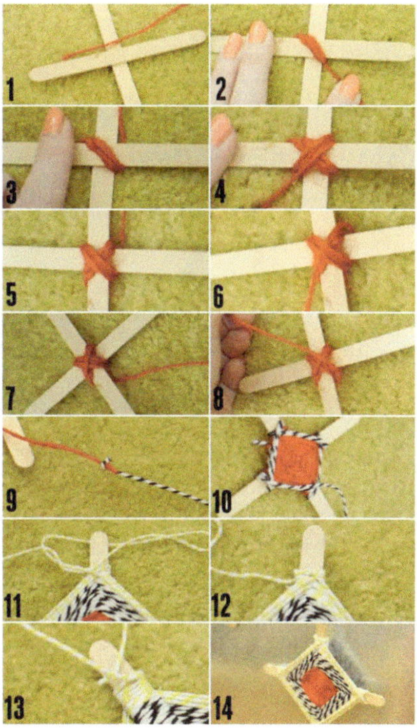

Foto: todayscreativeideas.com

Wegbegleiter

Der klassische Wegbegleiter ist beim Ausflug in die Natur seit jeher der Wanderstab. Er ist nach wie vor eine passende Metapher für Unterstützung, Halt, Festigkeit und Zuverlässigkeit.

Material | Holzstock, Schnitzmesser, Wolle, Kreativmaterial, Schere und Heißkleber.

Für Trauernde nutze ich dieses Angebot wie folgt:

Suchen und Finden | Das Suchen und Finden des eigenen Wanderstocks, der rund die Länge der eigenen Körpergröße haben darf, in einem Wald oder in der freien Natur ist eine Aufgabe, die manchmal nicht so leicht ist, wie sie klingt. Denn es geht nicht um irgendeinen x-beliebigen

Stock, sondern um einen, der zu einem selbst passt, vielleicht sogar zur Beziehung zwischen der oder dem Trauernden und der oder dem Verstorbenen.

SCHNITZEN | Ist dieser Wanderstab gefunden, geht es darum, mit einem Schnitzmesser all das einzukerben, was sowohl die Erinnerung, als auch die Trauer um den Verlust ausmacht.

SCHMÜCKEN | Das Kreativmaterial dient zur weiteren Verbildlichung der Trauersituation. Es sollten symbolisch Dinge einbezogen werden, welche als Ressourcen für den eigenen Trauerprozess verstanden werden.

PROVIANTBEUTEL | Als abschließender Aspekt kann man einen Proviantbeutel schnüren. Darin finden sich Dinge, die man für sich und seine Trauer im Blick behalten sollte und die immer wieder Aufmerksamkeit erfordern. Das könnten zum Beispiel sein:

- Apfel (Ernährung)
- Taschentücher (Traurige Momente)
- Schokolade (Süße des Lebens)
- Teelicht (Wer oder was hilft mir in dunklen Stunden?)
- und so weiter (der Fantasie ist keine Grenze gesetzt!)

Psycho-Hygiene

Wie man weiß, soll Rosenduft eine ausgleichende Wirkung auf den Geist haben, die Laune heben und dabei helfen, sich besser entspannen zu können. Besonders in Trauersituationen können angenehme Düfte den eigenen Gemütszustand zusätzlich stabilisieren oder unterstützen.

Gleichzeitig ist die Psychohygiene – besonders in Zeiten der Trauer – sehr wichtig. Das bedeutet, dass man Körper, Geist und Seele regelmäßig etwas Gutes tun sollte. Und so kann man in der Trauerarbeit mit Klein und Groß gleich ein paar Fliegen mit einer Klappe schlagen: Duft, Hygiene, Kreativität und Genuss!

Das geschieht bei der Herstellung einer Rosenseife, welche einfach zu kreieren ist und gleichzeitig nach Fertigstellung eine angenehme Wirkung hat. Natürlich kann man das Rosenöl auch durch andere Düfte ersetzen, je nach Geschmack und Vorliebe. Jedoch sollte man sich vorher über die Wirkung von Düften gut informieren!

MATERIAL

- 150 g Glycerin-Rohseife *opak* oder 1 Stück Kernseife
- ätherisches Rosenöl oder Rosengeranienöl
- 1 El Wildrosenöl
- evtl. rote Seifenfarbe

SO GEHT'S

- Die Glycerin-Rohseife klein schneiden und im Wasserbad schmelzen, dabei eventuell die Angaben des Herstellers beachten. Alternativ ein Stück Kernseife mit einer Küchenreibe gut zerkleinern und bei niedriger Hitze im Topf schmelzen. Immer wieder umrühren und dabei etwas Wasser hinzugeben.
- Dann 20 bis 30 Tropfen ätherisches Rosenöl sowie das Wildrosenöl und die Farbe in die geschmolzene Seife geben und alles vorsichtig vermischen.
- Die flüssige Masse in handelsübliche Seifenschalen oder in Eiswürfelschablonen für kleinere Portionen zur Formgebung füllen.

Wenn die Seife vollständig ausgehärtet ist, kann sie mühelos aus der Form gelöst werden. Ein Tipp: Mit Glycerin-Rohseife (Gießseife) geht es einfacher, schneller und die Seifen werden schöner.

Trauer im Wind

Zeit spielt im Märchen »Dornröschen« eine tragende Rolle. So ist es auch innerhalb eines Trauerprozesses. Und mit dem Thema »Zeit« wird oft gekämpft, konkurriert, gerungen, gespielt und vor allem hart ins Gericht gegangen. Zeit ist immer auch gleichzeitig Veränderung und Entwicklung und der folgende kreative Impuls kann und soll Trauernde daran erinnern.

Material

- 30 x 30cm helles Stoffstück
- Acrylfarben
- Stoffmalfarben
- Stoffreste
- Wolle
- evtl. Nähmaterial

Es geht nun darum, eine individuelle Fahne zu gestalten, welche nach Fertigstellung einen Platz im Freien bekommen soll. Über die Zeit werden verschiedene Witterungsverhältnisse dafür sorgen, dass sich der Stoff verändert. Farben werden blasser, der Stoff franst aus, mitunter gibt es Risse. Sowohl der Kreativprozess als auch das Beobachten über die Zeit, wie sich die Fahne bzw. der Stoff verändert, ist eine schöne, bildhafte Grundlage in der Familientrauerbegleitung für anstehende Gespräche und deren Anlässe. Nicht selten wird über dieses Bild auch noch einmal mehr verstanden, wie einen die Trauer beeinflusst, was innerhalb dessen passiert und welche Entwicklungen entweder automatisch oder unterstützt stattfinden.

Spirale des Lebens

Die Wendeltreppe im Märchen deutet die Lebensspirale an. Damit zu arbeiten, ist für die Trauerarbeit natürlich prädestiniert!

MATERIAL

- fester Draht
- Perlen, die zum Auffädeln gut zum Draht passen
- Schnur zum Aufhängen der Windspiel-Spirale
- weiteres Kreativmaterial wie Glöckchen, Federn usw.

Zuerst wird das untere Ende der Spirale bestimmt. Glöckchen eignen sich gut, da sie schön aussehen. Das Ende des Drahtes wird dann um das Glöckchen gebogen. Natürlich ginge auch eine große Perle oder etwas anderes, was einen optisch schönen Abschluss bildet. Die Perlen werden der Reihe nach aufgefädelt und der Draht in die gewünschte Spirale gebogen. Oben eine Schlaufe biegen und fertig.

Himmlische Wünsche

Die Segenswünsche der weisen Frauen sind im Märchen der Dreh- und Angelpunkt. Auch wir haben in der Realität Wünsche und Hoffnungen, in Zeiten der Trauer ebenso. An dieser Stelle stelle ich eine kleine Fantasiereise als Entspannungstechnik vor. Sie ist keine Meditation!

Die Fantasiereise erfordert eine persönliche Anleitung, um auf mögliche Reaktionen währenddessen und danach gut reagieren zu können. Vorab dazu ein paar Tipps:

- Es bedarf einer bequemen Sitzhaltung.
- Der Ort sollte ruhig und atmosphärisch gemütlich sein, sodass man sich gut entspannen kann. Auch die Raumtemperatur sollte stimmen.
- Konzentration immer wieder auf die Atmung lenken.
- Vor dem Anleiten ist es wichtig, einmal selbst die Fantasiereise erlebt zu haben!
- Nach jedem Satz zwei bis vier Atemzüge Pause machen, sodass der Trauernde die Reise in seiner Geschwindigkeit

erleben kann und individuelle Bilder im Inneren entstehen. Im untenstehenden Text werden die Pausen durch das Zeichen ● dargestellt.

- Gründlich überprüfen, ob diese Methode auch die richtige für das jeweilige Klientel ist, hinsichtlich Altersgruppe, Umstände des Todes, Trauerphase, Zeitpunkt o.ä.
- Eine Fantasiereise anleiten sollte man nur dann, wenn man selbst einen Zugang zu dieser Entspannungstechnik hat!

LOS GEHT'S

Stell dir vor es ist Nacht und du stehst auf einer Wiese. ● Das Gras ist angenehm warm und weich. ● Du kannst es an deinen Füßen spüren. ● Fühle die Wärme. ● Du kannst dich auf das weiche Gras setzen. ● Das Dunkel der Nacht umgibt dich. ● Sie ist wie ein Mantel, der dir Schutz gibt. ● Du kannst spüren, wie er dich hält. ● Geborgen hält. ● Du kannst in den Himmel schauen. ● Viele Sterne leuchten in der Nacht. ● Die Milchstraße zieht ihre Bahn. ● Vereinzelt sind Sternschnuppen zu sehen. ● Du kannst ihre lichte Bahnen am Himmel beobachten. ● Da ist eine. ● Und da ist noch eine ... ● Die Sterne fliegen durch die Nacht. ● Sie fliegen, um die Träume und Wünsche der Menschen zu erfüllen. ● Vielleicht hast auch du einen Wunsch oder Traum. ● Fühle in dich hinein. ● Höre auf deine innere Stimme. ● Nimm deinen Traum oder Wunsch jetzt wahr. ● Du bist auf der warmen Wiese und kannst die Sterne sehen. ● Plötzlich ist ein ganz heller Stern unterwegs. ● Er fällt und fällt. ● Und landet auf deiner Wiese. ● Es ist ein leuchtendes Sternenmännchen. ● Er lächelt dich an und kommt zu dir. ● Er setzt sich neben dich und schaut mit dir zum Himmel hinauf. ● Du kannst sein Licht fühlen. ● Der Stern beginnt zu erzählen: ● Seine Geschwister fliegen durch die Nacht. ● Sie fliegen, um die Wünsche der Menschen zu erfüllen. ● Der Stern schaut dich an. ● Sein Blick ist voller Liebe. ● Zärtlich berührt er dich. ● Ein Licht beginnt in dir zu strahlen. ● Strahlendes Licht. ● Fühle zu deinem Herz. ● Der Stern erzählt dir, wahre Wünsche kommen aus dem Herzen. ● Er bittet dich, deinen Wunsch oder

Traum durch dein Herz zu senden. • Es ist ganz einfach. • Lass es einfach durch dein Herz fließen. • Vielleicht verändert sich dadurch dein Wunsch. • Vielleicht erstrahlt er auch in der Berührung des Herzens. • Lass es einfach zu. • Dein Wunsch leuchtet in der Liebe deines Herzens. • Nun kannst du ihn dem Sternenmännchen geben. • Er nimmt deinen Wunsch in sich auf. • Der Stern wird ihn mit sich tragen. • Hinauf in den Himmel. • Der leuchtende Stern lächelt dich an. • Er streichelt sanft über dein Haar. • Er sagt, es wird nun Zeit für ihn zurückzukehren. • Er verabschiedet sich von dir. • Du kannst sehen, wie er wieder seinen Platz einnimmt. • Er leuchtet in der Nacht. • Nun ist dein Wunsch dem Universum übergeben. • Du stehst auf der Wiese. • Sterne leuchten am Himmel. • Einer strahlt ganz besonders. • Sein Leuchten berührt dich. • Und in dieser Berührung wird es nun langsam Zeit wieder zurückzukommen.

Im Nachgang empfehle ich ausdrücklich, – bevor man wieder ins Sprechen kommt! – die Trauernden zu bitten, die wichtigsten Erlebnisse, Erkenntnisse oder Fragen aufzuschreiben bzw. aufzumalen. Denn wenn man zu schnell ins Reden kommt, gehen manche Eindrücke innerhalb einer erlebten Fantasiereise verloren.

Außerdem: Diese Fantasiereise ist nur ein Vorschlag. Natürlich kann und muss sie angepasst werden an Informationen, die man über die trauernde Person hat. Ein Beispiel: Wenn sich jemand vor Dunkelheit fürchtet, muss natürlich eine Alternativlösung innerhalb der Fantasiereise gefunden werden.

Die hier abgedruckte Fantasiereise wurde von René Lecoutre zur Verfügung gestellt. Die schönsten Fantasiereisen, die Sie geben können, sind jedoch Ihre eigenen. Sie können es lernen, eigene Reisen zu entwickeln und zu geben. Das ist ganz einfach, und es ist sogar im Fernstudium möglich! Informationen dazu finden Sie zum Beispiel auf dieser Webseite: www.meditationsleiter.de.

»Ärzte werden vom Tod respektiert. Er kann warten.«
Manfred Hinrich

Der Gevatter Tod

Es hatte ein armer Mann zwölf Kinder und musste Tag und Nacht arbeiten, damit er ihnen nur Brot geben konnte. Als nun das dreizehnte zur Welt kam, wusste er sich in seiner Not nicht zu helfen, lief hinaus auf die große Landstraße und wollte den ersten, der ihm begegnete, zu Gevatter bitten.

Der erste, der ihm begegnete, das war der liebe Gott. Der wusste schon, was er auf dem Herzen hatte, und sprach zu ihm: »Armer Mann, du dauerst mich, ich will dein Kind aus der Taufe heben, will für es sorgen und es glücklich machen auf Erden.« Der Mann sprach: »Wer bist du?« – »Ich bin der liebe Gott.« – »So begehr' ich dich nicht zu Gevatter«, sagte der Mann, »du gibst dem Reichen und lässt den Armen hungern.« Das sprach der Mann, weil er nicht wusste, wie weislich Gott Reichtum und Armut verteilt. Also wendete er sich von dem Herrn und ging weiter.

Da trat der Teufel zu ihm und sprach: »Was suchst du? Willst du mich zum Paten deines Kindes nehmen, so will ich ihm Gold die Hülle und Fülle und alle Lust der Welt dazu geben.« Der Mann fragte: »Wer bist du?« – »Ich bin der Teufel.« - »So begehr' ich dich nicht zu Gevatter«, sprach der Mann,

»du betrügst und verführst die Menschen.« Er ging weiter; da kam der dürrbeinige Tod auf ihn zugeschritten und sprach: »Nimm mich zu Gevatter.« Der Mann fragte: »Wer bist du?« – »Ich bin der Tod, der alle gleichmacht.« Da sprach der Mann: »Du bist der Rechte, du holst den Reichen wie den Armen ohne Unterschied, du sollst mein Gevattersmann sein.« Der Tod antwortete: »Ich will dein Kind reich und berühmt machen; denn wer mich zum Freunde hat, dem kann's nicht fehlen.« Der Mann sprach: »Künftigen Sonntag ist die Taufe, da stelle dich zu rechter Zeit ein.«

Der Tod erschien, wie er versprochen hatte, und stand ganz ordentlich Gevatter. Als der Knabe zu Jahren gekommen war, trat zu einer Zeit der Pate ein und hieß ihn mitgehen. Er führte ihn hinaus in den Wald, zeigte ihm ein Kraut, das da wuchs, und sprach: »Jetzt sollst du dein Patengeschenk empfangen. Ich mache dich zu einem berühmten Arzt. Wenn du zu einem Kranken gerufen wirst, so will ich dir jedes Mal erscheinen: steh ich zu Häupten des Kranken, so kannst du keck sprechen, du wolltest ihn wieder gesund machen, und gibst du ihm dann von jenem Kraut ein, so wird er genesen; steh ich aber zu Füßen des Kranken, so ist er mein, und du musst sagen, alle Hilfe sei umsonst und kein Arzt in der Welt könne ihn retten. Aber hüte dich, dass du das Kraut nicht gegen meinen Willen gebrauchst, es könnte dir schlimm ergehen!«

Es dauerte nicht lange, so war der Jüngling der berühmteste Arzt auf der ganzen Welt. »Er braucht nur den Kranken anzusehen, so weiß er schon, wie es steht, ob er wieder gesund wird oder ob er sterben muss«, so hieß es von ihm, und weit und breit kamen die Leute herbei, holten ihn zu den Kranken und gaben ihm so viel Gold, dass er bald ein reicher Mann war.

Nun trug es sich zu, dass der König erkrankte. Der Arzt ward berufen und sollte sagen, ob Genesung möglich wäre. Wie er aber zu dem Bette trat, so stand der Tod zu den Füßen des

Kranken, und da war für ihn kein Kraut mehr gewachsen. »Wenn ich doch einmal den Tod überlisten könnte«, dachte der Arzt, »er wird's freilich übelnehmen, aber da ich sein Pate bin, so drückt er wohl ein Auge zu, ich will's wagen.« Er fasste also den Kranken und legte ihn verkehrt, so dass der Tod zu Haupten desselben zu stehen kam. Dann gab er ihm von dem Kraute ein, und der König erholte sich und ward wieder gesund.

Der Tod aber kam zu dem Arzte, machte ein böses und finsteres Gesicht, drohte mit dem Finger und sagte: »Du hast mich hinter das Licht geführt, diesmal will ich dir's nachsehen, weil du mein Pate bist, aber wagst du das noch einmal, so geht dir's an den Kragen, und ich nehme dich selbst mit fort.«

Bald hernach verfiel die Tochter des Königs in eine schwere Krankheit. Sie war sein einziges Kind, er weinte Tag und Nacht, dass ihm die Augen erblindeten, und ließ bekanntmachen, wer sie vom Tode errette, der sollte ihr Gemahl werden und die Krone erben. Der Arzt, als er zu dem Bette der Kranken kam, erblickte den Tod zu ihren Füßen. Er hätte sich der Warnung seines Paten erinnern sollen, aber die große Schönheit der Königstochter und das Glück, ihr Gemahl zu werden, betörten ihn so, dass er alle Gedanken in den Wind schlug. Er sah nicht, dass der Tod ihm zornige Blicke zuwarf, die Hand in die Höhe hob und mit der dürren Faust drohte; er hob die Kranke auf und legte ihr Haupt dahin, wo die Füße gelegen hatten. Dann gab er ihr das Kraut ein, und alsbald regte sich das Leben von neuem. Der Tod, als er sich zum zweiten Mal um sein Eigentum betrogen sah, ging mit langen Schritten auf den Arzt zu und sprach: »Es ist aus mit dir, und die Reihe kommt nun an dich«, packte ihn mit seiner eiskalten Hand so hart, dass er nicht widerstehen konnte, und führte ihn in eine unterirdische Höhle.

Da sah er, wie tausend und tausend Lichter in unübersehbaren Reihen brannten, einige groß, andere halbgroß, andere klein. Jeden Augenblick verloschen einige, und andere brannten wieder auf, also dass die Flämmchen in beständigem Wechsel zu sein schienen. »Siehst du«, sprach der Tod, »das sind die Lebenslichter der Menschen. Die großen gehören Kindern, die halbgroßen Eheleuten in ihren besten Jahren, die kleinen gehören Greisen. Doch auch Kinder und junge Leute haben oft nur ein kleines Lichtchen.« – »Zeige mir mein Lebenslicht«, sagte der Arzt und meinte, es wäre noch recht groß. Der Tod deutete auf ein kleines Endchen, das eben auszugehen drohte, und sagte: »Siehst du, da ist es.« – »Ach, lieber Pate«, sagte der erschrockene Arzt, »zündet mir ein neues an, tut mir's zuliebe, damit ich König werde und Gemahl der schönen Königstochter.« – »Ich kann nicht«, antwortete der Tod, »erst muss eins verlöschen, eh' ein neues anbrennt.« – »So setzt das alte auf ein Neues, das gleich fortbrennt, wenn jenes zu Ende ist«, bat der Arzt. Der Tod stellte sich, als ob er seinen Wunsch erfüllen wollte, langte ein frisches, großes Licht herbei, aber weil er sich rächen wollte, versah er's beim Umstecken absichtlich, und das Stöckchen fiel um und verlosch. Alsbald sank der Arzt zu Boden und war nun selbst in die Hand des Todes geraten.

Thematische Brücken

Gleichberechtigung vs. Gerechtigkeit

Für die meisten Kinder, Jugendlichen und Familien ist der Tod innerhalb ihrer Verlusterfahrung ein Feind. Er ist dafür verantwortlich, dass die Dinge plötzlich in einem Ungleichgewicht sind, dass man sich manchmal vor Traurigkeit fast verzehrt und man immens viel Kraft und Energie einsetzen muss, um wieder auf die Beine zu kommen. »Ist das gerecht?« oder »Das haben wir nicht verdient!« und »Was hat das alles für einen Sinn?« sind gängige Gedanken und Fragen, die während der Trauerbegleitung Platz und Raum brauchen. Folgende Fragen gehen damit dicht an dicht einher:

- Gibt es ein Leben nach dem Tod?
- Welche Rolle spielen für mich Religion oder Spiritualität?
- Zufall oder Schicksal?
- Welchen Sinn hat das Leben, wenn man doch sterben muss?
- Für was soll ich jetzt überhaupt noch weitermachen?
- …

Die Frage nach Sinn und Gerechtigkeit ist zentral, wenn es um Sterben, Tod und Trauer geht. Im Moment der Sinnfrage wird es *spirituell* – *religiös* wird es, wenn Gott in welcher Facette der Weltreligionen auch immer ins Spiel kommt. Ein Problem kann entstehen, wenn dabei nur in Gegensätzen und Extremen gedacht wird. Das zeigt auch unser Märchen vom Gevatter Tod. Gott steht für alles Gute und der Teufel für alles Schlechte. Gott, so der Vorwurf im Märchen, lässt trotz seiner

Allmächtigkeit das Böse und Ungerechte zu. Er wird nicht zum Paten des Kindes erwählt. Denn wer will sich schon einem Gott vertrauen, der ungerecht ist? – Ein Prinzip, welches bis heute an Gültigkeit nicht verloren hat. Das große Gegengewicht, nämlich der Teufel als Verkörperung des extrem Bösen, findet ebenso keine Zustimmung – obwohl er den armen Leuten »Gold in Hülle und Fülle« anbietet. Diese Art der Verführung scheint zu offensichtlich zu sein. Die Frage nach Gerechtigkeit ist also schon zu Beginn des Märchens gestellt. Wer verdient was? Und warum?

Schließlich tritt der Tod in Erscheinung und sagt: »Wer mich zum Freunde hat, dem kann's an nichts fehlen.« Kann das gehen? Der Tod als Freund? Mehr noch… es geht um eine *Patenschaft*. Er bittet nicht wie die anderen beiden darum, sondern sagt mit den Worten »Nimm mich zu Gevatter!« zwischen den Zeilen: »Vertrau mir, ich bin der Richtige!« Außerdem ist der Tod leicht zu begreifen, denn wenn ein Leben zu Ende ist, dann holt er den Menschen, ohne Wenn und Aber. Bei Gott und dem Teufel ist das schon komplizierter – samt der damit einhergehenden Auslegungen ihrer Existenz.

»Patenschaft« heißt Wegbegleitung, Verantwortung, Fürsorge, Zuverlässigkeit, Zeit, Loyalität, Kritik und Vorbild. Aber das sind lediglich Angebote, die man dem Schützling zur Verfügung stellt. In Krisensituationen ausschließlich zu fragen »Wo ist Gott?« oder »Wo ist mein Pate oder meine Patin?« reicht nicht. Dieser Frage sollte immer auch die Ergänzung folgen: »Wo bin ich selbst?« Auch das Patenkind trägt also seinen Teil der Verantwortung für all jene Richtungen, die es in seinem Leben mit Körper, Geist, Seele und seiner Fähigkeit zur Spiritualität einschlagen wird.

Vielleicht relativiert sich die Frage nach Gleichberechtigung und Gerechtigkeit, sobald man den Tod für sich auch einmal als Paten definiert.

Die Relativität der Heilung

Im Märchen wächst das Kind heran und wird Arzt. Der Patensohn des Todes wird Arzt! Die Medizin steht dem Herrn der Zeit gegenüber; sie repräsentieren zwei Seiten, von denen man sagt, dass sie gegensätzlicher nicht sein könnten: Leben erhalten und Leben beenden. »Gegen den Tod ist kein Kraut gewachsen!«, sagt das Sprichwort. Doch bei dem Geschenk des Todes an den Arzt handelt es sich genau um solch ein Kraut! Mit seiner Hilfe wird der Arzt zum Besten, der er sein kann.

In diesem Märchen wird aufgegriffen, dass das Wissen über die verschiedenen Heilwirkungen von Pflanzen in der Medizin der vergangenen Jahrhunderte bereits eine große Rolle gespielt haben muss. Es sind die Patengeschenke der Natur. Da ist zum einen das Wissen über die Heilung und zum anderen die Sicht auf das Wesen der Krankheit. Wie arg steht es wirklich um den Kranken? Auch heute sollte ein guter Arzt die nötige Intuition besitzen, nicht nur das passende Medikament zu geben, sondern zugleich den Menschen in seiner Ganzheit zu betrachten.

Wenn in diesem Märchen die Themen Heilung und Medizin angesprochen werden, müssen wir den Naturforscher und Philosophen Philippus Theophrastus Paracelsus (*1493, †1541) erwähnen, der als Arzt im 16. Jahrhundert die Erkrankung und entsprechend die Heilung eines Menschen auf verschiedenen Ebenen erklärte.

Krankheit wie Heilung finden auf der körperlichen, psychosomatischen, geistigen und göttlichen Ebene statt. Nach Paracelsus hat die Medizin daher auf Ganzheit zu fußen: auf Natur- und Gotteserkenntnis. Paracelsus' medizinische Methoden gründeten sich mithin nicht allein auf Erfahrung, Experimente und Naturbeobachtung; er sah den Menschen vielmehr als »Mikrokosmos« in engem Zusammenhang mit dem »Makrokosmos«. Für Paracelsus war der materielle Körper lediglich ein Teil des für den gewöhnlichen Betrachter zu großen Teilen nichtsichtbaren vollständigen Körpers. Wer jedoch durch stetige Arbeit an sich selbst, durch eigene innere Umwandlung, der göttlichen Erleuchtung teilhaftig würde, der könne das Ganze auch »im Lichte der Natur« sehen. Nur der tauge auch zum Arzt.

Der Tod vermittelt seinem Patenkind also Wissen, das schon lange existiert, jedoch bei den Menschen in Vergessenheit geriet. Der junge Arzt hat das Glück, diese Kenntnisse schon zu Lebzeiten zu erlangen, allerdings mit der Auflage, es nur mit Genehmigung des Todes zu nutzen. Die Entscheidung darüber, ob ein Mensch stirbt oder nicht behält sich der Tod vor.

Indem der Tod den Arzt davor warnt, gegen seinen Willen zu handeln, räumt er zugleich ein, dass dieser die Regeln seines Gevatters brechen könne, wenn er nur bereit sei, die entsprechenden Konsequenzen zu tragen. An dieser Stelle werden diese noch nicht näher beschrieben, sondern nur als »schlimm» bezeichnet. Sein beständiger Erfolg verleitet den Arzt schließlich zu Übermut und Ungehorsam. Er verlässt die ihm gegebene Ordnung und büßt mit seinem eigenen Leben.

Hier gibt es erneut Parallelen zu Paracelsus: Sein Sendungsbewusstsein und sein faustischer, auch der Alchemie verpflichtender Erkenntnisdrang waren lange Zeit Bestandteil der deutschen Volksdichtung; Person und Werk sind bis heute umstritten.

Was auch immer Heilung bedeuten mag... sie steckt sowohl in den Möglichkeiten der Medizin als auch in den Gesetzen des Todes.

Die Wahrheit

Heutzutage können Ärzte und Ärztinnen den Tod weit hinauszögern. Viele Krankheiten kann man optimistisch und vielversprechend behandeln. Das Lebensalter ist über die Jahre konstant gestiegen. Dennoch gibt es Grenzen... aber wo? Und ab wann?

Wenn wir in unserem Märchen von Befreiung, Erlösung oder Erleuchtung sprechen, geht es vor allem um *Wahrheit*. Dieses große Thema finden wir auch in der Realität – medizinisch, zwischenmenschlich, ethisch, gesellschaftlich.

Der junge Arzt wird im Märchen zu dem kranken König gerufen und... er lügt. Wer weiß, vielleicht hatte er Angst davor, dem König zu sagen, er müsse sterben, oder sein Ehrgeiz war geweckt, vor dem Regenten nicht zu versagen und so zu noch mehr Ruhm und Ansehen zu kommen. Oder war es schlichtweg der Reiz, noch machtvoller als der Tod sein zu können? Wir wissen es nicht, aber so wird eben manchmal Unmögliches möglich gemacht. »Warum sollte man Angst vor dem Tode haben?«, fragt der Philosoph Epikur, »denn solange wir leben, ist der Tod nicht da, und sobald er da ist, sind wir nicht mehr da.« Und weiter: »Fürchte die Götter nicht! Fürchte den Tod nicht! Wisse, dass die Freuden für alle da sind. Wisse, dass der Schmerz – solange er anhält – erträglich und wenn er stark ist nur kurz dauert. Und vergiss nicht, dass der Weise, auch wenn er Qualen hat, glücklich ist.«

Zwischen Macht und Autorität

Mit dem »Betrug« nimmt das Märchen einen sehr menschlichen Verlauf. Wir greifen oft nach den Früchten unserer Taten und suchen den persönlichen Vorteil, zuerst im Reichtum, dann im Ruhm und schließlich in der Herrschaft. Und auch, wenn der Gevatter die Hinterlist des Arztes zunächst toleriert... der Tod lässt sich seine Position nicht streitig machen. Er ist und bleibt der »Herr über Leben und Vergehen« – und zieht am Ende die letzte Karte seiner Macht und Autorität.

Macht ist neben Wahrheit ein Thema in vielen Märchen, mal allgemein, mal in ihren unterschiedlichen Facetten, die nicht immer negativ dargestellt sein müssen. Denn Macht bedeutet auch Schutz. In unserem Märchen deutet das die Patenschaft an. Im echten Leben: Wenn zum Beispiel eine Mutter ihr Kind ergreift, das gerade über eine belebte Straße laufen möchte, ist das die lebensrettende Macht der Eltern. Sie wandelt sich zur Autorität durch Liebe zu den eigenen oder anerkennten Kindern.

Macht in *diesem* Sinne erzeugt keine Angst, sondern schafft Vertrauen. Wie schade, dass diese Bedeutung über die Jahre immer weniger gesehen, der Begriff immer mehr negiert wurde. Bis heute! Dabei geht es im besten Falle um das eigene Vorbild, das Orientierung und Halt gibt, Ziele und Grenzen setzt. Daran kann ich nichts Verwerfliches finden.

Widerstand gegen Autorität führt gewiss in Selbständigkeit, man könnte die Bereitschaft und Fähigkeit zum Widerstand sogar als erste Zeichen von Charakter ansehen. Doch wer selbstbestimmt leben will, muss zuvor Unterordnung gelernt haben. Das gilt auf dem Fußballplatz, gegenüber dem Feuerwehrkommandanten oder innerhalb einer Geschwisterkonstellation, um nur einige Beispiele zu nennen. Wenn Jugendliche in der Zeit des Umbruchs, in ihrer Pubertät, die auch die Zeit der Selbstentdeckung und Selbstfindung ist, keiner Autorität begegnen, mit der sie sich auseinandersetzen können, bleibt der Prozess zur Selbstbestimmung kraftlos. Den Jugendlichen fehlt ein Gegenüber, an dem sie sich reiben, aber auch wachsen können.

Ich empfehle zu diesem Thema Bueb, Bernhard, Lob der Disziplin, List Verlag, München 2006

Mein Fazit ist: Macht wird durch Liebe bzw. ein starkes Gefühl der Zuneigung und Zuwendung zur Autorität – eine Autorität, die Wahrheit und Gerechtigkeit vertragen und aushalten kann, sogar mit einhergehender Kritik.

Was der Gevatter Tod also für seinen Patensohn im Verlauf des Märchens tut, und viele Familien gegenüber ihren Kindern ebenso, erfährt einen Perspektivwechsel. Das Herumdrehen des Bettes ist dafür ein gelungenes Bild. Zwar ist es ein Trick, eigentlich ein Betrug, aber auch eine sehr kluge und gewitzte Handlung des Arztes. Das ist die hohe Kunst: eine einfache Lösung zu finden, die außerhalb der eigentlichen Problemsuche liegt.

Durch das Herumdrehen entsteht eine neue Sicht und damit bereits die Lösung, selbst wenn sich daraus für den Arzt ein wesentlich größeres Problem ergibt…

Warnungen in den Wind schlagen

Dass der Betrug nicht lange gutgehen kann, sagt uns bereits die Vernunft. Wer die Warnungen der Natur missachtet, wird die Konsequenzen tragen müssen; im Großen betrachtet selbst auf globaler Ebene!

Der Arzt erkennt zwar, dass er diesem Patienten nicht helfen darf, doch zum ersten Mal hält er sich nicht an die festgesetzte Regel, das Kraut nur zu benutzen, wenn der Tod am Kopfende des Bettes steht und damit anzeigt, dass dieser Mensch weiterleben soll. Es ist sehr wahrscheinlich, dass der Arzt sich an die Anweisung seines Gevatters gehalten hätte, wenn der Patient ein einfacherer Mann gewesen wäre. Das Merkmal, das diesen Patienten für den Arzt so besonders macht, ist die Tatsache, dass es sich um einen Menschen handelt, der eines der höchsten Ämter bekleidet und damit Macht und Reichtum besitzt. Man kann davon ausgehen, dass sich der Arzt etwas von der Heilung des Königs erhofft hatte, zum Beispiel eine sehr großzügige Belohnung oder ein besonders ehrenvolles Amt, sonst hätte er sich nicht mit dem Tod angelegt. Das ist bis heute eine gesellschaftliche Strategie, mitunter erfolgreich, und doch zugleich durchschaubar, schwach, fragwürdig und tragisch. Trotz der Drohung des Todes betrügt der Arzt bald darauf ein zweites Mal. Diesmal ist es die Tochter des Königs, die erkrankt. Übrigens wird in dieser Szene zum ersten Mal eine Gefühlsregung der Angehörigen eines Patienten beschrieben.

Oft berichten Märchen und andere weisheitsvolle Geschichten davon, dass der Tod durch die Liebe überwunden wird. Dies ist aber nur der Fall, wenn die Liebe des einen vom anderen erwidert wird. Das lässt uns der Text nicht wissen. Am Ende heißt es: Wer den Tod betrügen will, kommt selbst unter seine Herrschaft. Denn die Natur kann man nicht betrügen, nur sich selbst.

Die Lebenslichter

Das Lebenslicht ist ein uraltes Symbol. Es ist wie eine Kerze, die langsam abbrennt und am Ende erlischt. Selbst Elton John besang diese Metapher in seinem Song »Candle in the wind« meisterhaft. Für viele ein schönes Bild... Wer aber zündet diese Lichter an? Zu diesem Thema gehört die Frage, inwieweit es eine persönliche Seele gibt, die durch die Welt und das Leben wandert. Das ist immer wieder Thema, bei allen Trauernden, denen ich jemals begegnet bin und mit denen ich im Gespräch oder Kontakt war. Ob es nach dem Tod weitergeht?

Ganz sicher, denn irgendwie dreht sich die Welt ja weiter, und alles, was wir im Leben gedacht, gesprochen und getan haben, ist Teil des Ganzen geworden und wird nicht ohne Wirkung bleiben!

Die Wissenschaft sucht und forscht gewöhnlich im Äußeren, während unser Arzt ins Innere geführt wird. Da der Arzt erneut gegen die Anweisung seines Paten verstoßen hat, opfert er unwissentlich sein eigenes Leben für das Leben der Königstochter. Von seinem eigenen Licht ist nun nichts mehr übrig, was es dem Tod möglich macht, das Patenkind in sein Reich zu holen. Inwieweit man sich bei diesem Gedanken innerhalb der Möglichkeiten der Religionen wiederfindet, bleibt einem jeden selbst überlassen.

Am Ende möchte man meinen: Dieses Märchen geht nicht gut aus. Der Mensch verliert und die Natur siegt. Vielmehr als die persönliche Empfindung ist aber der hier angebotene Gedanke hinter einem Bild, das nicht nur Trauernde bewegt, sondern die Menschheit seit Anbeginn der Zeit dazu bringt, den Sinn des Lebens zu ergründen.

Im Kreis des Lebens

Das vorliegende Märchen zeigt das Verhältnis der Menschen zu den übermenschlichen Mächten Gott, Teufel und Tod auf. Mögliche Erklä-

rungen finden sich dazu im alten Volksglauben. Geht es danach, nimmt der Schutzengel des Kindes nach der Taufe seinen Platz am Kopfende der Wiege ein. Unter der Voraussetzung, dass der Schutzengel immer beim Kopf des Menschen steht bzw. über diesem schwebt und über seinen Menschen wacht, kann der Tod diesen Menschen nur mitnehmen, wenn er sich von der nichtbewachten Seite aus, also von den Füßen her, nähert. Die Aussage »Mit den Füßen zuerst aus der Tür getragen werden« dürfte dieser Idee entsprungen sein.
Und so ist es wohl...

»Jeder Tag ist ein kleines Leben –
jedes Erwachen und Aufstehen
eine kleine Geburt,
jeder frische Morgen
eine kleine Jugend,
und jedes zu Bett gehen und Einschlafen
ein kleiner Tod.«

Arthur Schopenhauer

Aus der Praxis

Das Papa-Kind

Der Tod ist mit Sicherheit das größte Mysterium, das wir Menschen kennen. Und doch hält er auch immer wieder Überraschungen bereit, die uns mitunter sogar zu einem »Geschenk« werden.

Eine Siebzehnjährige verlor ihren Vater nach längerer Krankheit. Sie selbst sagte von sich, ein »echtes Papa-Kind« gewesen zu sein, auch weil sie ihm in allen Dingen schier unglaublich ähnlich war. Es stimmte: Wenn man ihr zuhörte, wie sie über ihren Vater sprach, ließ diese Aussage gar keinen Zweifel zu. Sie erzählte, wie sie bei ihm am Sterbebett saß und dass er, kurz bevor er verstarb, noch einmal ihre Hand drückte. Ein paar Monate später veranstalteten wir unsere alljährliche Weihnachtsgruppe, in der alle Kinder, Jugendlichen und auch ihre Angehörigen eingeladen sind, daran teilzunehmen. Die junge Frau brachte ihre Mutter mit. Während sich alle nacheinander vorstellten und dabei kurz von ihrer Trauersituation berichteten, kam schließlich die Reihe an die Mutter. Auch sie sprach über das extreme Band zwischen Vater und Tochter und beinahe beiläufig erzählte sie, dass das Erste, was die Tochter tat, als sie auf der Welt war, die Hand ihres Vaters drückte, womit es den Anschein hatte, dass die enge Verbindung der beiden von Anfang an besiegelt gewesen war. Erst in diesem Moment wurde dem Mädchen bewusst, dass sie im Moment seines Todes genau dasselbe erlebt hatte – nur umgekehrt! Ein Händedruck am Anfang und am Ende… damit schloss sich ein Kreis. Was für ein großes Abschiedsgeschenk!

Im Zweifel für den Angeklagten

Durch einen vermuteten Arztfehler verlor eine junge Mutter ihr Baby im achten Monat ihrer Schwangerschaft. Neben all der Traurigkeit, dem Schock und auch den damit einhergehenden körperlichen Eskapaden stand die Schuldfrage im Raum. Die Eltern hielten es für gewiss: der behandelnde Arzt war verantwortlich.

Der Arzt suchte das Gespräch, formulierte Briefe und war um Kommunikation und Aufklärung bemüht. Aber die beiden lehnten jedes Kommunikationsangebot ab und blieben bei ihrer Überzeugung: Der Arzt war schuld. Der Rechtsstreit ging durch sämtliche juristische Instanzen – über viele Monate. Trauer wurde von Wut verdrängt und diese mündete in eine unerbittliche Zielstrebigkeit nach Rache und Vergeltung. Alle verfügbare Energie wurde in die Verhandlungen, Anklageschriften und rechtlichen Auseinandersetzungen gelegt.

Die Frau, die ich anfangs trotz ihrer äußeren Attraktivität als zerbrechlich und verletzt wahrgenommen habe, wurde zu einer Person mit harten Gesichtszügen, Augenringen und häufigen Migräneanfällen. Ihre Wortwahl passte sich an ihren müden und mittlerweile kalten Blick an, samt der Tatsache, dass sie seit diesem Vorfall keinen Arzt mehr aufgesucht hatte – mochte es ihr gutgehen oder nicht. Somit brach sie auch nach nur drei Treffen die Trauerbegleitung ab.

Die Beweislage war jedoch für den Schuldspruch »Ärztefehler« nicht ausreichend. Es galt auch hier: im Zweifel für den Angeklagten. Das junge Ehepaar war schockiert und der Mann, der all seine Energien und Kraft in eine Verurteilung des Mediziners gesetzt hatte, fühlte sich um ein gerechtes Urteil betrogen. Zu tief hatte besonders er sich für beider Überzeugungen eingesetzt; doch nun war ihr Kampf nach etlichen Verhandlungen verloren.

Ich sah die Frau erst nach etwa sechs Monaten wieder. Ihr Mann hatte sich zu einem Suizid entschieden und so begann die Trauerbegleitung an einem neuen Punkt, diesmal für mehrere Jahre.

Witzig?

»Was ist klein... grün... und liegt in einem Sarg? – Eine StERBSE!« Diesen Wortwitz habe ich von einer Achtjährigen, die nach mehreren Verlusten Trauerbegleitung in Anspruch nahm. Ob sich das widerspricht? Humor und Lachen in der Trauer? Aber nein! Wie gut, wichtig und richtig ist es, wenn sich ein Kind neben der Trauer trotzdem humorvolle Momente gönnt – und mit anderen teilen kann. Traurig wird man eh wieder von ganz allein. Ich habe über den Witz mit ihr lachen müssen... Und das ist eben auch Teil einer Trauerbegleitung.

Die Sterbestunde

Wenn ein Mensch im Sterben liegt, haben die Angehörigen häufig den Wunsch, im Moment des Todes dabei sein zu wollen. Manche sind in der Todesstunde tatsächlich anwesend. In anderen Fällen hat man den Eindruck, dass Sterbende noch auf jemand ganz Bestimmten »warten«, ehe sie sterben, wie beispielsweise auf die Schwester aus Amerika oder auf den Sohn, der noch eine lange Rückreise aus dem Urlaub zu bewältigen hat usw.

Aber es gibt auch Situationen, da wachen Angehörige am Tag und in der Nacht bei ihrem Sterbenden, gehen für ein paar Minuten aus dem Zimmer und genau in dieser kurzen Zeitspanne verstirbt der Mensch. Davon berichten Familien immer wieder, mit denen ich in der Begleitung zu tun habe. Viele hadern dann damit, machen sich Vorwürfe oder werden sogar wütend auf die Situation oder sich selbst. Aber vielleicht ist es ja so: Manchmal muss die Liebe aus dem Zimmer gehen, damit der Tod kommen kann!

Trauerbewältigung durch Zauberei?

In diesem Beispiel weiche ich ein wenig von den Inhalten und thematischen Brücken des in diesem Kapitel verwendeten Märchens ab. Aber da es auch hier um eine konkrete Auseinandersetzung mit Sterben und Tod geht, möchte ich dennoch von folgendem Verlauf einer Trauerbegleitung erzählen: Nachdem ihre Mutter an einer langjährigen Krebserkrankung gestorben war, kam die dreizehnjährige Ida, die mittlere Tochter, zu mir in die Trauerbegleitung.

Ida war einer jener Teenager, die Gefühle schlecht in Worte fassen können, weil ihr Wortschatz ohnehin aus einem sehr knappen Vokabular bestand. Bei Ida tat die Trauer ihr Übriges dazu. Bereits am Aufdruck ihres Pullis sah ich, dass ich es mit einem Harry Potter-Fan zu tun hatte. Dass dieser weltberühmte Zauberer für Ida zum roten Faden unserer Treffen und Wegbereiter zurück ins Leben werden würde, wusste ich da noch nicht. Ja, die Inhalte der Harry Potter-Reihe wurden zu unserer persönlichen Geheimsprache – oder um es à la Potter korrekt zu formulieren: Sie wurden zu unserem persönlichen *Parsel*.

Innerhalb der imaginären Zauberwelt fand Ida, während sie verschiedene Szenerien, Figuren und Inhalte beschrieb, jene Worte, die ausdrückten, was sie innerhalb ihrer realen Welt und dem damit verbundenen Alltag empfand. Ihre Identifikation mit dem Bestseller von J.K. Rowling war so hoch, dass ich mir gar nicht mehr sicher bin, ob ich es war, die ihr half, mit ihrer Trauer umzugehen, oder das *Hogwarts*-Universum. Hier gebe ich eine kurze Zusammenfassung von einigen Einzeltreffen, die einen Eindruck von dem abbilden, was vonstattenging…

> Die Dementoren | Ida beschrieb ihre schlaflosen Nächte und Albträume anhand der terroristischen Magie der Dementoren. Sie nutzte dafür die Darstellung ihrer schwarzen Kapuzenmäntel. »Etwas *Schlimmeres als der Tod* droht, wenn Dementoren ihre Kapuzen tatsächlich einmal lüften, weil sie dann jemanden *küssen* wollen: Sie saugen ihrem Opfer durch den Mund die Seele aus, sodass nur noch ein leerer, aber funktionsfähiger Körper ohne Persönlichkeit, Erfahrungen und Gefühle übrig bleibt«, so eine Beschreibung. Diesen leeren Seelenzustand empfand auch Ida in regelmäßigen Abständen nach dem Aufwachen. Sie fühlte sich sofort in ihre Trauer hineinkatapultiert. Das machte ihr große Angst, Angst vor dem Zubettgehen, dem

Schlaf, der Dunkelheit und dem, was sich im Traum zeigen sollte. Wir brauchten für Ida also einen – im übertragenden Sinne –*Patronus*-Zauber, der ihr in der Nacht und in beängstigenden Situationen am Tag ausreichend Schutz zur Verfügung stellen konnte. Die Idee dahinter war, dass ein *Patronus*-Zauber nur durch die Kraft einer glücklichen Erinnerung erzeugt werden kann. Das war für die Trauerbegleitung perfekt! Und genau damit begannen wir zu arbeiten – in vielschichtigen Varianten…

LORD VOLDEMORT | Er, dessen Name nicht genannt werden darf. Er, der alle zum Erzittern bringt. Er, der Erzfeind der Hauptfigur. Auch Ida hatte Angst, die Dinge beim Namen zu nennen. Im wahrsten Sinn des Wortes. Wenn der Name ihrer Mutter fiel, begann sie sofort zu weinen. Also dachte sie, es wäre klüger, das Wort »Mama« gar nicht mehr auszusprechen. Und das Wort »Tod« schon gleich gar nicht. Dadurch passierte bei Ida genau dasselbe wie in den Harry Potter-Bänden: Je mehr sie vermied, die Dinge mit Worten auf den Punkt zu bringen, sie zu fühlen und ihnen ins Auge zu sehen, umso mächtiger wurde der Schatten ihrer Trauer und umso größer die Angst – nicht nur vor der Konfrontation, sondern auch vor dem wieder zustande kommenden Glück. Denn natürlich hemmte diese »Strategie« alles Notwendige, um in die selbstverständliche Leichtigkeit, Neugier und Lebenslust zurückzufinden.

DURSLEY VS. WEASLEY | Die Sache mit den Verwandten und Wahlverwandten war bei Ida mit dem Tod der Mutter zu einem zentralen Thema geworden. Denn da zum Vater seit Jahren kein Kontakt bestand, stellte sich die Frage nach einem neuen Wohnort und im besten Falle einem neuen Zuhause. Jene ihrer leiblichen Verwandten, die dafür infrage kamen, waren für Ida das, was für Harry Potter die Dursleys darstellten: besserwisserische »Spießer«, denen es Ida mit ihren mit Füller bemalten, blauen Haarsträhnen sicher nicht recht machen konnte. Der

Gedanke an die Familie von Mamas bester Freundin gefiel ihr hingegen. »Wie der Fuchsbau der Weasleys«, sagte sie. »Da bin ich immer willkommen, da ist immer was los!« – aber in rein rechtlicher Hinsicht war das natürlich nicht so einfach... auch das sind manchmal Themen in einer Trauerbegleitung.

Der Spiegel Nerhegeb |Was der riesige Spiegel Nerhegeb zeigt, verrät sein Name: Spiegelverkehrt gelesen bedeutet Nerhegeb »Begehren«. Wer in diesen magischen Spiegel blickt, sieht nicht sein Spiegelbild, sondern er sieht, wie man sich am liebsten sehen würde. Harry Potter sieht sich zwischen seinen verstorbenen Eltern – ein Wunsch, der Idas Vorstellung mit ihrer Mutter gleichkam... und schmerzte.

Dobby, der Hauself | Dobby steht für mehrere Themen: Humor, Sklaventum, Freiheit, Selbstverletzung, Freundschaft, Mut und Treue. Obwohl wir alle diese Themen aufgriffen, blieben wir dennoch an einem Aspekt hängen: der Selbstverletzung. Ida sagte irgendwann: »Ich hab das auch schon mal gemacht.« Über Dobbys Hang zur Selbstbestrafung konnte sie die Parallele zu sich viel leichter ziehen und benennen. So war die Trauerbegleitung für Ida auch ein Prozess vom eigenen Sklaventum zurück in die persönliche Freiheit.

Die Heiligtümer des Todes | Es würde an dieser Stelle zu weit führen, die Heiligtümer des Todes im Detail zu erklären oder gar das »Märchen von den drei Brüdern« zu beleuchten. Deshalb nur kurz: Ida und ich bearbeiteten im Hinblick auf die Heiligtümer intensiv das Thema *Bereitsein*. Das Thema kannte sie von ihrer Mutter nach Jahren der Erkrankung. Denn in ihrer letzten Lebensphase – sie spürte bereits das Ende – war ihre Mutter genau das: bereit! Wie die Helden Professor Dumbledore, Professor Severus Snape und Harry Potter auch bereit waren. »Bereitsein« heißt, sich für etwas öffnen, das man nicht mehr aufhalten kann, was man nicht mehr bekämpft und dem man mit offenem Blick und Herzen entgegengeht. Weil alles gesagt und getan ist, weil man alle Liebe loslässt und zugleich mitnimmt, weil das nichts mit aufgeben zu tun hat, sondern mit Erkenntnis. Weil es vielleicht ein »zu früh« gibt, aber niemals ein »umsonst«. »Harry, bedaure nicht die Toten. Bedaure die Lebenden, und besonders all diejenigen, die ohne Liebe leben»», sagt Albus Dumbledore… und ich auch!

Bruno

Innerhalb meines psychotherapeutischen Studiums absolvierte ich ein viermonatiges Praktikum in einem Palliativ- und Hospizzentrum und kam dadurch erstmals mit Sterbenden in Berührung. Damals hörte ich zum ersten Mal davon, dass man bei Sterbenden immer wieder beobachten und erleben kann, wie sie kurz vor ihrem Tod, wenn sie noch in der Lage sind, über Worte oder Zeichen zu kommunizieren, wiederholt und verstärkt folgende drei Bedürfnisse zum Ausdruck bringen: Wasser, Geld bzw. Gold, eine Reise.

Ich konnte mir das damals kaum vorstellen – und doch habe auch ich es über die Jahre immer einmal wieder genauso erlebt:

- Menschen, die plötzlich unglaublichen Durst hatten und nach einem Glas Wasser verlangten, obwohl seit Monaten kein Schluckmechanismus mehr möglich war und sie ausschließlich künstlich ernährt werden konnten.
- Menschen, welcher dringend ihre Sparbücher einsehen wollten oder von einer Schatzsuche sprachen.
- Menschen, die Urlaubspläne schmiedeten oder von Orten träumten, zu welchen sie reisen wollten.

Kurz darauf sind sie alle gestorben… Nein, eine Formel für das Sterben ist das nicht, das wäre zu einfach. Aber es scheint doch ähnliche und in Varianten mögliche Bilder, Visionen oder Bedürfnisse besonders in der finalen Phase eines Lebens zu geben, welche sich bei sterbenden Menschen zeigen und wiederholen – unabhängig von Alter, Herkunft, Religion oder Status. Das bewegt und fasziniert mich bis heute.

Und da gab es Bruno, der erste Mensch, für den ich eine Trauerrede schrieb, und den ich weder kannte, noch bis heute als einzigen von all den Verstorbenen, mit denen ich direkt oder indirekt bei einer Rede zu tun hatte, nicht einmal auf einem Foto sah.

Er war wohl ein Hüne von einem Mann mittleren Alters, und ich erinnere mich genau an das Gespräch mit seinen Angehörigen. Sie waren alle so traurig… weil er noch so jung war … und weil er sich einen ganz bestimmten Traum nicht mehr erfüllen konnte: Er sparte seit Jahren auf eine große Neuseeland-Reise. Trotz seiner Krankheit hielt er daran fest und sagte bis zum Schluss immer wieder: »Ich kann nicht wirklich darüber nachdenken, was fair ist – fair ergibt keinen Sinn. Die Dinge sind nicht fair oder unfair, das Leben ist eben so. Wie ein Fluss auf dem Weg ins Meer. Warum nicht sagen, es ist fast vorbei? Ich hatte ein paar gute und ein paar schlechte Zeiten, aber ich beschwere mich nicht. Ich spare weiter – Neuseeland wird schon noch klappen.«

Neben dieser Reiselust war seine größte Leidenschaft der Modellbau von Diorama-Landschaften und der Miniatur-Eisenbahntechnik. Ein Mann von enormer Körpergröße und -fülle also, der einen nahezu unglaublichen Sinn für das Feine, Filigrane, Kleine und Zarte hatte.

Zahlreiche Figuren, Eisenbahnwaggons, Schienenstränge und andere Utensilien belegten die Erzählungen seiner Hinterbliebenen. Sie füllten akribisch und akkurat seine Wandregale bis in die hinterste Ecke samt einer riesigen Eisenbahnlandschaft – und auch hier als Hintergrundmotiv Neuseeland mit bedacht –, die zeitweise den gesamten Platz einer ganzen Dachbodenfläche in Anspruch nahm.

»Sollte mir ein Arzt mal sagen, ich hätte nur noch ein halbes Jahr zu leben – ich würde all meinen Kram packen, nach Neuseeland auswandern und mein Geld nach allen Regeln der Kunst ausgeben«, soll Bruno einmal gesagt haben. Und dann ist er plötzlich in dieser Situation und einfach zu schwach. Neuseeland blieb ihm verwehrt, doch in Gedanken blieb das Land ein Teil von ihm. Bruno ist gedanklich bestimmt mehr als hundert Mal in Neuseeland gewesen.

Aber gänzlich unerfüllt sollte ihm dieser Lebenstraum nicht bleiben, denn ich merkte, wie sehr besonders dieses Fehlen seines Traums alle bedauerten. Und so wurden viele verschiedene Impressionen aus Neuseeland ausgedruckt – Bilder, die unendliche Weiten und Freiheit in all ihren Facetten zeigten. Sie gaben das wieder, wovon Bruno geträumt hatte.

Der zuständige Bestatter –so wunderbar! – und ich hängten die Bilder an seinen Sargwagen und um jenes Tor, durch das der Sarg in unserem Kolumbarium am Ende der Trauerfeier langsam nach hinten in eine angedeutete Ewigkeit fährt, ehe sich das Tor vor den Augen der Trauergäste wieder schließt. Als Brunos Sarg ganz langsam zurückfuhr, erklang dazu die weltberühmte Melodie der »Sentimental Journey« – die inoffizielle Hymne aller Eisenbahn-Begeisterten. Bruno fuhr auf seiner letzten Reise doch noch – symbolisch – durch Neuseeland, während sich alle Trauergäste zu seinem letzten, sehr besonderen und bewegenden Geleit von ihren Plätzen erhoben. Wasser, Geld und eine Reise… bei Bruno hatte sich alles vereint!

»Ja, ich will!«

Die Großmutter von Marc, Lasse und Sina lernte ich kennen, als sie schon sehr geschwächt zuhause bei ihrer Familie und in einem Pflegebett inmitten des Wohnzimmers lag. Ich fand das sehr beeindruckend und schön, wie integriert sie am zentralsten Punkt des Hauses war . Wir saßen an einem ihrer letzten Tage eine Weile bei ihr zusammen und sie erzählte irgendwann davon, wie sie damals ihren Mann kennengelernt und geheiratet hatte. In vielen Einzelheiten beschrieb sie den »schönsten Moment von allen« und sie machte es noch einmal nach, wie laut und deutlich sie damals in einer kleinen Kapelle sagte: »Ja, ich will!« Und obwohl die Stimme aufgrund ihrer Schwäche schon sehr brüchig war, verriet es auch ihr Funkeln in den Augen, wie überzeugt und glücklich sie damals gewesen sein musste.

Als ich mich verabschiedete, zog sie sachte an meinem Ärmel und sagte: »Mein Glaube ist tief und ich weiß: Gott wird entscheiden, wann ich gehen werde, nicht meine Ärzte. Und noch etwas: Als der Priester damals fragte, ob ich will, rief ich laut JA, ICH WILL! Nun, da mein Ende bevorsteht, sage ich nach meinem erfüllten und glücklichen Leben, während ich spüre, dass mir der Tod gegenübersteht, ein zweites Mal und ebenso zufrieden und bereit: Ja, ich will!«

Kreative Impulse

Lebenslichter im Glas

Diese Bastelei ist auch bekannt unter den Namen »Glühwürmchen-Glas«, aber in Anbetracht unseres Märchens möchte ich das angemessen adaptieren. Das fertige Glas mit den Lebenslichtern kann auch als Nachtlicht verwendet werden.

MATERIAL | Gurkenglas (720 ml) mit Schraubverschluss, fluoreszierende, also selbstleuchtende Modelliermasse aus dem Bastelladen, weißes Garn, Klebstoff, Klebeband, Nähnadel, Nagelschere, zwei Teller, evtl. Pinzette

Aus der Modelliermasse werden 2 bis 4 mm große Kügelchen geformt. Das werden später die »Lebenslichter«. Die Kügelchen dürfen ruhig unterschiedlich groß sein. Legt sie auf einen Teller und drückt sie leicht an, sodass sie unten flach und oben rund sind. Für das Gurkenglas braucht man etwa 170 Kügelchen, für ein kleineres Glas etwa 120. Formt danach weitere 12 bis 16 Kügelchen für das große Gurkenglas beziehungsweise 6 bis 10 für das kleines Glas. Diese nicht flachdrücken! Einen etwa 15 cm langen Garnfaden abschneiden und auf die Nähnadel fädeln. Mit der Nadel sticht man nun vorsichtig durch ein oder zwei der runden Kügelchen und zieht sie auf den Faden. Bitte leicht festdrücken und oben und unten etwas Faden überstehen lassen, damit die Kugeln nicht abrutschen. Auf diese Weise werden 12 bzw.

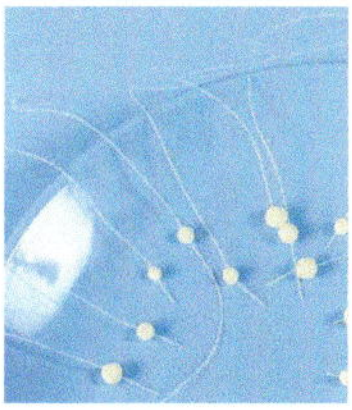

6 Leuchtfäden hergestellt. Die Kugeln am Faden auf einen weiteren Teller legen, aber nicht zu dicht. Danach den Backofen mit Ober- und Unterhitze auf 110 Grad Celsius vorheizen und beide Teller auf das mittlere Blech schieben und für 15 bis 20 Minuten aushärten lassen Da sie sehr klein sind, benötigen sie nicht die vom Hersteller angegebene Zeit. Danach mindestens eine Viertelstunde warten und die Backofentür geöffnet lassen, bis ihr die Teller herausholen könnt. Die unteren Fadenenden unter der letzten Kugel abschneiden und den oberen Teil der Fäden in unterschiedliche Längen kürzen, damit die Kügelchen später auf verschiedenen Höhen im Glas hängen. Die oberen Enden dann mit einem Streifen Klebeband auf der Innenseite des Deckels befestigen und genug Abstand zwischen den Fäden lassen. Die abgeflachten Kügelchen werden auf der flachen Seite mit Klebstoff bestrichen und mit dem Finger oder einer Pinzette auf der Innenseite des Glases angebracht. Gut andrücken, warten, Geduld haben, trocknen lassen! Und nun: Den Deckel mit den hängenden Lebenslichtern vorsichtig aufsetzen und festdrehen. Rollladen runter, Gardinen zuziehen oder auf die Nacht warten und leuchten lassen!

Der Weg in die eigene Mitte

Ein Labyrinth ist ein Symbol für den Lebensweg des Menschen. Auch unser Leben hat Wendungen. Auch im Leben kommen wir ans Ziel, wenn wir weitergehen und manchmal auch umkehren und den Weg zurückgehen. Nicht zu verwechseln ist das Labyrinth mit dem Irrgarten, in dem man sich verlaufen kann. Das passiert bei einem Labyrinth nicht!

Kaum sichtbar orientiert sich das Labyrinth an der Kreuzform und entspricht damit dem Ur-Symbol des Christentums. Durch den Weg im Labyrinth sortieren die Trauernden ihre Fragen, Gedanken und Wünsche für den Weg ihres Trauerprozesses. Der Weg in dieser neuen und unbekannten Zeit verändert sich oft und jeder geht ihn in seinem eigenen Tempo. Wenn das Gefühl da ist, die Mitte erreicht zu haben oder wahrzunehmen, dass man sich zumindest darauf zubewegt, stellt sich häufig weiterer Mut ein, den Weg fortzuschreiten. Mögliche Impulse können sein: Was war? Was ist geschehen? Was ist geblieben? Was soll bleiben? Was kann man loslassen? Wie soll das eigentliche Leben weitergehen?

Das klassische Labyrinth hat acht »Ringe«. Während einer Labyrinthbegehung steht jeder Ring für einen bestimmten Impuls während des Trauerprozesses, der festgelegt wird, bevor man in das Labyrinth eintritt. Eine Labyrinthbegehung ist natürlich auch möglich ohne Trauerkontext. Die Impulse sollen helfen, eigene Fragen zu klären, zum Beispiel die Folgenden:

1. DENKEN | Was sagt mir mein Kopf dazu?
2. FÜHLEN | Was signalisiert mein Herz, mein Gefühl?
3. MATERIAL | Was brauche ich dazu?
4. HERZ/SPIRITUALITÄT | ins Innerste hineinhören, evtl. eine Bitte, ein Gebet oder einen Wunsch formulieren
5. REINHEIT/«HEILIGER BEREICH« | die innere Leere wahrnehmen, sich einlassen...
6. VISION | Welche Idee, welches Wort usw. entsteht aus dieser inneren Leere?
7. MANIFESTATION | Welche Klarheit oder welcher nächste Schritt ergibt sich?
8. ABSOLUTE RUHE/MITTE | abwarten, was passiert...

Ein Labyrinth kann aus allen denkbaren Materialien bestehen:

- Stroh
- Teelichter, falls der Ort es zulässt
- Steine
- Eine hohe Wiese kann zu einem Labyrinth gemäht werden
- Holz usw...

Bei Kindern und Jugendlichen sollte man besonders berücksichtigen:

- Materialauswahl; es sollte altersgerecht und auch von den Kräften der Kinder her machbar sein!
- Eventuell ist eine kleine Einteilung nötig: Sammler, Erbauer, Dekorateure und Überblick-Behalter
- Die Größe des Labyrinths sollte realistisch an die Zeit und das Alter angepasst werden
- Eine Labrinthbegehung muss unter Umständen soweit didaktisch angepasst werden, dass es jedem Kind möglich ist, sich darauf einzulassen.

Es ist jedes Mal erstaunlich, welche »Ergebnisse« sowohl aus der Arbeit mit Gruppen als auch im Einzelkontext hervortreten. Natürlich sollte man allen Teilnehmenden ausreichend Zeit lassen und sich auf drei bis vier Stunden einstellen.

Erste-Hilfe-Set

Fernab medizinischer Möglichkeiten für ihren (Herz-)Schmerz kann man Trauernde dazu animieren, ein eigenes Set für den emotionalen Notfall zusammenzustellen. Einerseits ist das praktisch, denn in den schlimmsten Momenten sind Trauernde oft trotzdem allein. Und andererseits ergeben sich darüber gute, tiefgründige, manchmal lustige, interessante und aufschlussreiche Gespräche und Momente. Materialen dazu könnten sein:

- Taschentücher
- Kerzen
- Augencrème für Tränensäcke
- Süßigkeiten
- Musik-CD
- Inspirierende Zitate
- Stofftier
- Badesalz
- Tee
- usw.

Der Fantasie sind keine Grenzen gesetzt und neben einem hohen Maß an leicht umsetzbarer Kreativität ist es für Trauernde richtig nützlich.

Vergänglichkeit

Land-Art als moderne Kunstrichtung in der Natur eignet sich für Menschen in Trauersituationen besonders gut, weil dadurch automatisch die Vergänglichkeit zum Thema gemacht wird. Bei unserem Märchen spielt das ebenfalls und in vielerlei Hinsicht eine Rolle. Die spielerische Annäherung an die Vergänglichkeit bietet auf ästhetische Weise das Erleben von Verbundenheit und Loslösung. Beim kreativen Gestalten mit den Materialien, die die Natur zu bieten hat, entstehen vergängliche Kunstwerke – Bilder und Objekte, die fernab von Worten, Analysen und rationalem Begreifen ein tiefer Ausdruck eigener Seelenbilder sein können.

Die Naturkunstwerke werden der Zeit überlassen. Was bleibt, ist die Verbundenheit mit dem Erlebten, die eigene Kreation und eine eventuelle Fotodokumentation. Land-Art lässt uns Verbundenheit erfahren: Wir selbst sind ein Teil von allem und hinterlassen unsere Spuren in Zeit und Raum.

Trostpflaster

Wenn man sich einmal das Knie aufschlägt oder in den Finger schneidet, ist ein Pflaster eine phänomenale Erfindung! Erste Hilfe vom Feinsten, die funktioniert. Trost-Pflaster... in der Trauerbegleitung braucht es mehr als etwas, was den Schmerz einfach nur zuklebt. Da braucht man echte Ressourcen... und die muss man erst einmal für sich herausfinden. Herz-Narben machen es den körperlichen Narben dabei gleich:

Manchmal fangen sie an zu jucken, gehen wieder auf, müssen verarztet und gepflegt werden, brauchen Aufmerksamkeit, heilen mitunter auch komplett wieder zu... aber sie sind trotzdem für immer sichtbar und Teil des eigenen Lebens. Trostpflaster... in echt oder im übertragenen Sinn: Sie sind und bleiben eine erste kleine Hilfe für einen groß empfundenen Schmerz und erinnern uns daran, wenn wir einen Blick darauf werfen, dass darunter etwas ist, was unsere Aufmerksamkeit und Geduld erfordert.

LebensZEIT

Das Thema Lebenszeit spielt im Märchen »Der Gevatter Tod« eine zentrale Rolle. Um darüber mit Kindern und Jugendlichen ins Gespräch zu kommen, hilft das kreative Messen von Zeit in unterschiedlichster Form. Ich orientiere mich dabei an den vier Elementen Erde, Wasser, Feuer, Luft. Die vier Elemente tragen die Gesamtheit des Lebens in sich und können darüber hinaus auf viele Varianten der Trauerbegleitung verweisen:

- Sarg – Erde, Urne – Feuer, Seebestattung/ Wasserurne, Asche verstreuen in Gegenden, in denen das rechtlich gestattet ist usw.
- Erde – Körper und Trauer, Wasser – Tränen, Feuer – starke Gefühle, Luft – Spiritualität; das sind nur ein paar wenige Beispiele, der eigenen Kreativität sind keine Grenzen gesetzt.
- Sterben, Tod, Trauer und Neubeginn in der Natur

An dieser Stelle folgen Möglichkeiten, wie das Thema Lebenszeit von und mit Kindern und Jugendlichen bearbeitet werden kann:

Sanduhr

Material | zwei gleiche Flaschen mit Deckeln, Kraftkleber oder eine Heißklebepistole, Sand möglichst fein > Vogelsand, großer Nagel und Hammer zum Durchlöchern von den Verschlüssen, feines Sieb, Masking-Tape oder Gewebeband, Sticker o.ä. zum Dekorieren, dicke Pappe zum Unterlegen, Stoppuhr

1. Deckel der Flaschen abschrauben und die Verschlüsse mit ihren Oberseiten aufeinander kleben.

2. Ist der Kleber getrocknet, ein Stück dicke Pappe unter die Verschlusskappen legen und mit Nagel und Hammer ein Loch mittig durchschlagen.
3. Den Sand noch einmal durchsieben und ihn dann in eine der Flaschen füllen.
4. Die Flasche mit dem Doppeldeckel verschließen und darauf die andere Flasche drehen.
5. Zeit für den Uhrenvergleich! Die Sanduhr starten, indem man sie umdreht – und gleichzeitig die Stoppuhr starten. So kann man feststellen, wie lange der Sand braucht, um von einem ins andere Gefäß zu rieseln. Will man die Sanduhr für eine bestimmte Zeit einstellen, muss man die Sandmenge entsprechend anpassen und mit der Stoppuhr die Zeit »nachmessen«.
6. Den Doppeldeckel mit Masking-Tape oder Gewebeband umwickeln – das macht die Sanduhr stabil. Dekorieren nach Lust und Laune mit bunten Stickern oder Kreativmaterial je nach Schwerpunkt der Trauerbegleitung.

Wasseruhr

Material | Eine große Dose ohne scharfe Ränder, Hammer, einen kleinen, dünnen Nagel, Schüssel, Backsteine oder Bücher als Unterlage, evtl. Küchentücher, wasserfester Stift

1. Mit Hammer und Nagel ein kleines Loch an die untere Seite der Dose schlagen.
2. Dose auf die Backsteine stellen und dann die Schüssel vor das Loch in der Dose stellen.
3. Beliebige Zeiteinheit wählen (1, 5, oder 10 min).
4. Dose randvoll mit Wasser füllen und »rieseln« lassen.
5. Nach jeweiliger Zeiteinheit einen Strich am Innenrand der Dose machen.

6. Nach einem Durchlauf kann die Zeit gemessen werden. Ein Strich bedeutet das Vergehen der jeweiligen Zeiteinheit.

Kerzenuhr

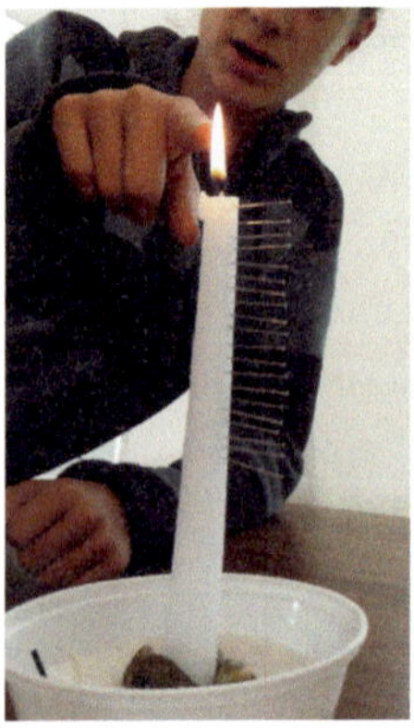

Material | Eine dünne Kerze, eine Untertasse, Lineal, Stecknadeln, Streichhölzer

1. Länge der Kerze messen.
2. Auf den Unterteller aufstellen oder eine Schüssel mit Sand füllen und sie hineinstecken.
3. Kerze anzünden und 15 Minuten brennen lassen.
4. Erneut die Kerzenlänge messen.
5. Ausrechnen, wie viel Zentimeter die Kerze in den 15 Minuten abgebrannt sind.
6. Stecknadeln mit dem ausgerechneten Abstand in die Kerze stecken, dabei das Lineal benutzen.
7. Von nun an bedeutet eine heruntergefallene Stecknadel das Vergehen von 15 Minuten.

Sonnenuhr

Material | Topfuntersetzer aus Kork, Holz- oder Schaschlik-Spieß, Schere, Papier, Stifte

1. Eine Vorlage mit selbst gewähltem Motiv erstellen in der Größe des runden Kork-Untersetzers und mit Papier und Stiften Gestalten, mit den gewohnten Ziffern einer Uhr
2. Die Sonnenuhr-Vorlage ausschneiden und auf den Untersetzer kleben.

3. Den Holzspieß durch die Mitte der Sonnenuhr in den Topfuntersetzer einstechen, sodass die Sonnenuhr nicht verrutschen kann und der sogenannte Polstab senkrecht zum Ziffernblatt stehen bleibt.
   Die Sonnenuhr ist fertig!

Licht und Schatten

Hier geht es darum, einem (Lebens-)Schatten greifbare Gestalt, Farbe und Form zu geben. Ob auf Papier, Leinwand oder einem anderem Untergrund ist flexibel wählbar. Zur Erweiterung können auf den Bildern noch unterschiedliche Traueraspekte aufgenommen werden, zum Beispiel:.

- Erinnerungen
- Engel, Helfer, Wesen usw.
- Gedichte und Texte kreieren
- Gemeinschaftsbild entstehen lassen u.v.m.

»Du brauchst einen inneren Weg, der dich,
im Gegensatz zur Materie, nicht von außen irritiert!«

Verfasser unbekannt

Was bleibt noch zu sagen?

Innerhalb der Märchenliteratur kennen Heldinnen und Helden vielerlei Herausforderungen, wachsen daran und üben somit das Leben. Genau das tun Trauernde auch. Immer wieder aufs Neue. Weil es so etwas wie ein Ziel, einen Wunsch oder eine Hoffnung gibt: Nach einem Verlust wieder im Leben Fuß zu fassen!

Das haben Sie in diesem Buch anhand von sieben Beispielen wahrnehmen und erkennen können. Sie haben in diesem Buch sprechende Tiere getroffen, nahmen Platz am Tisch der sieben Zwerge, stiegen die berühmteste Wendeltreppe der Literaturgeschichte empor und begegneten sogar dem Tod höchstselbst... Ich hoffe, ich konnte Sie mit diesem Buch inspirieren.

»Man sollte öfter mal einen Mutausbruch haben!«, las ich unlängst auf einem Kalenderblatt – eine Wortspielerei, ist es doch ursprünglich die Wut, die dieses Wort geprägt hat. Mut zur Wut also? Ich würde sagen: Mut zu *allen* Emotionen!

Aber auch eine gehörige Portion Optimismus spielt in der (Familien-)Trauerbegleitung eine Rolle. Denn egal, was aufgrund von Mut, Wut oder vielen anderen Gefühlen in der Folge geschieht, es sollte mit Optimismus einhergehen. Dann entsteht und erwächst etwas Neues ... im positiven Sinn in Richtung Veränderung und Zukunft – vielleicht sogar hin zu einer inneren Freiheit, auch und vielleicht vor allem in traurigen Zeiten.

Hierzu eine letzte Geschichte:

> *»Zwei Kinder betreten ihre Kinderzimmer. Das eine öffnet die Tür und das Zimmer ist über und über voll mit den allerneusten Spielsachen. Aber da beginnt das Kind zu weinen, weil es die ganzen Bedienungs- und Spielanleitungen nicht lesen kann und somit nicht weiß, wie es mit was spielen soll. Das andere Kind betritt ebenfalls sein Kinderzimmer und darin liegen lauter Pferdeäpfel, die fürchterlich stinken. Dieses Kind jedoch strahlt über das ganze Gesicht, denn es weiß: Irgendwo im Haus muss ein Pony sein!«*

Ja, so geht Optimismus! Gleichzeitig finde ich darin eine Haltung und Einstellung hinsichtlich so manchem Mist, der da plötzlich auf dem eigenen Weg liegt – wenn man sehr verletzt ist, sich hilflos fühlt und durch einen Verlust Grenzen des Ertragbaren erfährt.

Liebe Leserinnen und Leser, ich wünsche Ihnen Mut! Mut dazu, sich selber treu zu bleiben, Gefühlen immer wieder ausreichend Raum zu geben, Ausdauer für die ein oder andere Durststrecke, Mut für so manchen Neuanfang, für die richtigen Begegnungen zur richtigen Zeit und – nachdem Sie nun erfahren haben, was Märchen und ihre Heldinnen und Helden in Krisensituationen Besonderes schaffen können – Mut zu manch märchenhafter Strategie und Philosophie auch im wirklichen Leben!

Bamberg, im Mai 2021
Alexandra Eyrich

»Märchen erzählen Kindern nicht, dass Drachen existieren. Denn das wissen Kinder schon. Märchen erzählen den Kindern, dass Drachen besiegt werden können.«

Gilbert Keith Chesterton

Wissenswertes

Erzählkunst

AUSBILDUNG | Innerhalb der deutschsprachigen Länder Deutschland, Österreich und Schweiz gibt es unterschiedliche Einrichtungen, die eine Erzählausbildung anbieten. Den meisten liegen dabei die Qualitätskriterien und die damit einhergehenden inhaltlichen Schwerpunkte vom Verband der Erzählerinnen und Erzähler e.V. zugrunde.

Die Erzählausbildung erfolgt entweder zentral bei einem Anbieter oder in dezentral organisierten Modulen mit Ausbilderinnen und Ausbildern, die über den Pool des Verbandes der Erzählerinnen und Erzähler e.V. buchbar sind. In diesem Ausbilder-Pool arbeiten professionelle Erzählerinnen und Erzähler, die von der Bildungskommission des VEE eigens zugelassen und zertifiziert wurde.

WortSchatz - Ausbildungsreihe „Mündliche Erzählkunst“:
http://vielfalt-deluxe.de/tales/ausbildung.php

Verband der Erzählerinnen und Erzähler | Der Verband der Erzählerinnen und Erzähler e.V. (VEE) ist ein Zusammenschluss freischaffender Erzählerinnen und Erzähler, dessen Zweck die Wahrnehmung ihrer Interessen sowie die Förderung und Pflege von Kunst und Kultur, vorwiegend der mündlichen Erzählkunst, ist. Ziel ist es, eine Anerkennung und langfristige Sicherung des Berufsbildes »Erzählen« zu schaffen. Um die Qualität von Erzählerinnen und Erzählern sichern zu können, bietet der Verband der Erzählerinnen und Erzähler e.V. ein umfangreiches Aus- und Weiterbildungsprogramm an.

Verband der Erzählerinnen und Erzähler e.V. vee®

https://erzaehlerverband.org

Erzähler ohne Grenzen | Von 2012 bis 2019 war ich für Erzähler ohne Grenzen e.V., einem Netzwerk, das von der Hamburger Erzählerin Micaela Sauber gegründet wurde, als Projektleitung und Ansprechpartnerin des Bereichs »Sterben-Tod-Trauer-Trost« verantwortlich. Dem Verein, seinen Menschen und dem weltweiten Netzwerk immer noch verbunden möchte ich auf seine dahinterliegende Idee an dieser Stelle aufmerksam machen: Es geht um das freie Erzählen für Menschen in Not, in Krisengebieten, als Entwicklungshilfe, zum Trost, zur Heilung und zur Ermutigung. In diesem Sinne ist das Erzählen eine integrierende, heilende Kunst, in Europa und der ganzen Welt. Das Netzwerk vereint Erzählerinnen und Erzähler, die einzeln und über die Welt verstreut arbeiten, um mit ihrer Kunst zu helfen und heilsam einzuwirken. Erzählen von Märchen und Geschichten für Menschen in Krisensituationen ist das Herz dieser Initiative. Schwerpunkte sind: Flüchtlingsarbeit, Sterben, Tod und Trauer, Demenz, Einsätze in Krisengebieten, Resozialisation.

ERZÄHLER ohne GRENZEN

http://www.erzaehler-ohne-grenzen.de

Literaturempfehlungen

Mitch Albom, »Dienstags bei Morrie - Die Lehre eines Lebens«, Goldmann, München 2002

Als er erfährt, dass sein ehemaliger Professor Morrie Schwartz schwer erkrankt ist und bald sterben wird, beginnt der Journalist Mitch Albom seinen Lehrer jede Woche zu besuchen. Und er, der meinte, dem Sterbenden Kraft und Trost spenden zu müssen, lernt stattdessen dienstags bei Morrie das Leben neu zu betrachten und zu verstehen.

Michael Augustin, »Mehr nicht! Letzte Augenblicke berühmter Frauen und Männer«, Sanssouci Verlag, München 2000

Auf jeder Seite ein anderer Tod - Michael Augustin berichtet, wie Dichter und Musiker, die berühmten und weniger berühmten, die letzten Momente ihres Lebens verbrachten. Nicht voyeuristisch und indiskret, sondern liebevoll sind diese Berichte, die auch vor dem Grimmigen und Skurrilen nicht zurückschrecken. Ein Totentanz, gewiss, aber auch ein bewegender und mitfühlender Bericht darüber, wie eng Komik und Tragik, Traurigkeit und Humor miteinander verwoben sind.

Martin Baltscheit, »Die Geschichte vom Fuchs, der den Verstand verlor«, Beltz & Gelberg, Weinheim 2013

Es war einmal ein alter Fuchs ohne Verstand. Er wusste nichts und fühlte nur ... Der Fuchs lebte ein langes Leben voller Abenteuer. Doch eines Tages findet er sich in seiner Welt nicht mehr zurecht. Er verwechselt die Wochentage, weiß nicht mehr, wie man auf die Jagd geht und verirrt sich auf dem Weg nach Hause... Voller Wärme, Behutsamkeit und Humor erzählt dieses Bilderbuch über das Schicksal eines alten, kranken Fuchses, der in der Gemeinschaft Halt und Geborgenheit findet.

Gotthilf Fischer, Hans Guggenberger und Martin Reiter, »Wilhelm, bleib g'sund!: Witze, Sprüche, Lieder & Anekdoten über's Sterben und die Toten«, Edition Tirol, Reith i. A. 2004

Das Autoren-Trio kam auf den Buchtitel, weil sich der Chorleiter Gotthilf Fischer† an eine Beerdigung erinnerte, bei der ein Grabredner ins offene

Grab rief: »Wilhelm, bleib g´sund!«. Und weil der Tod doch auch mit Humor zu packen sein muss, werden Erlebnisse, Sprüche, Witze und Anekdoten zusammengetragen, niedergeschrieben und geordnet.

Fynn, «Hallo Mister Gott, hier spricht Anna«, Fischer Taschenbibliothek, Frankfurt 2010

»Das meiste von ein Engel ist innen, und das meiste von ein Mensch ist außen ...« Anna liebt - einfach alles. Und alle lieben Anna, diesen naseweisen Fratz, denn niemand weiß so gut wie sie, was das wirklich ist: Gott und die Welt, Menschen und die Liebe, das Lachen und die Angst, Freude und Trauer. Vor 35 Jahren erschien Annas Geschichte zum ersten Mal auf Deutsch. Es ist immer noch aktuell.

Angela E. Hunt, »Der Traum der drei Bäume«, Brunnen Verlag, Gießen 2018

Es waren einmal drei Bäume. Sie wuchsen oben auf einem Hügel. Jeder von ihnen hatte einen ganz besonderen Wunsch, was einmal aus ihm werden sollte, wenn er groß war. Der erste Baum wollte gern zu einer wunderschönen Schatztruhe werden. Der zweite Baum träumte davon, später als stolzes Schiff über die Ozeane zu fahren, und der dritte Baum hatte einen noch ausgefalleneren Wunsch. Viele Jahre vergingen. Die Bäume wuchsen heran und wurden schließlich gefällt. Aber keiner ihrer Träume schien in Erfüllung zu gehen – bis etwas sehr Überraschendes geschah. Liebevoll hat Angela E. Hunt diese alte Legende nacherzählt, in der es um viel mehr als nur erfüllte Wünsche geht.

Edda Reschke, »Mit Märchen trauern lernen«, Matthias-Grünewald-Verlag, Mainz 2002

Dieses Lesebuch richtet sich an Menschen, die ihre eigene Trauer leben lernen oder andere in deren Trauer trösten und begleiten möchten. Es zeigt Phasen einer heilenden Trauerarbeit auf, die neue Perspektiven ermöglicht: Schaffen von Raum und Zeit für die Trauer - Emotionen ordnen lernen - Verlust als Realität akzeptieren - Gefühle und Wünsche ausdrücken lernen - sich für das andere Leben entscheiden - Verwandlung und neue Perspektiven ermöglichen.

Eric Emmanuel Schmitt, «Oskar und die Dame in Rosa«, Fischer Verlag, Frankfurt 2003

Oskar ist erst zehn, aber er weiß, dass er sterben wird. »Eierkopf« nennen ihn die anderen Kinder im Krankenhaus. Doch das ist nur ein Spitzname und tut nicht weiter weh. Schlimmer ist, dass seine Eltern Angst haben, mit ihm über die Wahrheit zu reden. Weder Chemotherapie noch Knochenmarkstransplantation können sein Leben retten. Nur die ehemalige Catcherin Madame Rosa hat den Mut, zusammen mit Oskar über seine Fragen nachzudenken. Sie rät ihm, jeden Tag einen Brief zu schreiben – an den lieben Gott – und ihm alles zu sagen, was ihn bewegt.

Marianne Vier/ Lothar Schröer, »Märchen gegen das Vergessen«, Kösel Verlag 2016

Die professionellen Erzähler Marianne Vier und Lothar Schröer geben in diesem Buch ihre in jahrelanger Arbeit mit Demenzkranken erworbenen Erfahrungen weiter. Schritt für Schritt leiten sie leicht nachvollziehbar dazu an, beim Vorlesen von Märchen ein für alle Seiten angenehmes und anregendes Erlebnis zu schaffen und darüber ins Gespräch zu kommen. Mit 40 zum Vorlesen und zusammen Erleben besonders aufbereiteten Märchen.

Maria von Rumänen, Sulamith Wülfing, »Vom Wunder der Tränen«, Aquamarin Verlag, Grafing bei München 2000

*Die rumänische Königin Maria (*1875, †1938) veröffentlichte zu Lebzeiten 34 Bücher und Kurzgeschichten. Sie wirkte als Förderin von Kunst und Kultur, der Religion wie einer dem Frieden verpflichteten Diplomatie. In ihrem Todesjahr veröffentlichte die weithin bekannte Illustratorin Sulamith Wülfing im Eigenverlag Marias Märchen »Vom Wunder der Tränen« in zart blumenhaften, dem Jugendstil angelehnten Zeichnungen. Das Märchen, im Jahr 2000 im Verlag Aquamarin neu herausgegeben, betont die Kostbarkeit von Tränen und hilft, über den Tot geliebter Angehöriger hinauszukommen.*

Mathias Wais, «Herrn Preindls Sterbe-Etüden«, Gesundheitspflege initiativ, Esslingen 2015

Ein Buch nicht nur für jene, die Sterbende begleiten oder die bereits selbst im Ernst dieser letzten Lebensphase stehen, sondern gerade auch für jeden an Lebenskunst interessierten Menschen. Denn die Kunst des Sterbens wirkt unmittelbar fördernd auf die Kunst des Lebens. Ein weiteres humorvolles, tiefgründiges und lebenskluges Buch des renommierten Biographieforschers Mathias Wais zu einem großen Lebensthema.

Familientrauerbegleitung

GÜTESIEGEL FAMILIENTRAUERBEGLEITUNG | Weil es sichtbare Zeichen für die Qualitätssicherung in der Familientrauerbegleitung bedarf, ist es wichtig, dass Menschen, die begleitend in trauernde Familien gehen, hilfreiches Werkzeug an Wissen und Praxis erlernen, verinnerlichen und umsetzen können. Ihre pädagogische Eignung und Fachkompetenz soll in ihrer individuellen Haltung durch gute Schulung zum Vorschein kommen. Das Gütesiegel ist offiziell mit folgender Definition belegt:

»Durch die Kooperation von Alexandra Eyrich (ZwischenGeZeiten – Die Trauerinitiative für Kinder, Jugendliche & Familien, Bamberg - Ebermannstadt) und Mechthild Schroeter-Rupieper (Lavia – Institut für Familientrauerbegleitung GmbH) ist das *Gütesiegel Familientrauerbegleitung* entstanden. Dieses beruht auf gemeinsam erarbeiteten und praxiserprobten Qualitätskriterien unter Einbezug der Kinderrechte, die sich innerhalb der Bundesrepublik Deutschland auf die Familien- und Sozialpolitik begründen. Das Siegel wird in Deutschland und über die Grenzen hinaus an Menschen vergeben, welche nach den Prüfungsstatuten der Basis- und Aufbaulehrgänge bei ZwischenGeZeiten/ Lavia zertifiziert wurden. Das Gütesiegel ist grafisch erkennbar an einer Logo-Verknüpfung – für ZwischenGeZeiten die Welle und für Lavia der Schmetterling. Es steht gleichzeitig für den professionellen Maßstab der beiden international anerkannten Fachdozentinnen, welche mit ihrer jahrzehntelangen Erfahrung sowohl in der Erwachsenenbildung, als auch der direkten Familientrauerbegleitung tätig sind.«

FAMILIENTRAUERBEGLEITUNG IN PRAXIS UND WISSEN/ BASIS-LEHRGANG | Kinder, Jugendliche und ihre Familien benötigen eine besondere Unterstützung, wenn sie den Tod im nahen Umfeld erfahren. Dabei müssen sie ihren persönlichen Weg finden, um Gefühle auszudrücken – dies gilt ebenso für das Familiensystem und das damit verbundene soziale Netz.

Egal wie man trauert: laut oder leise, für sich oder mit anderen, kürzer oder länger – neben Angehörigen und Freunden braucht es Mitarbeiterinnen und Mitarbeiter des Sozial- und Gesundheitswesens, die gute Begleiter in dieser Zeit sein können. Das sind Hospizmitarbeiterinnen, Pädagogen, Erzieher, Lehrer, Seelsorger, Pflegende, Bestatter u.v.m. Die Teilnehmerinnen und Teilnehmer erlernen die Inhalte durch Praxisbeispiele, anwendbare Trauermodelle, Gesprächsmöglichkeiten, Literatur und Rituale und können die erlernten Inhalte und Methoden unmittelbar nach dem Kurs einsetzen.

Der Basis-Lehrgang befähigt, Familien in Trauersituationen professionell und praktisch in ihrem Trauerprozess zu begleiten und zu unterstützen. Nach der Teilnahme an allen Terminen, der Erfüllung vorgegebener häuslicher Erarbeitungen und einer Abschlusspräsentation erhalten die Teilnehmenden ein Zertifikat nach den Kriterien des Gütesiegels Familientrauerbegleitung von Alexandra Eyrich und Mechthild Schroeter-Rupieper. Als Teilnahmevoraussetzung zählen

- psychische normale Belastbarkeit
- Reflexionsbereitschaft
- pädagogisches Geschick
- keine akut-aktuelle eigene Trauersituation

FAMILIENTRAUERBEGLEITUNG IN PRAXIS UND WISSEN/ AUFBAU-LEHRGANG | Die Teilnehmerinnen und Teilnehmer kommen über die unterschiedlichsten Ausdrucksmöglichkeiten, Angebote und Inhalte des Aufbau-Lehrgangs ihrem persönlichen Standpunkt zum Thema Tod und Trauer noch näher. Thesen und Modelle werden mit einem möglichen Praxistransfer verknüpft, erklärt und erlebbar gemacht. Darüber hinaus wird die Persönlichkeit des Einzelnen weiter gestärkt, sodass daraus das bestmögliche Selbstkonzept entwickelt und aufgebaut werden kann, um so zum Weg- und Trauerbegleiter für andere zu werden. Nach Teilnahme an allen Terminen, der Erfüllung vorgegebener häuslicher Erarbeitungen und einer Abschlusspräsentation erhalten die Teilnehmenden ein Zertifikat nach den Kriterien des Gütesiegels Familientrauerbegleitung von Alexandra Eyrich und Mechthild Schroeter-Rupieper. Als Teilnahmevoraussetzung zählen:

- psychische normale Belastbarkeit
- Reflexionsbereitschaft
- pädagogisches Geschick
- keine akut-aktuelle eigene Trauersituation.

Literaturempfehlungen

Jay Asher, »Tote Mädchen lügen nicht«, cbt, München 2012

Als Clay Jensen aus der Schule nach Hause kommt, findet er ein Päckchen mit Kassetten vor. Er legt die erste in einen alten Kassettenrekorder, drückt auf »Play« – und hört die Stimme von Hannah Baker. Hannah, seine ehemalige Mitschülerin. Hannah, für die er heimlich schwärmte. Hannah, die sich vor zwei Wochen umgebracht hat. Mit ihrer Stimme im Ohr wandert Clay durch die Nacht, und was er hört, lässt ihm den Atem stocken. Dreizehn Gründe sind es, die zu ihrem Selbstmord geführt haben, dreizehn Personen, die daran ihren Anteil haben. Clay ist einer davon .. Jay Asher ist mit »Tote Mädchen lügen nicht« ein Bestseller gelungen, der sich zu einem modenern Klassiker entwickelt hat und als Netflix Original verfilmt wurde.

Jorgos Canacakis, »Ich sehe deine Tränen - Trauern, klagen, leben können«, Verlag Kreuz, Freiburg i.Br. 2002

Jorgos Canacakis, Diplompsychologe und Psychotherapeut, ist einem breiten Publikum durch seine Arbeiten und Seminare zum Thema Trau-

ern und Trauertherapie bekannt. Der Trauerexperte ermuntert zu lernen, seine Gefühle anzunehmen. Das Buch gibt Anleitung zur Selbsthilfe, erzählt von Menschen und ihrem Verlust. Canacakis weckt dafür Verständnis, nicht im stillen Kämmerlein zu trauern. Es ist heilsam, wenn andere Menschen an einem Verlust Anteil nehmen.

Claudia Cardinal, »Lebe und lerne sterben – Ein Praxisbuch«, Patmos Verlag, Freiburg i.Br. 2007

Claudia Cardinal gibt Betroffenen und Nahestehenden Anregungen, wie ein Abschied vom Leben und die Hinwendung an das Neue, Ungewisse bewusst gestaltet werden können. Übungen zur Kontemplation und Entspannung helfen, Ruhe im Kampf mit den sich drehenden Gedanken einkehren zu lassen. Alle Anregungen des Buches sind für die persönliche Auseinandersetzung gedacht, aber auch als Hilfe für diejenigen, die beruflich mit der Begleitung Sterbender zu tun haben. Cardinal gibt zudem wichtige Tipps zur Bewältigung von Formalitäten wie der Patientenverfügung, des Testaments und der Vorbereitung der Bestattung.

Wolf Erlbruch, »Ente, Tod und Tulpe«, Verlag Antje Kunstmann, München 2007

Das Buch vermittelt einen sehr natürlichen Umgang mit dem Tod: Eine Ente lernt den Tod kennen, freundet sich nach anfänglicher Scheu mit ihm an und verliert so die Angst vorm Sterben – ein wunderbarer Zugang, um kleinen Kindern die Angst vor dem Tod zu nehmen. Besonders geeignet für Pädagoginnen und Pädagogen und natürlich auch für Eltern.

Amelie Fried, Jacky Gleich, »Hat Opa einen Anzug an?«, Carl Hanser Verlag, München 1997

Bruno mag seinen Opa. Doch jetzt ist Opa fort. Sein Bruder Xaver sagt, er sei auf dem Friedhof. Papa sagt, im Himmel. Beides geht ja wohl nicht. Nein, die Erwachsenen können ihm seine Fragen nicht beantworten. Wer jetzt mit ihm angeln geht oder warum der Opa ihn einfach alleine lässt? Was Bruno erst wütend macht, verwandelt sich langsam in Trauer und dann ganz allmählich in eine schöne Erinnerung, die immer weniger schmerzt.

Judith Koppens, »Fisch schwimmt nicht mehr«, Patmos Verlag, Freiburg i.Br. 2014

Das ist seltsam: Fisch bewegt sich nicht mehr. Hund kitzelt ihn am Bauch und Katze macht Wellen für ihn, aber Fisch will nicht mehr schwimmen. Giraffe weiß, was passiert ist: Fisch ist tot. Gemeinsam beschließen die Tiere, Fisch zu begraben. Weil Katze ihren Freund Fisch nicht vergessen will, bringt sie ihm jeden Tag etwas Wasser ans Grab. Und eines Tages entdeckt sie dort etwas Wunderbares. Ein leises und tröstliches Buch über den Tod und das Abschiednehmen, das schon für die Kleinsten verständlich ist.

Alexandra Maxeiner, Anke Kuhl, »Alles Familie! Vom Kind der neuen Freundin vom Bruder von Papas früherer Frau und anderen Verwandten«, Klett Kinderbuch Verlag, Leipzig 2021

Jeder kennt die sogenannte Bilderbuchfamilie, bestehend aus Mama, Papa und Kind(ern). Daneben gibt es aber auch viele weitere Formen des Familienlebens. Sie alle sind hier versammelt: Alleinerziehende, Patchworkfamilien in ihren verschiedenen Mixturen, Regenbogen- und Adoptivfamilien. Unterhaltsam und mit viel Humor geht es zudem um Bluts- und Wahlverwandtschaften, um Einzelkinderglück, Geschwisterstreit und die Möglichkeit, die gleiche Nase wie Opa abzukriegen.

Joanne K. Rowling, »Harry Potter und die Heiligtümer des Todes«, Carlsen Verlag, Hamburg 2007

Dies ist der siebte und letzte Band der Harry-Potter-Serie. Was als Kinderbuch begann, endet in einer Menschheitssaga über Opfer und Verrat, Leben und Tod, Licht und Dunkelheit, das Gute und das Böse. Es werden die großen, existentiellen Fragen des Menschseins behandelt. Rowlings Weltenpanorama hat inzwischen Generationen geprägt.

Kathrin Schärer, »Der Tod auf dem Apfelbaum«, Atlantis Verlag, München 2015

Kathrin Schärer greift ein altes Märchenmotiv auf: Ein alter Fuchs fängt ein Zauberwiesel. Er lässt es wieder frei, weil es ihm verspricht, dass ab sofort jeder Apfeldieb auf seinem Baum kleben bleibt – für immer und ewig. Von da an kann er ungestört sein Obst genießen … bis sein Tod kommt, ihn zu holen. Der Fuchs will noch nicht sterben. Er bittet den Tod, ihm einen letzten Apfel zu pflücken: Jetzt sitzt der Tod auf dem Baum fest, und der Fuchs triumphiert. Aber er wird älter. Seine Frau stirbt, die Kinder werden alt, und er gehört nirgends mehr dazu. Soll das endlos so weitergehen? Schließlich bittet er den Tod, zu ihm herunterzusteigen und ihn mitzunehmen... Sachte und mit Schalk erzählt sie davon, dass der Tod zum Leben gehört. .

Mechthild Schroeter-Rupieper, »Für immer anders. Für immer anders: Das Hausbuch für Familien in Zeiten der Trauer und des Abschieds«, Patmos Verlag, Freiburg i.Br. 2020

Die bekannte Familientrauerbegleiterin Mechthild Schroeter-Rupieper vermittelt hilfreiches Wissen über Trauer und Trauerreaktionen von Kindern und Jugendlichen. Sie erzählt anschaulich und lebendig von ihren Erfahrungen als Familientrauerbegleiterin und macht Familien Mut, Trauer und Erinnerung gemeinsam zu gestalten. Die Anregungen sind hilfreich auch bei Scheidung und wenn wir nicht in persönlichem Kontakt Abschied nehmen können. Mit zahlreichen Ideen und Anregungen, Symbolhandlungen und Ritualen.

Mechthild Schroeter-Rupieper, »Praxisbuch Trauergruppen«, Patmos Verlag, Freiburg i.Br. 2015

In Trauergruppen treffen sich Menschen, die eine einschneidende Erfahrung teilen und doch auch ganz unterschiedlich sind. Wie gelingt es, einen Raum zu schaffen, in dem der Schatz der gemeinsamen Erfahrung gehoben werden kann? Wie können gleichzeitig die individuellen Bedürfnisse und Geschichten gewürdigt werden? Leiterinnen und Leitern von Trauergruppen, Lehrenden und Seelsorgenden vermittelt Mechthild Schroeter-Rupieper fundiert und praxisbezogen alle wichtigen Grundlagen. Sie stellt kreative Methoden vor, die Trauernde mit sich selbst in Kontakt bringen und den gegenseitigen Austausch anregen.

Britta Teckentrup, »Der Baum der Erinnerung«, Ars Edition, München 2013

Kann man Erinnerungen bewahren? Dieses Buch gibt ganz behutsam eine Antwort: Als es für den Fuchs Zeit wird, Abschied zu nehmen, versammeln sich die Waldtiere, um sich an gemeinsame Erlebnisse zu er-

innern – und zu trauern. Doch dann bemerken sie ein zartes Pflänzchen, das aus dem Boden sprießt und durch ihre Erinnerungen schließlich zu einem prächtigen Baum heranwächst: im Gedenken an ihren treuen Freund. Das Bilderbuch vermittelt einfühlsam Kindern ab vier Jahren, aber auch Erwachsenen, dass der Tod eines geliebten Menschen keinen endgültigen Abschied bedeutet. Die ruhigen Illustrationen von Britta Teckentrup unterstreichen die poetische Geschichte.

Worte der Dankbarkeit

Obgleich die Inhalte dieses Buches unter meinem Namen veröffentlicht sind, bedurfte es natürlich verschiedener Menschen, die dieses Handbuch überhaupt erst ermöglichten.

Zunächst richtet sich mein Dank an den Erzählverlag und an seinen Verleger Peter Amsler. Seine begeisterte und wohlwollende Bereitschaft, dieses Buch zu veröffentlichen, war und ist für mich ein Glücksfall; auch das damit verbundene, stets offene Ohr und die allzeit geduldig formulierten Worte, Impulse und Tipps, die mich stets motiviert und sensibilisiert haben. Das Lektorat war sicherlich nicht immer einfach... Im gleichen Atemzug möchte ich Mirjam Steglich für die Mühe und die Geduld des Korrektorats danken.

Und nicht zuletzt geht mein Dank an all jene, die einerseits auf unterschiedliche Weise dazu beitrugen , dass dieses Buch überhaupt von mir verfasst wurde, und mich andererseits auch ganz persönlich immer wieder aufs Neue unterstützten und inspirierten. Dazu zählen…

- sämtliche Seminarteilnehmerinnen und -teilnehmer, die mich bezüglich dieser Thematik über viele Jahre durch ständige Nachfragen nach einem Literaturwerk von mir dazu brachten, dieses nun veröffentlicht zu haben;
- das wunderbare ZwischenGeZeiten-Team meiner Trauerinitiative;
- alle Kinder, Jugendlichen und Familien, die wir bei ZwischenGeZeiten begleiten;
- meine Eltern;

- wichtige Inspirationsquellen und Weggefährten, denen ich Danke sage: Marianne, Nadine, Mechthild, Isa, meinen Mädels und PWS-Frauen;
- bestimmte Weggefährten und Mentoren, denen ich zur richtigen Zeit begegnet bin und die mich auf entscheidende Wege hinsichtlich dieser Buchthematik führten – Dankeschön von Herzen somit an Gita Onnen, R.E. Schmidt, Christine Denzler-Labisch, Sabine Raile, Sr. Julia Blösl und Brigitte Merz;
- die Kinderarche St. Christophorus in Hirschaid, die mir seit dem Jahr 2014 die Möglichkeit gibt, die Märchenpädagogik mit Kindern und Jugendlichen mit lebensverkürzenden Diagnosen gezielt einzubringen;
- Wilhelm und Jakob Grimm für so viele grandiose Literaturvorlagen, die meinem Leben eine Dimension verliehen haben, wie ich es mir beruflich hätte nicht besser erträumen können
- all jene, die unsere Arbeit bei ZwischenGeZeiten über viele Spenden unterstützen, sodass wir Familientrauerbegleitung in dieser Art überhaupt möglich machen können. Wir sind weiterhin für jede Spende dankbar:

ZwischenGeZeiten A. Eyrich
Verwendungszweck: Familientrauerbegleitung
*DE*55 7705 0000 0302 1095 58
BYLADEM1SKB

»Dankbarkeit ist das Gedächtnis des Herzens«, sagte schon im 17. Jahrhundert der französische Bischof Jean-Baptiste Massillon, und ich hoffe, dass mein Gedächtnis an dieser Stelle niemanden vergessen hat…

Quellenverzeichnis

Literaturnachweise

- Aries, Philippe, »Geschichte des Todes«, dtv Verlagsgesellschaft, 11. Aufl., München 2005
- Bächthold- Stäubli, Hanns/ Hoffmann-Krayer, E. (Hrsg.), »Handwörterbuch des Deutschen Aberglaubens«, 10 Bde, Berlin 1927-1942
- Bayer. Staatsministerium und Staatsinstitut für Frühpädago gik (Arbeit Soziales, Familie), »Der Bayerische Bildungs- und Erziehungsplan für Kinder in Tageseinrichtungen bis zur Einschulung«, Cornelsen, 10. Auflage, Berlin 2019
- Bueb, Martin, »Lob der Disziplin«, List Verlag, München 2006
- Grimm, Jakob und Wilhelm, Kinder- und Hausmärchen, Gesamtausgabe in drei Bänden, hrsg. von Heinz Rölleke, Reclam, Leipzig 2001
- Gudjons, Herbert, Traub, Silke, Pädagogisches Grundwissen. Überblick, Kompendium, Studienbuch. Bad Heilbrunn 2016
- Heitkönig-Wilp, Margarete, Smeding, Ruthmarijke (Hrsg.), »Trauer erschließen. Eine Tafel der Gezeiten«, Hospiz-Verlag, Esslingen 2010
- Jellouschek, Hans, »Der Froschkönig – Ich liebe dich, weil ich dich brauche«, Verlag Kreuz, Zürich1987
- Jung, Carl Gustav, »Archetypen«, dtv, München 2014

- Krüger, Heinz-Hermann, Helsper, Werner (Hrsg.), Einführung in Grundbegriffe und Grundfragen der Erziehungswissenschaft. Stuttgart 2010
- Lamp, Ida, Küpper-Popp, Karolin, »Abschied nehmen am Totenbett«, Gütersloher Verlagshaus, Gütersloh 2006
- Littauer, Florence, »Einfach typisch! Die vier Temperamente unter der Lupe«, Verlag Schulte & Gerth, 14. Auflage, Asslar 1994
- Metken, Sigrid (Hrsg.), »Die letzte Reise. Sterben, Tod und Trauersitten in Oberbayern«, Hugendubel Heinrich, München 1988
- Niemz, Markolf H., »Lucy im Licht – Dem Jenseits auf der Spur«, Droemer Verlag, München 2007
- Schnelzer, Dr. Thomas, Lehrbuch »Trauerpsychologie«, Fachverlag des deutschen Bestattungsgewerbes, Düsseldorf 2016
- Seifert, Angela und Theodor, »Schneewittchen – Wie verletzte Gefühle heilen können«, Kreuz Verlag Stuttgart 2002
- Specht-Tomann, Monika/ Tropper, Doris, »Zeit des Abschieds, Sterbe- und Trauerbegleitung«, Patmos, Freiburg i.Br. 2002
- Vogler, Christopher, Die Odyssee des Drehbuchschreibers.2., aktualisierte und erweiterte Auflage. Frankfurt am Main 1998
- Walker, Barbara G., »Das geheime Wissen der Frauen«, Zweitausendeins Verlag Frankfurt a.M. 1993
- Yalom, Irvin D., »Existentielle Psychotherapie«, Edition Humanistische Psychologie/ Verlag Andreas Kohlhage, Gevelsberg 2010
- Zirk, Michl, Freies mündliches Erzählen. Ein Grundkurs. Der Erzählverlag, Berlin 2020

Bildnachweise

Magic Mirror, S. 50: Jennie Harbour/wikimedia.org; Paar am Strand, S. 65: pixabay/adamkontor; Spiegel, S. 95: sharonscrapbook.blogspot .com; Die Bremer Stadtmusikanten, S. 102: Märchenpostkarte Philipp Grotjohann, 1908; Sterntaler, S. 150: pixabay/lassaffa; Raffiniertes Design aus Münzen, S. 175: freshideen.com/Michael Moerkerk; Der Froschkönig, S. 180: pixabay/public domain; Origami-Face-Changer, S. 205: origami-make.org; Himmel und Hölle, S. 205: Michael Philip/ wikimedia.org; Das Totenhemdchen; S. 212: Märchenpostkarte Thienemanns Grimmmärchenbuch, Novitas Verlag um 1918; Dornröschen, S. 246: Ruth Sanderson, The Soul of the Rose, S. 260: John William Waterhouse 1908; Der Gevatter Tod, S. 282: Heinrich Lefler; Kerzen, S. 294: pixabay/public domain;

Ich danke für die Überlassung aller weiteren Bilder und Grafiken, soweit ich nicht persönlich die Urheberin bin, den folgenden Fotografen und Grafikern: Peter Kubala, Atelier Q-nst & Design; Matthias Merz Fotografie; Stefan Schiffer, Actionfotografie; Helmut Schmitt (Team Jürgen Schraudner Fotografie) und Peter Amsler, Der Erzählverlag.

Dieses Handbuch für die Märchenpädagogik in der (Familien-)Trauerbegleitung inklusive aller Inhalte wurde unter größter Sorgfalt erarbeitet. Sollten Sie widererwartend Urheberrechtsverletzungen feststellen, bitte ich um eine freundliche Notiz an den Verlag. Für die Inhalte von den in diesem Buch abgedruckten Internetseiten sind ausschließlich die Betreiber der jeweiligen Internetseiten verantwortlich. Der Verlag und die Autorin haben keinen Einfluss auf Gestaltung und Inhalte fremder Internetseiten.

Alexandra Eyrich

- künstlerische und pädagogische Leiterin der Akademie Vielfalt de luxe für Märchen/Erzählkunst, Pädagogik & Kultur, Bamberg, *www.vielfalt-deluxe.de*
- pädagogische Leiterin von ZwischenGeZeiten – Trauerinitiative für Kinder, Jugendliche & Familien, Bamberg-Ebermannstadt *www.zwischen-gezeiten.de*
- Fachberaterin für Soziale Kompetenz (Psychotherapie tba HPG)
- Fachdozentin für »Trauerpsychologie« i.A. des Bundesausbildungszentrums der Bestatter, Theo-Remmertz-Akademie, Münnerstadt
- zertifizierte Familientrauerbegleiterin
- professionelle Erzählerin und Ausbilderin; zertifiziert vom Verband der Erzählerinnen und Erzähler e.V. (VEE)

- Autorin
- Illustratorin
- Sprachberaterin
- Aus- und Fortbildungsreferentin im gesamten deutschsprachigen Raum, u.a. für Hospizvereine, Weiterbildung Palliative Care, Bayer. Staatsministerium München, Evkita-Verband Bayern e.V. u.v.m.
- Gesangs- und Stimmdozentin
- Synchronsprecherin
- staatl. anerkannte Erzieherin
- Hospizhelferin
- freie Trauerrednerin seit 2007
- Moderatorin
- autorisierte Tanzleiterin des Instituts Peacework, Seattle/USA (Interkultur und Friedensarbeit)

www.erzaehlverlag.de